오픈 엑시트

불평등의 미래, 케이지에서 빠져나오기

오픈 엑시트
불평등의 미래, 케이지에서 빠져나오기

제1판 제1쇄 2025년 5월 16일

지은이   이철승
펴낸이   이광호
주간   이근혜
편집   박지현
마케팅   이가은 허황 최지애 남미리 맹정현
제작   강병석
펴낸곳   ㈜**문학과지성사**
등록번호   제1993-000098호
주소   04034 서울 마포구 잔다리로7길 18(서교동 377-20)
전화   02)338-7224
팩스   02)323-4180(편집) 02)338-7221(영업)
대표메일   moonji@moonji.com
저작권 문의 copyright@moonji.com
홈페이지   www.moonji.com

© 이철승, 2025. Printed in Seoul, Korea.

ISBN 978-89-320-4400-2 03320

오픈 엑시트

OPEN
EXIT

불평등의 미래, 케이지에서 빠져나오기

이철승 지음

문학과지성사

왜 우리는 탈출하고자 하는가

아버지의 영정은 환했지만 웃고 있진 않았다. 편안한 표정 위로 회한과 쓸쓸함이 섞여 있었다. 어머니는 그 사진을 유난히 좋아해서 아버지가 마지막까지 바둑을 두느라 머물렀던 방의 책상 한편에 모셔 두었다.

아버지 연세의 상가가 으레 그렇듯이 나이 든 친지가 대부분이었다. 하지만 종종 아버지의 회사 동료와 후배가 찾아왔다. 지팡이를 짚고 절룩거리며 오신 분들은 아버지와 함께 일을 했다, 아버지에게 일을 배웠다는 짧은 말을 남겼다. 아마 30년 넘게 같이 일했을 것이다. 해운 회사였으니 유럽, 중동, 미국을 함께 누볐을 것이다. 한 분은 한참을 아버지 앞에서 묵념했다. 아버지는 밑도 끝도 없이 부하 직원들과 서류 작업하던 이야기를 하곤 했는데, 영어로 신용장과 계약서 쓰는 법을 유독 빨리 배웠다는 분이 있었다. 아버지가 많이 아끼던, 아마 그분이었을 것이다. 80대로 보이는 백발이 성성한 노인은 눈물을 글썽였다. 아버지는 엄하지만 따뜻한 상사였을 것이다. 나에게 그랬듯이.

아버지는 매일 밤 만취한 채로 귀가했다. 바이어 접대가 주 업무였다. 술을 그리 잘하지 못했지만 아버지의 업은 술을 마시지 않으면 안 되는, 술을 마시되 상대방보다 더 취해서도 안 되는 그런 일이었다. 마지막에는 아쉬운 소리를 해서 계약서에 서명을 받아야 하는 처지였기 때문이다.

휴일에 어쩌다 함께 식사하게 되면 아버지는 넋두리처럼 회사 생활의 고단함을 늘어놓으셨다. "아침마다 회사에 가는 게 싫을 때가 있지만 가야 하는 게 이 직업이다. 너희는 회사 다니지 말고 다른 일 해라." 하지만 형들은 모두 기업에 취직했고 나만 다른 길을 걸었다. 당신 말년에 내가 출근하지 않고 병상을 찾으면 우려 섞인 말을 건네셨다. 출근 안 해도 되냐고. "수업 없어서 괜찮아요" 하면 쓸쓸히 웃으며 되받으셨다. "출근 안 해도 돈 주는 직업이 있는 줄 몰랐다." 은퇴한 아버지는 회한 섞인 말을 종종 하셨다. "몇 번 나와서 내 사업할 기회가 있었다. 하지만 너희들 잠든 걸 보면 차마 그러지 못했다……"

아버지는 회사 다니는 것을 즐기지 않았다. 고용주의 비위 맞추려 시도 때도 없이 호출당하고 행사에 참여하는 걸 귀찮아했다. 누가 그걸 즐기겠는가. 하지만 아버지에게 회사는 떠날 수 없는 새장cage이었다. 아버지는 항상 그 새장을 떠나 자유롭게 날고 싶었지만, 그곳이 당신의 논이고 밭이었다. 그렇게 그 회사에서 30년 넘게 노동을 팔고 품삯을 받아 가족을 먹여 살렸다. 아버지는 한 단계라도 더 승진하기 위해 평생을 경쟁하며 분투했고, 마지막 승진의 기쁨을 누린 후 경영상의 문제에 책임을 지고 물러났다. 아버지는 그 회사에 일생을 바쳤고, 그곳을 빠져나오려고 기회를 엿보았지만 그러지 못했다. 아버지의 새장은 회사뿐만 아니라 우리, 가족이었다는 걸 오랜 후에야 알게 되었다.

대부분의 노인들처럼 아버지는 몸이 불편해지며 침상 생활을 꽤 오래 했다. 침대 위에서도, 마지막 몇 해는 유튜브를 통해 한류에 푹 빠졌다. 자신들이 산업 역군으로 평생토록 일군 한국의 경제가 문화산업으로 이어져, 전 세계를 들썩이게 만드는 것을 보고 그렇게 자랑스러워했다. 한국 기업들이 전 세계를 누비며 넘버원을 찍을 때마다, 한국 문화산업의 플레이어들이 굵직한 상을 받아 올 때마다 아버지는 감격하고 흥분했다. 새벽마다 손흥민 경기를 챙겨 보는가 하면, 눈을 감기 얼마 전에는 태극기 노인들처럼 북핵을 걱정했다. 코로나 팬데믹이 지나가고 마스크 없이 모인 첫번째 추석을 지낸 사흘 후, 1934년생인 아버지는 눈을 감았다. 가족도, 회사도, 대한민국도 아버지에게는 터전이고 새장이었다.

***

이 책은 이탈 혹은 탈출과 안착 혹은 속박에 관한 사회과학 방법론을 이용한 서사다.

나는 이 책에서 인간에 대한 한 가지 가정을 할 것이다. 우리는 이주민의 유전자와 정주민의 유전자를 모두 갖고 있다는. 우리는 끊임없이 속박에서 탈출하고자 한다는. 그것은 우리에게 자유민의 기억이 있기 때문이다. 하지만 우리는 탈출기에 지쳐 집으로 돌아가 편안히 안착하고 싶어 한다. 우리에게는 평안한 정주민의 기억 또한 있기 때문이다.

호모사피엔스의 역사를 다룬 책들은 전자를 농경 이전의 시대, 후자를 농경시대로 구분한다. 지리 관련 책들은 전자의 전통이 남아 있는 지역을 유목민의 나라, 후자의 전통이 남아 있는 지역을 농경민의 나라로 구분하곤 한다. 나는 이 책에서 그러한 구분을 종종 사용하지만, 근본적으로 우리의 기억에는 둘 다 존재한다고 가정한다. 나는 오늘도 여행을 떠나고 싶지만, 이곳을 떠나 더 살기 좋은 곳에 정착하고 싶지만, 내일은 여행과 탈출에 지쳐 아늑한 집과 가족을 찾아 익숙한 내 동네로 돌아오고 싶어 할 것이다.

그렇다면 왜 우리는 탈출하고자 하는가? 그것은 나의 경제적 이해와 정치적/종교적 자유가 타인 혹은 타인의 연합체에 의해 심각하게 침해받았다고 '인지perceive'하기 때문이다. 좀더 미시적으로는, 나의 자유와 이익과 존엄dignity이 타인들과의 관계 속에서 회복이 힘들 정도로 손상받았다고 느끼기 때문이다. 혹은 그것들이 충분히 보장받지 못했다고 판단하기 때문이다.

이러한 침해와 손상, 차별 혹은 배제 혹은 그 가능성을 인지

했을 때 우리에게는 몇 가지 선택지가 있다. 허시먼(Hirschman 1971)이라는 경제학자는 세 가지 옵션을 이야기했다. 탈출exit, 저항voice 그리고 충성loyalty. 세번째 '충성'의 하위 범주에는 열렬한 지지, 순응, 무시neglect, 외면 같은 다양한 적응 및 대응 양태가 포함되지만 그 경제적·정치적 결과는 차이가 없다. 예를 들어 무시는 행위자 입장에서는 다른 전략일지언정 충성이라는 옵션과 근본적으로 다른 결과를 낳지는 않는다. 정도의 차이로, 두 경우 모두 체제/시스템은 공고히 유지될 것이기 때문이다.

사회과학자들은 보통 이 세 가지 옵션 중에서 두번째 '저항'에 초점을 맞춘다. 사회운동과 변혁에 관한 수많은 저작은 어떻게 우리가 다른 두 옵션을 택하지 않고 저항하기로 결정하는지, 혹은 어떻게 저항을 조직화해서 억압의 구조를 극복하는지를 다룬다. 혁명과 전복의 역사는 그 자체가 드라마로서 아드레날린을 끌어 올리고 가슴을 쿵쾅거리게 하는 흥미진진한 스토리를 제공하기도 하지만, 한 사회의 구성원들이 그때까지 걸었던 역사의 물줄기를 완전히 다른 방향으로 틀어버린다는 점에서 학문적으로도 중요하다.

관련 저작들은 차고 넘친다. 혁명을 대놓고 선동하는 마르크스의 『공산당 선언』부터, 혁명 성공과 실패의 요인을 국제관계로 해명한 스코치폴의 『국가와 사회혁명』, 국가권력에 대한

Theda Skocpol. *States and social revolutions: A comparative analysis of France,*

농민들의 비공식적 저항을 다룬 스콧의『약자들의 무기』까지 리스트는 끝이 없다. 사회운동에 관심이 많은 독자에게는 미안하지만, 이 책은 이 '집합적 저항'을 통해 앙시앵레짐을 극복하는 가슴 뛰는 스토리를 다루지 않는다(남들이 이미 다 했다. 그리고 나는 새로운 사회혁명을 기대하지 않는다).

이 책은 허시먼의 첫번째 옵션, '탈출 혹은 이탈'을 다룬다. 왜 '이탈'에 주목하는가? 그것은 이탈이 우리 삶에서 종종, 아니 발전된 사회일수록 매우 자주, 다른 둘보다 더 매력적인 옵션이기 때문이다. '충성'은 항상 '착취'라는 잠재적 배신의 가능성에 스스로를 노출시키는 행위다. 20년, 30년 온몸과 시간을 갈아 넣은 직장이어도, 필요 없으면 버린다. 따라서 자본가의 온정만 믿고 오직 충성을 바치는 노동자는 언젠가 내쳐질 운명에 놓여 있다(충성은 배신을 예비한다).

'저항/목소리 높이기'는 탈출/이탈의 옵션이 없을 때 벌이는 옥쇄 투쟁이다. 둘은 정확히 반비례 관계다(Hirschman 1971). 집단 저항의 길은, 연대 관계에 있는 대부분의 구성원에게 탈출/이탈 옵션이 없을 때 가능한 이야기다. 전 세계 각국의 노동운동과 민주화 운동의 역사가 가능했던 배경에는, 구성원들에게 탈

Russia and China. Cambridge University Press. 1979.

James C. Scott. *Weapons of the weak: Everyday forms of peasant resistance*. Yale University Press. 1985.

출/이탈 옵션이 별로 없었다는 조건이 존재한다. 1970~80년대 한국의 노동자들은 어디를 가든 열악한 임금과 가혹한 노동조건에 시달릴 수밖에 없었다. 언어와 문화의 장벽 때문에 한국을 이탈할 유인 또한 크지 않았다. 대단위 공장에 모여 작업하던 수많은 전태일에게는 자신들의 삶의 조건을 개선하기 위해 '집단적 저항'이라는 옵션밖에는 없었다.

'탈출 혹은 이탈'은 종종 동시적/집단적 운동의 형태로 일어났다. 모세의 출애굽기, 19세기 대기근 중 아일랜드인들의 미국으로의 대이주, 제2차 세계대전 중 유럽 유대인들의 미국으로의 대이주, 2010년대 초반 내전 중 시리아인들의 서유럽으로의 대탈출이 그러한 경우들이다. 하지만 '탈출 혹은 이탈'은 궁극적으로는 개인 수준의 결정이다. 앞의 예들 모두 거대한 집단 이주의 형태로 표출되었지만, 그 바탕에는 개인 수준의 (남거나 떠나거나) 결정들이 깔려 있는 것이다.

영화 「피아니스트」의 주인공(애드리언 브로디 분)과 현실의 안네 프랑크는 나치 독일군의 진주에도 불구하고 (독일 인근에) 남기로 결정해서 혹은 탈출 시기를 놓쳐서 나치에 의한 집단 수용을 경험하게 된다. 하지만 우리가 아는 수많은 유대인 출신 난민은 떠나기로 결정하고 미국으로 이주하여 신대륙에서 자신들의 꿈을 펼치고자 했다. 아인슈타인이나 아렌트, 샤갈 같은 이들은 대서양을 건너는 데 성공했고, 베냐민은 실패했다(자살했다).

이들은 자신들의 운명을 알고 결정했을까? 대부분의 유대인은 나치가 대학살을 자행하리라 예측하지 못했다. 거주지 분리와 강제수용 단계에서도 그들은 대학살에 관한 명확한 정보를 갖고 있지 못했다. 강제수용과 학살이 시작된 후에야 소문이 퍼지며 탈출 행렬에 가속도가 붙기 시작했다. 이 단계에서도 안네 프랑크 가족이나 베냐민처럼 인근 국가(네덜란드, 프랑스)로 피신하면 괜찮겠지, 하는 생각에 다수는 고향에서 멀지 않은 곳에 잠시 머물기로 결정했다. 이웃 국가들이 쳐놓은 국경의 장벽, 이민이나 난민 심사 요건 등이 이들의 이주를 좌절시키기도 했다 (당시 미국 국민의 대다수는 유대인 이주에 반대했다).

결국 왜 탈출하는가,라는 질문은 왜 저항하지 않는가, 왜 순응하며 머물지 않는가,라는 질문을 바탕에 깔고 있다. 유대인은 (나치에 의해 점령당한) 프랑스인이나 폴란드인과 달리 '순응'의 옵션을 갖고 있지 못했다. 이들에게는 저항 아니면 탈출이라는 대단히 높은 비용의 두 옵션만이 허용되었다. 저항은 목숨을 걸어야 하지만, 탈출은 그보다는 덜 위험한 옵션이다. 저항이 '집단행동의 조직'이라는 골치 아픈, 성공에 이르기까지 너무나 많은 희생과 헌신, 실패의 위험을 무릅써야 하는 전략이라면, 탈출은 내 한 몸, 내 가족의 안전만 챙기면 되는 옵션이다. 순응했던 많은 유대인의 대다수는 결국 가스실에서 유명을 달리할 수밖에 없었다. 톈안먼사건과 홍콩의 민주화 물결은 수많은 행방불명과 체포자를 남긴 채 탈출의 행렬로 마감되었다. 성공한 혁명의 스토리는 젊은이들의 가슴을 뛰게 하지만, 인류 역사에는 그보다 더 많은, 끝없은 실패의 스토리가 널려 있다.

다른 나라, 다른 민족 이야기가 멀게 느껴진다면 몇 세대 위 우리 선조들의 이야기를 해보자. 일제가 한반도를 비롯한 동아시아를 제국화한 20세기 초, 조선인들 역시 세 가지 옵션을 갖고 있었다. 우리는 저항의 길을 택한 애기씨(「미스터 션샤인」), 현실의 김구와 이승만, 김원봉과 홍범도 같은 수많은 독립운동가를 기리고 추모하지만, 절대다수의 엘리트와 민중은 충성/순응을 택했다. 그리고 아주 소수만이 탈출과 저항의 옵션을 택했다. 한반도 내부에서는 저항의 비용이 너무 컸기 때문에 이들이 초기에는 간도로, 일제가 간도를 지배한 후로는 중국 본토나 러시아로 이주하여 저항을 계속했음은 우리 모두 국사책에서 배웠다.

그렇다면 왜 다수의 민초와 상당수의 양반은 탈출을 택하지 않았는가? 민중 입장에서는 탈출의 비용보다 순응의 비용이 훨씬 낮았기 때문이다. 지배층은 일제와 협력하는 비용이, 타국에 가서 지배층의 위치를 포기하고 다시 바닥에서부터 시작해야 하는 비용에 비해 훨씬 낮았다. 따라서 그들 또한 충성을 택했고, 우리는 이들을 친일파라고 비난은 하되 단죄하지는 못했(한)다 (미군정과 이승만 정권 모두 이들을 필요로 했다). 다수의 민중 또한 크게 다르지 않은 선택을 했기 때문이다. 일제강점기에는 가슴 벅차고 자랑스러운 저항의 역사 뒤에 우리 모두 숨기고 싶은, 어쩔 수 없이 선택한 '충성'(지배층)과 '순응'(민중)의 역사가 엄존한다. 우리 모두 알지만, 이야기하지 않을 뿐이다.

하지만 이 시기, 간도로 이주하여 오늘날 중국 국민이 된 수십만의 동포들이 존재한다. 연해주로 이주했다가 스탈린에 의해 중앙아시아로 강제 이주당한 수십만의 동포들도 존재한다. 이보다 훨씬 수는 적지만, 하와이의 사탕수수 농장을 거쳐 미국 서해안으로 이주한 재미 교포 1세대들도 존재한다(Cumings 2005). 일자리를 찾아 아예 식민 본국으로 이주해 재일 교포가 된 수십만의 동포들도 있다. 이들의 존재는 충성과 순응을 택한 다수의 한반도 정주민의 삶이 (다수의 선택이었을지언정) 유일한 선택은 아니었음을 보여준다.

탈출과 순응과 저항은 모두를 이해하지 않으면 어느 하나도 제대로 이해할 수 없는, 서로가 서로의 대안역사counterfactual인 옵션들이다. 개인들은 인생의 주요 순간마다, 정치·경제·사회적 대격변의 시기마다 가족, 조직, 국가로부터의 탈출, 순응, 저항의 옵션을 놓고 각각의 시나리오를 머릿속에 그린다. 주위의 눈치를 보고 정보를 수소문하여 저마다 다른 결정을 내리고, 그런 다음 그 운명을 감내하고 받아들인다. 혹자는 안도의 한숨을 내쉴 것이고, 다른 이들은 비굴함을 삼킬 것이며, 또 다른 이들은 생을 마감한 탓에 후회조차 하지 못한다.

세 가지 옵션 중 국경을 넘는 이주는 가장 비용이 높게 드는 탈출의 예다. 국민국가/민족국가가 물리력을 써서 경계를 설정해놓았기에 그 비용이 유난히 높은 경우다. 두만강과 압록강을 건너는 탈북민들은 목숨을 걸거나 높은 매수 비용을 치러야 탈출에 성공할 수 있다. 국경을 넘어 다른 문화권으로 이주하는 결정은 친족-친구 사회의 소셜 네트워크와 이전 직장의 연봉과 심지어는 한 국가의 시민권으로부터 이탈exit하여, 그 혜택을 포기(사용 중지)하는 것을 의미한다. 이 모든 것을 포기하는 데는 그곳에 머물기보다 이주가 가져다주는 새로운 혜택이 클 것이라 기대하기 때문일 것이다. 혹은 이것들이 그저 싫어서, 그 속박의 굴레를 참을 수 없어서일 수도 있다.

탈출은 밖으로도 이루어지지만, 안에서도 이루어진다. 민족국가의 국경을 넘지 않는 '소규모' 탈출의 예를 몇 가지 더 들어보자. 미국에서는 1930년대 대공황 시기 전후로, 남부에서 농업 노동자로 일하던 (자산 소유 정도가 낮은) 흑인들이 일자리를 찾아 대거 오대호 연안 러스트 벨트의 공장 지대로 이주했다. 1990년대 이후 중국의 시골에서 도시로 일자리를 찾아 이주한 농민공이 3억 명에 달한다고 추산한다. 한국의 개발연대기(1960~80년대)에도 호남, 충청, 강원에서 수도권과 남동권 해안의 공장 지대로 거대한 이주가 이루어졌다. 소위 말하는 한국의 '농민공' 행렬이었다. 오늘날은 부산·경남의 젊은 대졸 여성들의 탈출 행렬이 서울과 수도권으로 이어지고 있다(양승훈 2024). 중공업 위주로 짜여 있는 지역의 노동시장에서 대졸 여성들이 마땅한 일자리를 찾기 힘들기 때문이다.

중소기업에 취직한 젊은 청년들은 남녀를 불문하고 '워라밸'을 보장해주고 더 높은 연봉을 주는 직장을 찾아 취직한 지 1, 2년도 안 돼 대기업으로 일자리를 옮긴다. 대기업이 제공하는 높은 연봉과 복지, 사회적 지위를 얻기 위해서가 근본 원인이겠지만, 시스템과 룰, 매뉴얼로 작동되는 대기업 조직과는 달리 윗사람의 특이한 성격이나 스타일에 좌지우지되는, 비체계적 시스템과 관습이 잔존하는 중소기업의 전근대성으로부터의 탈출이기도 할 것이다.

한 번도 탈출을 꿈꿔본 적이 없다고? 그렇다면 이 책은 당신을 위한 책이 아니다. 당신은 이 체제의 승리자이거나 체제의 운영자일 가능성이 높다. (나의 아버지와 마찬가지로) 탈출을 꿈꿔보았지만 그럴 용기가 없어 이렇게 살고 있다고? 탈출을 시도해보았지만 성공하지 못했다고? 언젠가는 탈출을 감행할 것이라고? 그렇다면 당신은 이제 나와 탈출과 순응/적응에 관한 이야기를 나눌 준비가 된 것이다. 당신은 이 체제의 부적응자이거나 마지못해 순응하는 자일 가능성이 크므로. 나는 당신에게 어떻게 탈출에 성공할 수 있을지를 이야기하지는 않을 것이다(나도 모른다). 대신, 왜 우리가 탈출을 꿈꾸는지, 왜 꿈꾸면서 이 체제에 그대로 머무는지, 이 모순과 불일치의 원인과 결과는 무엇인지를 이야기할 것이다.

차례

이 책의 구성
─소셜 케이지와 탈출 옵션

1장 케이지에서 나가기
─엑시트 옵션의 확장

2장 케이지 업데이트
─ 인공지능과의 협업

3장 케이지 재생산
─ 벼농사 체제와 저출생

4장 케이지 열기
─ 이민과 불평등

결론
─ 새로운 케이지의 룰 만들기

이 책의 구성

— 소셜 케이지와 탈출 옵션

왜 소셜 케이지를 이야기하는가

이 책은 '탈출'을 이야기하지만, 동시에 그 탈출을 좌절시키는 기제, 즉 '충성'과 '순응'을 야기하는 기제가 무엇인지를 이야기한다. 탈출의 옵션이 중요한 만큼, 탈출을 좌절시키는 옵션 또한 중요하다. 이 옵션의 작동 방식을 이해해야만, 탈출이 왜 가능하고 불가능한지를 이야기할 수 있다.

내가 이 책에서 정의하는 소셜 케이지social cage 혹은 소셜 케이징caging은 '탈출을 좌절시키는 기제'다.* **한 인간이 특정한 사회적 관계나 집단, 조직을 탈출하고자 할 때, 이를 좌절시키거나 단념시키는 '심리적-제도적-환경적 장벽'이 소셜 케이지다.** 다시 말해서 **소셜 케이지는 내가 현재의 사회적 관계와 구조를**

---

* 케이지라는 개념을 처음 사용한 것은 막스 베버다. 베버는 그의 명저『프로테스탄트 윤리와 자본주의 정신 The Protestant Ethic and the Spirit of Capitalism』(Routledge. 1992〔1930〕)의 결론 부분에서 '쇠 우리iron cage'라는 비유적 개념을 사용했다. 그에 따르면, 인간은 자본주의와 근대적 관료제의 기술 통제하에서 고유의 자율성을 잃고 그 규칙과 규범에 종속된다. 이 속박의 '안정성'과 결박의 '견고함'을 강조하기 위해 베버는—케이지도 강한 결박의 개념인데—앞에 '쇠 iron'를 덧붙였다. 나는 이 책에서 이러한 베버의 개념을 그대로 차용하지는 않는다. 소셜 케이지는 국가를 거세한 개념이다. 소셜 케이지는 국가와 독립적으로, 국가의 힘이 미치지 않는 곳에서, 국가의 힘이 사회에 닿기 전에, 자본주의가 출현하기 오래전부터 만들어졌다. 그것은 가족과 부족의 생산과 재생산 메커니즘에서 유래한다.

이 책의 구성   23

이탈exit하지 않고 이 자리에 머물도록 만드는 생태적·사회적·경제적·정치적 그리고 문화적 인센티브 메커니즘과 제도의 총체다.

그 두 주요 변수는 정주 유인 기제와 탈출 옵션이다. 둘은 길항 관계다. 정주 유인 기제가 많을수록 이곳에 머물 이유가 더 생길 것이고, 탈출 옵션이 많을수록 정주 유인에도 불구하고 이탈할 가능성이 커질 것이다. 하나가 못 가게 잡아당기는internal pull 요인이라면, 다른 하나는 떠나도록 밀어내는push factor, 혹은 밖에서 잡아당기는external pull 요인이다. 탈출exit은 소셜 케이지에서 한 개인을 밀어내는 힘(A)과 다른 대안적인 케이지에서 그 개인을 끌어당기는 힘(B)이, 구체제에 개인을 속박시키려는 힘(C)과 대안 체제에서 배제하려는 힘(D)을 압도할 때 성공하게 된다〔(A+B)>(C+D)〕.

소셜 케이지의 정의는 분석 단위와 수준에 따라 가변적이다. 그것은 생태적 환경일 수 있고, 경제적·정치적 제도일 수도 있고, 기업 조직일 수도 있으며, 심지어는 인간관계와 네트워크일 수도 있다. 예를 더 들어보자. 나는 너무 높은 산에 둘러싸인 골짜기 마을에서 살아온 나머지, 산 너머에 무엇이 있는지 확인하기를 포기할 수 있다. 혹은 너무 커다란 강이 가로막고 있어서 강 너머로 헤엄치거나 노 저어 가기를 포기할 수도 있다. 이 경우, 나를 둘러싼 생태적 환경이 나의 케이지다. 혹은 내가 외딴 마을을 떠나 산 너머 강 너머 도시로 가지 않는 이유는, 그 도시의 언어와 종교가 내 것과 달라서일 수도 있다. 언어를 구사하지 못하면, 그곳에 가서 생계를 꾸리기가 막연하다고 인식하게 된다. 마찬가지로 나는 이곳에 머물기로 결정한다. 이 경우, 두 마을의 서로 다른 언어와 종교가 소셜 케이지다. 전자보다는 후자가 '소셜 케이지'라는 개념에 더 잘 어울리기는 하다.

두 마을 사이의 생태적·문화적 '벽'이 소셜 케이지 역할을 하기도 하지만, 마을 내부의 강한 유대감이 그 역할을 하기도 한다. 내가 속한 공동체가 나를 강력한 힘으로 엮고 묶으면, 나는 앞에서 이야기한 모든 벽이 없어도 마을을 탈출하지 않을 것이다. 마을 구성원들이 씨족 공동체와 협업 네트워크에 의해 서로 긴밀하게 '결박'되어 있던 조선 시대의 쌀농사 지대 마을들에서 다른 지역으로 탈출하려는 시도는 심각한 가뭄, 역병, 기근이 엄습할 때를 제외하고는 많지 않았다. 자신의 가족, 씨족과 적당히 먹고살 만한데 다른 대안을 찾을 이유가 크게 없었던 것이다(이철승 2021).

케이지와 엑시트의 길항 관계를 가장 극명하게 보여주는 사회조직은 가족이다. 우리는 우리의 삶을 선택하지 않았다. 우리 부모의 선택에 의해 가족에게 떨어졌다. 우리가 현재의 의식과 지식을 가진 채로 그 순간을 겪는다면 대단히 난감할 것이다. 롤스의 '타고난 운natural lottery'(Rawls 1971)에 상당수는 만족하지 않을 것이기 때문이다. 그 선택과 점지와 은총의 과정에 누가 개입했는지는 차치하더라도, 우리의 선택이 아닌 것만은 분명하다. 우리는 강제로 그 순간——가상이 아닌 실재의——'무지의 망토veil of ignorance'에 덮어씌워진 채 세상에 입장한 셈이다.

출생과 양육의 과정은 우리 개개인 주체의 입장에서는 '케이징'이다〔조금 더 심하게 개념화하면 '출생'이 '잔인한 운brutal luck'(Dworkin 2000)이라면, '케이징'은 아직 성인이 되지 못한 주체들에게 강제적으로 적용된다는 점에서 '폭력'이기도 하다〕. 우리는 우리가 선택하지 않은 의식주의 양식을 부모가 속해 있는 문화와 제도에 의해 부과받고, 우리가 선택하지 않은 종교단체에 가입당해 그 의식에 참여하며, 우리가 선택하지 않은 이웃들과 사귀며, 우리가 선택하지 않은 교과서로 배우면서 자라난다(뒤르켐은 이를 개인 외부에 존재하는 '사회적 규칙의 강제성'이라 표현한 바 있다. Durkheim 1982). 양육 자체는 케이지 안에서 자녀에게 부모의 규범을 주입시키는 과정이지만, 동시에 부모의 문화 자본(Bourdieu 1984)을 자식에게 이전함으로써 케이지에서 탈출할 가능성을 증대시키고 일깨워주는 이중적 역할을 한다.

이 케이지로부터 엑시트 옵션이 생기는 정도는 이슈와 영역마다 다르고 개인마다 다르고 가족마다 다르다. 친구를 사귀는 옵션은 부모의 거주지에 의해 제한되지만, 그 안에서는 개인의 선택이다(혹자는 이 또한 조건 지워진 선택이니 진정한 선택은 아니라 할 것이다). 음식 또한 부모에 의해 제공되지만, 무엇을 먹고 말지는 개인의 선택이다(『채식주의자』의 영혜는 동의하지 않을 것이다). 경제적 엑시트 옵션이 마련되는 것은 성인이 되고 나서이지만, 많은 이들은 성인이 되어서도 정신적으로나 경제적으로 완전히 가족으로부터 엑시트하지 못한다. 만일 엑시트해버리면, '후레자식'이라는 소리를 들을 것이다.

다만 우리가 떨궈졌던 가족의 윗세대가 나이 들면서(사멸하면서), 우리에게 엑시트의 권한이 넘어오기는 한다. 하지만 그 권한을 행사할 만한 나이가 되었을 때, 우리 다수는 앞 세대가 습득하고 합의했던 규준과 기술, 제도에 길든다. 경제학적으로 이야기하면, 앞 세대가 발견하고 합의했던 삶의 방식들에 대해 우리 또한 그것들이 '유용'하다고 재차 발견하면서 합의하는 것이다(Tabellini 2008). 벼농사 체제와 밀농사 체제, 각종 종교와 문화적 의식이 여러 세대를 건너 오늘날까지 강력한 영향력을 발휘하는 이유다.

왜 특정 민족의 일원으로 태어났다는 이유로 다른 민족을 증오해야 하는가? 왜 특정 지역의 일원으로 태어났다는 이유로 타 지역민을, 그 지도자를 혐오해야 하는가? 왜 특정 가족, 씨족의 일원으로 태어났다는 이유로 그들이 숭배해온 종교와 의식을 계속해서 따라야 하는가? 그것은, 우리가 케이징되었기 때문이다. 우리는 어느 순간부터 엑시트 옵션을 갖고 있었지만 행사하지 않기로 하였거나, 혹은 행사하지 않는 데 익숙해졌기 때문이다.

이 책은 소셜 케이지가 무엇이고, 어떻게 동아시아와 한반도에서 소셜 케이지가 만들어졌으며, 앞으로 이 소셜 케이지가 어떻게 변해갈지에 관한 이야기다. 나는 전작 『불평등의 세대』에서 386세대가 구축한 세대 네트워크를 분석함으로써 동시대 세대 간, 세대 내 불평등의 구조를 파헤쳤고, 『쌀 재난 국가』에서는 그러한 불평등 구조의 기원을 '벼농사 체제'라는 앵글을 통해 추적하였다. 이 책에서는 인공지능, 저출생/고령화, 이민이라는 구조적 변동과 그 변동의 힘들이 동아시아의 '소셜 케이지'라는 기존의 제도 및 구조와 충돌하는 와중에 새로이 생성되는 불평등의 구조를 분석하고, 개인적 혹은 집합적 대안으로서 '엑시트 옵션exit option'이라는 개념을 제시할 것이다.

새롭게 떠오르는 균열과 불평등 구조
: 인공지능, 저출생/고령화, 이민

지난 30년을 돌아볼 때, 한국 사회의 가장 중요한 불평등의 축은 무엇이었나? 대기업과 중소기업 간, 정규직과 비정규직 간 벌어진 임금격차와 고용조건이 우선 떠오른다. 이와 맞물려 젊은 세대는 세대 불평등을, 여성들은 젠더 불평등을, 비수도권 주민들은 수도권과 지방의 지역 불평등을 지적할지 모른다.

30년 후 2055년, 다시 30년을 돌아보았을 때 한국 사회의 불평등 구조를 만든 주요 축들은 무엇이 될까? 지난 30년을 규정해온 불평등의 축들은 계속해서 한국 사회의 불평등을 이루는 주요 축으로 기능할 것이다. 그렇다면 무엇이 새로운 불평등의 축으로 떠오를까? 나는 이 책에서 세 가지를 꼽을 것이다. 인공지능, 저출생/고령화 그리고 이민. 이것들은 어떤 새로운 불평등과 갈등의 구조를 만들어낼까?

먼저 인공지능/자동화의 물결은 그 수혜자와 피해자 그리고 별 영향이 없는 자들이라는 세 그룹으로 노동시장을 재구조화함으로써 이들 사이의 갈등을 증대시킬 것이다. 인공지능/자동화가 가속화되는 이유는 단순하다. 기계가 인간보다 싸고 편하고 생산성이 더 높기 때문이다. 기계는 게으름을 피우지 않고, 임금을 올려달라고 파업을 일으키거나 작업환경을 개선하라고 요구하지도 않는다. 여러 명이 할 일을 조용히 더 낮은 비용으로 대신 해줄 기계가 있는데, 비싼 노동비용을 지불하며 버텨줄 고용주는 없다. 인공지능의 발전은 기계에 의한 일자리 대체라는 호러 스토리를 고숙련 사무직과 전문직에게까지 확장시켰다. 회계사, 의사, 변호사 같은 안정적인 자격증 소지 전문직들도 인공지능에 의한 수요 감소와 시장 축소라는 공포에 떨고 있다.

인공지능과 결부된 자동화는 우리의 노동시장과 일자리를 어떻게 바꿔놓을 것인가? 나는 이 책에서 흔한 일자리 대체론을 되풀이하지 않을 것이다. 대체하면, 다른 것을 하면 된다. 그런데 다음 질문은 그 다른 것이 무엇이냐는 것이다.

저출생/고령화는 어떤 새로운 균열을 만들어낼까? 매년 80만~100만 명씩 태어난 베이비부머 세대(1955~1974년 출생자들)는 한국 노동시장의 다수이자 투표자의 다수다. 아직 노동시장에 남아 있는 이 세대는 노동조합을 통해 (상대적으로) 잘 조직화되어 있고 투표에 적극적이다. 이들은 자신들의 이해에 맞게 사회구조를 재편해왔으며, 앞으로도 그럴 것이다(왜 안 그러겠는가).

문제는, 이들이 다음 세대를 충분히 낳고 기르지 않았다는 데 있다. 2020년 3,700만 명이었던 생산 가능 인구가 2050년에 이르면 2,400만 명으로 쪼그라들 예정이다(통계청 2021). 즉, 현재 네 명이 한 명을 지탱하는 부양자(노동시장 참여자) 대 피부양자(은퇴자) 비율이 30년 후에는 1대1로 바뀔 예정이다. 따라서 좋든 싫든, 바람직하건 그렇지 않건 일자리와 연금을 둘러싼 세대 갈등은 피할 수 없다. 현재는 청년 실업 문제가 심각하지만, 향후 10여 년에 걸쳐 베이비부머가 모두 은퇴하고 나면 청년 실업 문제는 점차 해소되고 연금/부양비를 둘러싼 세대 갈등이 더욱 첨예해질 것이다. 당장 1,600만 명 규모의 베이비부머의 은퇴가 시작되었고, 그중 500만 명은 연금이 없는 사람들이다. 은퇴와 함께 가난의 나락에 떨어질 위험이 크다. 그들을 어떻게 먹여 살리고 병들었을 때 치료할 것인가. 누가 얼마큼 그 비용을 감당할 것인가.

이민은 (단기적으로는 부족한 노동 공급을 메꾸며 노동시장의 균형에 기여하지만) 장기적으로 그 사회의 구조를 깊은 저변에서부터 바꾼다. 이주자들의 유입은 세 가지 주요한 충돌을 일으킨다.

먼저 문화적 충돌이다. 이는 이주자들이 주류 사회에 쉽게 동화되지 않고 자신들의 고유한 문화를 장기간 유지하기 때문이다. 한국 사회 곳곳에 모스크가 세워지면서, 언어와 종교와 피부색이 다른 이들끼리 이전에는 볼 수 없던 갈등과 싸움을 벌일 것이다(육주원 2023 참조). 그렇지 않은 사회를 지향하도록 제도적 뒷받침이 마련되어야 할 테지만, 불행히도 그 갈등과 싸움은 필연적이다. 뒤에서 이야기하겠지만, 이 갈등을 부추김으로써 먹고사는 정치 세력 또한──필연적으로──출현하기 때문이다.

둘째는 이주자와 주류 사회의 계급/계층적 대립이다. 한 그룹이 다른 그룹에 비해 경제적으로 뒤떨어지고, 이러한 격차가 지역적·인종적 게토화와 맞물려 장기화되면 계급/계층 대립과 인종/문화적 갈등은 정확히 겹치게 된다. 다수에 의해 공격받는 인종이 경제적 상층계급인 경우도 있지만(유럽의 유대인과 동남아시아의 중국인), 대개는 소수 인종이 경제적 하층인 경우가 더 많다. 교육과 문화 자본이 부족한 이주자들이 주류 사회의 저소득 일자리로 유입되어 도시 빈민을 형성하는 것이 일반적이기 때문이다. 인종과 계급이 겹치는 예는 도처에 있지만, 미국의 하층계급을 형성해온 흑인이 가장 좋은 사례다. 나아가 새로이 유입되는 이주자들(히스패닉)이 이러한 사회 하층과 경쟁하기 시작하면, 기존에 하층을 이루었던 소수 인종마저도 이주자들을 적대시하며 극우 포퓰리즘(트럼피즘)으로 재정렬되는 일이 일어나기도 한다.

셋째는 이주자와 주류 사회의 정치적 대립이다. 이 대립은 소수와 다수의 대립을 넘어선다. 먼저 주류 사회에서 이주자의 권리를 인정하고 지지하는 전문가, 고용주, 문화/정치적 좌파 그룹이 이주자 편에 선다. 다음으로, 이주자와 동일한 노동시장에서 경쟁하는 경제적 유인을 가진 단순 노무 및 제조업 노동자, 아직 업력이 쌓이지 않은 청년 취업 준비생들, 마지막으로 보수 기독교를 비롯한 정치적 우파 그룹이 이주자를 배척하는 편에

오픈 엑시트

선다.

　결국, 이민이 초래하는 연쇄적인 구조적 균열은 지리적인 경계와 차별의 출현이다. 수도권 인근과 남동 벨트에 거대한 이주 노동 가정의 집단 거주 지역이 출현할 것이(출현하고 있)고, 내국인들이 조용히 이 지역에서 빠져나가면서 이주 노동자들의 게토가 만들어질 것이다. 이 지역과 나머지 지역 간 거주지 분리와 인종/민족 간 불평등의 증대가 앞으로 한국 사회에서 가장 중요한 불평등의 축이 될 것이다.

세 가지 불평등의 축과 소셜 케이지의 충돌

인공지능, 저출생/고령화, 이민이 다가오는 균열의 축이라면, 소셜 케이지는 사회마다 전승되어온 문화적 구조의 유산이다. 세 가지 불평등의 축과 동아시아 특유의 소셜 케이지가 충돌할 때 무슨 일이 벌어질까?

소셜 케이지는 동아시아 마을에서 형성되어 전승된 공동 노동조직과 이를 사회문화적으로 떠받치는 커뮤니티 구조다. 강력한 내부 규율과 상호 감시 기제가 작동하며, 진입도 어렵지만 빠져나오기exit도 힘든 사회적 연결망이자 협동 노동조직이다. 소셜 케이지를 통해 그 외부에 사회적·제도적 장벽social closure을 쌓기 때문이다.

소셜 케이지가 작동하는 첫째 층위는 가족, 둘째 층위는 마을, 셋째 층위는 일터다. 동아시아의 소셜 케이지는 그것을 엑시트하려는 새로운 운동들과 충돌할 수밖에 없다. 새로운 엑시트 운동들은 가족 단위에서는 페미니즘과 연계된 저출생, 마을 단위에서는 이주와 이민, 기업 단위에서는 이직이다. 이 책은 이렇게 새로운 엑시트 운동들과 충돌하는 동아시아의 소셜 케이지를 어떻게 재구조화할지에 대한 소고인 셈이다.

인공지능/자동화와 소셜 케이지의 충돌

인공지능과 자동화는 인간의 지적·육체적 노동을 대체하는 것이 목표다. 왜 이런 목표를 추구할까? 그것은 인간의 노동이 비싸(지)기 때문이다. 인간의 노동 대신 더 싸게, 더 정확하게, 불평 없이 과업을 수행하는 기계가 있다면, 자본을 투여하는 입장에서는 기계를 쓰지 않을 이유가 없다. 그렇게 1차 산업혁명의 증기기관은 인간과 말(마차)의 단순노동을 대체했다. 물론 새로운 기계는 수많은 새로운 상품을 만들어내고 운송수단을 발달시켜서 더 커다란 시장을 창출하고 연결했다. 자연히 더 많은 일자리가 생겼고, 인간들은 새로운 기술을 습득하여 그 자리를 메웠다. 우리가 산업혁명이라 부르는 그 과정과 결과다.

오늘의 인공지능 혁명은 이 증기기관 혁명의 연장선에 있지만 또 다른 대체를 추구한다. 바로 인간의 뇌가 수행하는 지적 노동—정보의 판단과 분류 및 매칭, 지식의 적용과 할당, 데이터의 집적과 처리—을 기계가 대신하는 것이다. 일견, 기계에 의한 인간의 대체 현상은 동아시아의 소셜 케이지와는 관련이 없어 보인다.

인공지능 기반 자동화가 지역 간 낮은 이동성과 조직 간 높은 사회적 장벽, 연공 문화에 바탕을 둔 집단주의적 노동조직 그리고 경직된 노동시장을 강화시킬까, 약화시킬까? 쉽게 대답할 수 없는 질문이다. 이론적인 인과 메커니즘이 쉽게 구축되지는 않는다. 하지만 질문을 조금 바꿔보자. 동아시아의 소셜 케이지에 기반한 작업 조직은 어떤 종류의 노동을 수행하는가? 어떤 종류의 과업을 수행해, 글로벌 가치 사슬 분업 구조에서 경쟁력을 확보했는가?

그것은 정형화되고 표준화된 경공업 및 중공업 관련 핵심 산업들의 주요 가공 조립 업무를 더 빠르고 정확하게, 더 싼 값에 수행함으로써 가능했다. 섬세한 조립 가공을 필요로 하거나, 기계로 대체하기에 값이 너무 드는 산업에서 (당시의) 기계보다 동아시아의 값싼 노동이 더 경쟁력이 있었던 것이다. 그런데 인공지능 기반 자동화가 대체하는 노동과 과업은 어떤 것들인가? 바로 동아시아 제조업이 해온 일들이다. 이러한 동아시아 제조업의 기반은 동아시아가 오랫동안 만들어온 소셜 케이징을 통해 가능했다. 다시 말해서 동아시아가 자신들의 역사적 유산에 기반해 누려온 국제분업상의 특수 지위가 인공지능 기반 자동화에 의해 대체될 위험에 처한 것이다.

그렇다면 동아시아의 소셜 케이지는 어디로 갈 것인가? 인공지능이 도래하면 대체되는 제조업과 함께 역사 속으로 사라질 것인가? 아니면 인공지능과 함께 또 다른 협업 조직을 가동할 것인가? 이 책이 던지는 첫번째 질문이다.

저출생과 소셜 케이지의 충돌

조선 시대 여성의 지위는 노비와 크게 다르지 않았다. 조선에서 현대자본주의와 민주주의 사회로 진입하는 데 걸린 기간은 불과 36년이었다. 조선의 가부장제는 이 기간 동안 봉건제와 함께 사라진 것이 아니라 자본주의와 민주주의 제도와 충돌하며, 때로는 새로운 제도들과 결합·착종되며 100여 년을 살아남았다.

조선의 가부장제를 겪은 세대들은 자본주의와 민주주의의 새로운 제도하에서 남성 위주의 위계 구조를 구축했으며, 100여 년 동안 여성들은 정당, 기업, 정부 관료제, 학계, 시민단체, 노동조합 등 거의 모든 국가와 사회, 시장의 조직에서 차별과 배제를 감수해야 했다. 한국 여성의 사회경제적 지위는 여전히 이슬람 사회와 함께 세계 100위권에 머물러 있다(World Economic Forum 2024). 소수의 여성이 이 위계 구조와 평생을 분투하며 여성의 자리와 권리를 확장해왔지만, 여성들이 가정과 사회에서 차지하는 위치가 남성과 동등하다고 말하기에는 아직 이르다(청년 남성들의 상당수는 의견이 다름을 알고 있다).

저출생 현상은 여성들의 (가족으로부터의) 개인적 엑시트 옵션 행사의 집합적 결과다. 가족 구성을 거부하거나, 가족을 꾸리더라도 출산과 육아를 거부하거나 연기함으로써 가부장제가 강제하는 현모양처 이데올로기와 단절하고 커리어와 여가를 지키려는 시도다. 이 경우, 출산을 택하지 않는 것은 개인 수준에서는 봉건적 가족제도로부터의 엑시트지만, 사회 전체적으로는 저출생 현상으로 나타난다.

21세기 한국 사회에서 진행되는 인구 변동은 미래의 불평등 구조가 어떻게 형성될지에 대한 중요한 단서를 제공한다. 한국 사회는 맬서스가 인구론에서 주장했던, '빈곤층에 대한 인구 통제' 주장을 체계적으로 실현시키고 있다. 점점 더 많은 청년이 높은 집값과 열악한 고용 환경에서 출산을 거부하거나 포기/연기하고 있다. 이러한 경향은 모든 계층에서 확인되지만, 그 속도와 정도는 하층에서 훨씬 더 심각하다. 인구 감소는 중하층이 주도하고 있다고 해도 과언이 아니다.

사회가 구성원의 새로운 가치와 운동에 그 룰을 맞추지 못해 스스로를 재생산 실패(사멸)로 몰고 가는 이 상황, 또한 그러한 실패가 사회의 하층에서 더 가속화되는 이 상황을 어떻게 해결할 수 있을까? 이 책이 던지는 두번째 질문이다.

이민과 소셜 케이지의 충돌

이주자들은 자신들의 사회(노동시장)를 엑시트했지만, 전통 사회부터 현대자본주의사회까지 전승되어온 한국의 소셜 케이지(들)에 진입하지 못했고 앞으로도 쉽지 않을 것이다. 일본 사회가 이주자의 포용에 실패해온 이유도 다르지 않다(최근에는 그 벽이 많이 낮아지기는 했다). 들어가기도 나가기도 힘든 것이 동아시아의, 한국과 일본 사회의 소셜 케이지다.

한국의 대학을 졸업하고 대기업 정규직으로 입사해서 승승 장구하고 있다는 중국이나 동남아 출신 학생의 이야기를 들어본 적 있는가? 영미권에서 열심히 일하고자 하는, 능력을 갖춘 이주 노동자에 대한 진입 장벽은 동아시아에 비해 훨씬 낮다(적어도 트럼프 등장 이전까지는 그랬다). 한국의 일터, 특히 조용히 기계를 돌리는 생산직이 아닌, 끊임없이 회의가 이어지고 조율의 협업 기술을 필요로 하는 사무직 팀워크에 피부색이 다르고 한국어가 서툰(완벽하지 않은) 이주자들이 성공적으로 적응했다는 이야기를 들어본 적 있는가?

동시에, 다수가 대학 졸업장을 가진 오늘의 청년층(과 그 부모들)은 고임금 육체 노동직으로의 진출을 거부하고 있다. 이로 인해 국내의 대규모 제조업체들은 현장 노동자의 부족에 시달린 끝에 동남아 현지에서 노동자들을 직접 데려와 한국어와 필요 기술을 병행해 가르쳐서라도 현장에 투입하고 있다. 건설 현장은 외국인 노동자들이 다수가 된 지 오래며, 지방의 농업 노동은 동남아 출신 노동자들 없이는 굴러가지 않는다. 제조업의 50대 숙련공들은 자신들의 숙련을 전수해줄 한국인 청년 기능공들이 없어 제조업의 대가 끊어질 위기에 처해 있다. 교육받은 한국인이 사무직 중상층을, 이주 노동자가 3D 업종을 중심으로 하층을 이루는 새로운 계층 구조가 출현하고 있는 것이다.

이런 상황에서 200만이 넘어 300만 명에 육박하고 있는 외국인 노동자들은 한국인들의 협업 케이지 안으로 들어오지 못한 채, 한국인들이 힘들다고 기피하는 산업들로 유입되어 그들만의 지역적·산업적 게토를 만들고 있다. 한국의 지방은 아시아 각국에서 몰려 들어온 각기 다른 인종과 민족의 수많은 작은 게토들로 메워지고 있다. 이 눈에 보이지 않는 배제와 분리의 장벽들이 심화되면 미래의 한국 사회는 어떤 모습이 될까? 이 책이 던지는 세번째 질문이다.

***

이제 세 가지 구조적 변동의 물결 속으로 들어가보자. 이 물결들 중 어떤 것은 우리가 스스로 초래한 것이고(저출생/고령화), 다른 것은 우리의 의사와 상관없이 외부로부터 밀려온 충격(인공지능/자동화)이다. 저출생이 소셜 케이지 내부의 룰에 대한 여성들의 저항의 목소리voice로부터 시작되었다면, 이민은 다른 사회의 케이지를 엑시트하여 우리의 케이지에 진입하고자 하는 인간의 이주 욕구에서 비롯된 것이다. 마지막으로 인공지능은 우리의 케이지 기능과 협업의 방식을 업데이트하는 문제다. 하지만 공통점은 셋 다 피할 수 없는 물결이고, 우리는 그 충격과 변동의 물결에—이미—휩쓸렸다는 것이다.

기존 케이지의 룰과 관습으로는 이 세 가지 구조적 변동에 대응할 수 없을 것이다. 이들이 가져올 충격과 재구조화 과정에서 개인과 기업은 어떤 적응 전략을 짜고, 국가는 어떤 정책적 대응을 해야 할까? 시민사회는 어떻게 사회와 공동체를 방어할 수 있을까? 한국의 정치는 이러한 문제를 파악하고 해결할 능력을 갖출 수 있을까? 우리는 이 불평등의 미래에서 새로운 기회를 발견할 수 있을까? 이 책이 던지는 마지막 질문이다.

이 책의 첫 장은 이 세 가지 구조적 변동에 대한 거시적인, 하지만 개인적인 대응책을 먼저 제시하면서 시작한다. 그것은 케이지의 확장, 엑시트 옵션의 증대다. 학벌-내부 노동시장-연공제로 착종되고 얽혀 있는 한국 기업의 소셜 케이지를 개혁하는 가장 효과적인 길은, 노동시장의 크기를 키우는 것이다. 노동시장을 공간적으로 확대해 엑시트 옵션을 늘림으로써 앙시앵레짐-한국형 소셜 케이지의 해체를 가속화하는 것이다. 한국-대만-일본(또한 미래에 민주화된 중국과 북한)의 노동시장이 통합되기 시작하면 어떤 변화가 생길까? 그것은 국가가 주도하는 것이 아니라, 개인이 주도하고 국가는 따라오는 개혁이 될 것이다.

이제 닫힌 케이지의 문을 열고 현재의 고용주와 미래의 고용주 사이에서 엑시트 옵션을 행사하는 평행 우주parallel universe로 들어가보자.

오픈 엑시트

1장

케이지에서 나가기

—— 엑시트 옵션의 확장

평행 우주

A씨는 10년 정도 반도체 기업 S에서 근무해왔다. 그의 업무는 반도체 패키징 과정에서 설비 M의 오작동 여부를 감시하며 부서원 L, F, P와 함께 최종 수율을 관리하는 것이다. 그에게 엑시트 옵션이 왜 중요할까. 그것은, 그가 이 직장에서 갑자기 구조조정 위기에 처할 경우에 대비하기 위해서다.

어느 날 회사에서 그가 10년 동안 관리를 담당해온 설비 M을 교체하기로 하면서, 최신 설비를 관리해본 경험이 있는 외부 인력(미스터 킴)을 스카우트하기로 했다고 해보자. 10년 동안 토트넘의 레프트윙 공격수 자리를 꿰차고 있던 손흥민이 떠오르는 유망주('야말'이라고 하자)가 입단하며, 갑자기 벤치 신세가 된 것과 유사한 상황이다. 이제껏 손흥민을 중심으로 공격진을 꾸렸던 감독과 구단이 나이 들어 스피드와 슛 정확도가 떨어진 손흥민 대신 젊고 팔팔한 유망주를 데리고 온 것이다. A씨나 손흥민 선수는 어떻게 해야 하나.

단기적으로 회사가 A씨와 손흥민 선수에게 내미는 역할은 이러할 것이다. 외부 인력 미스터 킴이 업무를 파악할 수 있도록 보조해주며, A씨가 맡았던 여타 부서와의 협력 업무를 인계해주라고 지시할 것이다. 미스터 킴이 업무를 제대로 수행하지 못할 경우에 대비한 백업의 의미도 있다. 손흥민 선수도 벤치에서 적당히 몸을 풀며, 야말이 힘이 빠지는 75분 이후의 시간을 책임질 것이다. 훈련 중에 B팀의 공격수 역할을 하면서 야말이 A팀에 적응하도록 돕는 역할을 할 수도 있다. 그런데 A씨나 손흥민 선수는 언제까지 이 역할에 만족해야 할까? 아마 1~2년 후면 그 역할마저 없어질지 모른다.

전전긍긍하는 A씨에게 팀장님이 소주 한잔하자며 부른다. 인사팀에서 이참에 아예 인력개발원으로 자리를 옮겨 신입사원 교육을 맡아보지 않겠냐는 제안이 들어왔는데 어떻게 생각하느냐고 묻는다. 본인은 이미 옮기기로 했다며 같이 가잔다. 집에 와서 잠든 아이들 얼굴을 본 후 침대에 누워 생각해본다. 공대 석사 학위까지 받고 지금까지 16년을 반도체에 투자했는데, 이제 와서 교육 업무를 한다? 손흥민에게도 감독의 제안이 들어온다. 너는 공격형 미드필더부터 센터포워드나 라이트윙, 심지어는 윙백까지 전부 소화할 능력이 되니 팀에 남아 빈자리를 계속 메꿔달라는 것이다. 지금 빈자리는 레프트 윙백 자리다. 10년 동안 왼쪽 공격수로 살아왔는데 윙백으로 뛰어라?

불행히도, 한국에 A씨가 10년 넘게 투자한 업무를 살려 일할 수 있는 기업은 지금 다니는 직장 외에 다른 경쟁 기업 H밖에 없다. 경쟁 기업 H가 나를 받아주면 기꺼이 옮기겠지만, H 또한 동일한 장비 업그레이드 계획이 있다고 해보자. A씨에게 남은 옵션은 남거나 떠나거나인데, 남는다고 하면 대학 때부터 16년간 쌓아온 그의 전문성과 기술을 상당 부분 포기해야 한다. A씨는 어디로 가야 할까.

다행히 손흥민에게는 엑시트 옵션이 있다. 프리미어리그의 하위 팀, 프리미어리그는 아니지만 독일, 프랑스, 이탈리아, 스페인의 1부 리그에는 아직 손흥민 선수를 받아줄 팀들이 있다. 나이 들었어도 여전히 손흥민의 스프린트와 양발 슛 능력을 높이 사줄 팀들이 즐비하다. 영국을 떠나기 싫으면 하부 리그로 내려가는 옵션도 있고, 아니면 추신수나 류현진 선수처럼 국내로 돌아와 은퇴 수순을 밟을 수도 있다. 축구 리그는 얼마간 연결 및 통합되어 있으며, 다양한 리그와 팀에서 공통으로 통용되는 기술 표준이 존재한다. 덕분에 손흥민에게는 토트넘이 아니어도, 선수 생활을 이어갈 다양한 옵션이 존재한다. 하지만 A씨에게는 엑시트 옵션이 없다.

나는 여기서 평행 우주 가정을 해본다. 지금의 A씨에게는 없지만, 20대의 A씨가 조금 다른 인생을 살도록 '처치manipulation' 해보는 것이다. 그 처치는 두 가지다.

다른 세계에서 A씨는 반도체 소재를 전공했지만, 일본어와 중국어 수업을 모조리 찾아 들었다. 석사과정 중에도 언어를 잊지 않도록 일본, 대만, 중국의 학회에 나가 부지런히 발표하고 교류했다. 일본은 학부 시절 한 학기 교환학생을, 대만은 논문 쓰며 한 학기 연수도 다녀왔다. 일본과 중국의 영화와 드라마도 종종 챙겨 보며 실전 대화 능력도 키웠다. 현직에 있을 때도 국제 콘퍼런스에 참석할 때마다 일본, 대만, 중국의 엔지니어들과 정보를 교류해왔다. 다행히 팀장님과 이사님이 이런 쪽으로 열려 있어서 경쟁 회사 인력들과 적당히 정보 교환을 하고 있었고, A씨는 자연스럽게 그러한 자리에 동석하면서 안면을 틀 수 있었다.

실제로 그 네트워크를 통해 A씨는 업계의 표준과 미래 방향에 대한 정보를 접하는 한편, A씨 기업의 방향성이 국제 표준과 크게 어긋나지 않는다는 안정감을 가질 수 있었다. 선도 기업들의 다음 시장 타깃이 자신들의 것과 얼마나 다른지도 가늠할 수 있었다. 물론 A씨 팀의 국제 정보 교류 활동은 미국의 선도 기업들까지 포함했다. 그들은 해마다 미국 유수의 반도체 관련 콘퍼런스에 참석해 최신 조류에 대한 논의를 업데이트했다. A씨의 대학 동문 중에는 일찍부터 일본과 대만의 반도체 기업으로 진출한 친구들이 몇 있어, 그들을 통해서도 현지 사정을 어느 정도 알고 있었다.

이 세계에서 A씨의 노동시장은 한국의 반도체 기업 S사와 H사에만 한정되지 않는다. A씨의 미래에 대한 투자는 잠재적으로 동아시아 3개국을 포함해 멀리 미국까지 염두에 둔 것이다. A씨의 정보 교류 네트워크는 최첨단 반도체를 만드는 거의 모든 기업에 걸쳐져 있었다. A씨는 오늘은 그에게 임금을 주는 기업 S를 위해 최선을 다하지만, 내일은 이들 기업 중 어디든 스카우트 제의가 오면 기꺼이 사표를 던질 준비가 되어 있는 그런 존재이기를 바랐다. S사가 A씨를 계속 고용하고 싶으면, 스카우트 제의를 포기할 만큼 임금을 올려주면 된다. 반면 S사가 계속 고용하고 싶지 않다면, A씨는 그 소식을 조금 일찍 알기를 원한다. A씨를 원할지 모르는 다른 반도체 기업들과 미리 대화를 나눌 수 있도록. 아마도 이 다른 세계에서 A씨는 현실의 세계에서 당했던 것과 같은 구조조정에 노출되지 않았을 가능성이 크다.

설비 M이 조만간 대체될 가능성이 크다는 것을 파악하고 선제적으로 교체의 필요성을 주장하는 한편, 최신 설비로 갈아탈 준비를 미리 했을 것이다. 대체 인력을 데려오는 것보다, 연관 부서와의 조율 차원에서 A씨를 그대로 고용하는 편이 여러모로 더 '효율적'이라는 것을 회사에 확신시켰을 것이다. 이런 선제 대응이 여의치 않은 상황이라도 A씨는 일본이나 대만, 중국의 반도체 기업 중 아직 설비 M을 도입하지 않은 기업, 그중에서도 한국의 기업 S와 H가 더 이상 사용하지 않는 설비를 넘겨받거나 새로 구입해 시장에 진입할 계획이 있는 곳을 수소문할 것이다. 1~2년 후 국내법에 저촉되지 않는 선에서, A씨는 한국에서는 사양화되었지만 여전히 그의 기술을 필요로 하는 동아시아의 다른 기업들에 취직해 커리어를 이어가고 있을 것이다.

이렇듯 엑시트 옵션이 존재하는 노동시장의 A씨는 손흥민 선수 못지않은 위치에 있다. A씨가 투자해 이미 그의 일부가 된 기술이 갑작스레 사장되지 않도록 관리하면서, 유사시 쿨하게 엑시트할 수 있는 존재인 것이다. 기업이 아닌 개인의 입장에서, 모든 동아시아의 경쟁 기업은, A씨의 잠재적인 다음 직장일 수 있다. 이 평행 우주의 A씨는 아마도 현실의 A씨보다 훨씬 자존감이 높을 것이다. 훨씬 높은 협상력과 대체 옵션들의 존재가 A씨의 자존감을 지탱해줄 것이기 때문이다. 엑시트 옵션이 존재하지 않는 현실에서 A씨는 적당히 높은 임금을 받되 갈 곳 없이 주인에게 예속된 머슴이지만, 엑시트 옵션이 존재하는 세계에서 A씨는 자유인이다.

생애 주기와 엑시트 옵션

엑시트 옵션을 준비하는 삶은 '워라밸'을 추구하는 청년들의 삶과 친화성이 있다. 밤늦게까지, 주말에도 사무실에 나가 일하는 패턴이 일상화된 직장에서 엑시트 옵션을 준비할 수 있을까? 엑시트 옵션은 40~50대 중장년층에게는 삶의 필수 요소가 될 것이다. 직장인치고, '나 이거(여기) 그만두면 다음에 뭐 하지?'라는 생각을 해보지 않은 사람은 없을 것이다. 20~30대에는 그토록 많아 보였던 엑시트 옵션이 40대 중반을 기점으로 급격히 줄어들기 시작한다. 특히, 앞의 평행 우주의 'A씨'처럼 엑시트 옵션을 확대하기 위해 미리 투자하지 않았다면 더더욱.

50대에 직장을 그만두면 누가 나를 받아줄까,라는 우려와 공포는 점점 돈 들어가는, 커가는 아이들을 바라보며 어깨를 짓누르는 마음의 짐이다. 들판에 나가 들소를 잡아본 노하우는 잔뜩 쌓여 있는데, 막상 창과 화살을 들고 나가 잡으려면 몸의 한계가 느껴지기도 한다. 들소 사냥 팀의 수뇌부에 속해 있다면 사냥에 필요한 분업을 조직화하거나 포획한 들소를 어떻게 관리할지 계획하는 일을 하겠지만, 수뇌부에 속하지 못했다면 고민은 더욱 깊어진다. 언제까지 현장에 남아 있어야 할까. 현장에 얼마나 도움이 될까. 들소 잡다가 발굽에 깔리는 날이 오지는 않을까. 등줄기에 식은땀이 흐른다.

작은 사이즈와 외톨이의 비극

한국 노동시장의 비극은 그 작은 규모와 고립성에서 비롯된다. 5,000만이라는 규모는 단일 노동시장으로 기능하기에 너무 작다. 삼면이 바다로 둘러싸여 있고 반도의 북쪽은 휴전선으로 막혀 있으며, 한국어를 쓰는 또 다른 나라는 노동시장으로서 의미가 없는 북한 이외에는 없다. 결국 한국은 5,000만짜리 섬나라 노동시장인 것이다.

그에 비해 이웃 나라 일본은 1억 2,000만 명, 중국은 14억 명의 인구가 지탱하는 노동시장이다. 대만은 이념으로 나뉘어 있지만 노동시장은 대륙과 긴밀하게 연결되어 있다. 서유럽의 선진국들은 영국과 아일랜드를 제외하곤 서로 다른 언어를 쓰지만 오랜 시간 긴밀한 육상 교역으로 연결되어 있고, EU라는 단일 경제/정치제도에 의해 조율되는, 통합 수준이 상당히 높은 사실상 단일 노동시장이다. 영국과 미국/캐나다, 호주, 뉴질랜드는 각기 떨어져 있으나 미국/캐나다라는 거대한 북미 노동시장을 중심으로 이전의 영국령이라는 공통의 조상과 언어로 묶여 있는, 또 다른 통합된 노동시장이다. 아일랜드 정도가 우리와 비슷한 조건의 섬나라지만, 영국령은 아니었되 영국의 식민지 시절을 겪었고 언어를 공유한다. 현재는 (영국에 비해) 낮은 법인세 때문에 몰려온 미국 기업들의 EU 진출 교두보 역할을 하며 브로

커리지brokerage로서 발생하는 반사이익을 톡톡히 누리고 있다.

모두 언어를 공유하기 때문에 가능한 일이다. 이스라엘은 아랍 국가들에 둘러싸여 있다는 점에서 고립되어 있지만, 지중해 너머 유럽이 있고 서구 선진국들은 이스라엘을 자신들의 일부로 받아들인다. 이스라엘은 전 세계에 퍼져 수천 년 동안 고유의 민족적 정체성과 언어를 유지해온 유대인 네트워크의, 두 개의 지리적 거점 중 하나라 보아야 한다(다른 하나는 미국이다). 결국 선진국 중에서 한국은 지리적으로 가장 고립되고 규모가 가장 작은 노동시장이다.

이러한 조건에서 내가 오늘 직장을 그만두고 스킬셋skill set을 보존한 채 다른 직장을 얻고자 할 때, 대다수 한국인은 엑시트 옵션이 제한되어 있음을 발견한다. 더구나 상층 노동시장은 대단히 경직되어 있어서, 한번 입직해 십수 년이 지나고 나면 자리를 옮기는 것이 여의치 않은 경우가 대부분이다. 그럼에도 이 직장에 평생 몸담고 싶지 않은 이들이 있을 수 있다. 그들에게 다른 도시와 환경에서 살며 비슷한 분야의 다른 기업들에 고용될 수 있는 잠재적 기회가 있다면, 그것은 다른 어떤 고용 안전망(고용보험)보다 강력한 심리적 지지선 역할을 할 것이다. 여기 아니면 다른 곳 가지,라는 마음 한구석의 다른 직장에 대한 가능성은, 한 개인에게는 안전망이자 탈출구이자 대안적 삶의 가능성이다.

케이지 키우기

그렇다면 국가나 기업이 아닌 개인 입장에서 지금껏 전개해 온 평행 우주 사고는 이기적인가? 개인들에게 엑시트 옵션이 많은 노동시장이라면, 기업들은 언제건 뛰쳐나갈 준비가 되어 있는 개별 노동자의 이기적 행동으로 인해 인건비가 상승하고 이윤 추구 활동에 지장을 받을까? 국가는 외국으로 새어 나가는 인재들 때문에 기술 유출을 걱정해야 할까?

그렇지 않다. 노동시장이 통합되어 개인들에게 엑시트 옵션이 많아지면, 기업은 엑시트 옵션의 존재를 인적 자본 향상을 위해 이용한다. 핵심 인력을 잃지 않기 위해 임금, 복지, 근무 조건을 향상시키는 한편으로, 엑시트 옵션의 존재를 이용해 여유 인력을 개별적으로 내보낸다. 필요 없는 인력을 대책 없이 안고 가다 경제 위기 시 대규모 구조조정 압력에 정리 해고를 단행하고, 결국 노사 간 대규모 충돌(쌍용차나 한진중공업 사태와 같은)로 이어지는 과정을 겪지 않아도 되는 것이다.

무엇보다 개인들이 엑시트 옵션을 충분히 가진 노동시장에서는 기업이 끊임없이 새로운 인력을 뽑아 시험해볼 수 있다. 나이 든 중장년층 인력들이 자신들의 갈 길을 찾아가는 것이 용이해지기 때문에 젊고 패기 있는 노동 인력을 더 많이 자유롭게 고용할 수 있게 된다. 개인의 엑시트 옵션 확대는 대규모 구조조정

없이도, 기업 내 인력의 입직과 퇴사가 일상적으로 이루어지도록 할 것이다. 아이러니하게도 기업이 붙잡고 싶어 하는 인력은 엑시트 옵션을 충분히 갖고 있는 개인들이다. 남들이 필요로 하는 자를 나도 필요로 하고, 남들이 필요로 하지 않는 자는 나도 필요로 하지 않는다.

또한 개인들에게 노동시장에서의 옵션이 증가했다는 것은, 기업 입장에서도 똑같이 옵션을 증가시킬 수 있다는 것을 의미한다. 개인들이 언어 장벽을 넘어 일본, 대만, 중국으로 취업 시장을 확장한다는 것은, 기업 또한 일본, 대만, 중국에서 인재를 스카우트할 여지가 늘어남을 의미한다. 이런 점에서 기업들은 한국어만을 기업 내 공식 언어로 사용하는 것을 넘어, 영어 및 동아시아의 언어를 다양하게 사용할 수 있는 시스템을 갖출 필요가 있다. 기업 전체는 아니어도 일부 부서에서는 이러한 언어들이 상시로 통용될 수 있도록 해서, 외부의 우수 인력들을 스카우트할 수 있는 여지를 마련해야 한다.

유럽 리그의 축구 구단들과 마찬가지로, 고학력 스펙이 즐비한 기업들이라면 충분히 가능한 일이다. 축구는 발로만 뛰는 운동이 아닌, 긴밀한 의사소통을 거쳐 공격과 수비를 비롯한 수많은 집합 전술을 체계적으로 습득하며 조율하는 시스템이다. 축구는 소통의 스포츠다. 전 세계의 서로 다른 언어를 쓰던 선수들도 시스템하에서는 결국 공통의 언어를 통해 서로에게 적응한다. 기업 또한 이러한 방향으로 가게 될 것이다. 이미 다국어 지원 그룹웨어가 출시되어 시장에서 사용되고 있으며, 인공지능 기반 번역 및 통역 시스템은 언어의 장벽을 뛰어넘는 협업을 훨씬 용이하게 해줄 것이다. 기업 내부에 다국어를 사용하는 직원들의 수가 증가하고, 인공지능 기반 그룹웨어를 통해 기술적 뒷받침이 되는 상황에서 한국 기업이 한국의 인재들만 고용할 이유는 점점 줄어들게 된다. 더구나 글로벌 한류의 영향으로 한국어에 익숙한 인력 또한 늘어나고 있는데, 한국어를 적당히 구사하는 외국인을 고용하지 않을 이유가 없다.

국가 입장에서도 개인의 엑시트 옵션이 증대되는 노동시장은 잃는 것보다 얻는 것이 많다. 인재가 국경을 넘어 유출되는 만큼, 국경을 넘어 유입될 것이기 때문이다. 더구나 한국은 일본을 제치고 동아시아 최고의 임금을 지급하는 국가로 성장했다. 한국의 고임금은 미국이나 유럽으로 이주 시 겪게 될 상이한 문화와 인종주의에 시달리고 싶지 않은, 쌀 문화를 공유하는 동아시아와 동남아시아권의 인재들을 빨아들이는 진공청소기 역할을 할 것이다(이런 점에서 한국의 최저임금제와 노동조합의 전투적 임금 상승 투쟁은 한류와 맞물려 전 세계의 인재를 끌어들이는, 의도치 않은 긍정의 외부 효과를 갖는다. 단, 엑시트 옵션이 많은 사회로 이행할 때 그 효과가 극대화될 것이다).

소셜 케이지와 관계적 이동성

신분제가 사라진 현대 사회에서는(물론 사라지지 않았다. 학벌, 고용 형태, 직장 같은 것들이 그 대리 기능을 수행한다) 아무래도 인간관계가 소셜 케이지의 주요한 역할을 한다. 톰슨과 그 동료들(Thomson et al. 2018)은 친구, 가족, 동료 등과의 관계가 만족스럽지 않을 경우 그로부터 탈출할 수 있는지를 묻는 설문들을 종합해 '관계적 이동성relational mobility'이라는 지수를 만들어 국제 비교를 시행했는데, 일본은 -0.41, 중국은 -0.34, 미국은 0.18이었다. 마이너스 값일수록 관계적 이동성이 낮고, 플러스 값일수록 높다. 일본은 이 국가 간 비교에서 가장 낮은 그룹에, 미국은 가장 높은 그룹에 속해 있었다.

한국은? (의외지만) 정확히 0이다. 일본, 중국에 비해 오히려 미국에 가까운 값이다. 한국인들은 (미국인들만큼은 아니지만) 의외로 일본인들에 비해서는 관계로부터 잘 탈출할 줄 알거나, 적어도 그럴 여지가 높다고 인식하는 것이다.

그런데 또 다른 사회심리학자들이 개발한 촘촘함-성김 tightness-looseness 지표(Gelfand et al. 2011)에 따르면, 한국·중국·일본은 별 차이 없이 이슬람 세계 못지않은 꽉 짜이고 경직적인(위계적인 규칙과 도덕률의 관점에서) 인간관계를 보여준다. 한국 사회는 이 두 지표의 분포에서 특이한 위치를 갖는다. 중국과 일본은 관계적 이동성 지표와 촘촘함-성김 지표 모두에서 서구의 반대편 극단에 있는 전형적인 동아시아 유형을 보여주지만, 한국은 끈적하고 경직적인 데 반해 탈출이 더 용이한 인간관계다. 일할 땐 끈적하게 같이 일하고 놀 때는 탈출하는 걸까? 아니면 끈적하게 같이 일하고 놀지만, 때 되어 적당한 기회가 오면 가차없이 서로 등질 수 있는 관계인가? 가장 작은 땅덩이에서 왜 끊임없이 탈출을 감행하는가? 갈 곳도 없는데. 왜 두 지표가 한국에서만 불일치하는가? 이 불일치, 공존할 수 없는 두 가지 성질의 공존이 다이내믹 코리아의 근원은 아닐까?

이 사회심리학 지표만 일치하지 않는 것이 아니다. (뒤에서 이야기할) 노동시장의 이동성과 사회심리학의 관계적 이동성도 일치하지 않는다. 노동시장은 경직적인데, 관계적 이동성은 상대적으로 경직적이지 않다. 그런데 이 상대적으로 높은 관계적 이동성과 노동시장의 낮은 이동성 사이에 딜레마가 존재한다. 문화적으로는 이동성이 (동아시아인치고는) 상대적으로 높은 편인데, 노동시장은 그러한 이동의 욕구를 받쳐주지 않는 것이다. 왜일까? 왜 문화적 이동성과 경제적 이동성이 일본처럼 일치하지 않는 것일까? 이 불일치는 우리에게 어떤 문제를 야기하는가? 이 불일치를 우리는 해소할 수 있을까? 높은 관계적 이동성은 한국인들이 (일본인에 비해) 직장과 노동시장, 인간관계로부터 더 단호하게 탈출을 감행하도록 이끌 것이다. 구조가 싫으면, 그 구조를 떠나면 되는 것이다.

몇 가지 가능한 설명을 해보자. 왜 한국이 중국이나 일본보다 이동성에 대한 인식이 더 높고, 실제로도 강력한 이주 성향이 확인되는 것일까? 기마민족의 후예라는 이야기는 (근거가 없는 것은 아니지만) 술자리에서나 할 소리다. 한국은 환경-생태적으로—지금은 휴전선으로 막혀 있지만—오랫동안 만주라는 이주의 대안이 꽤 가까운 곳에 존재했다. 만주는 조선과 명/청 전근대 국가권력의 힘이 미치지 않는, 여진족의 땅이다. 여진족 또한 17세기에 이 지역을 통일하고 중국 본토까지 점령했지만, 만주 지역에 농경문화를 정착시키려는 노력은 미미했고 대부분의 땅은 개간되지 않은 채 남아 있었다.

그런데 조선의 삼남에서 만주까지는 말이 있으면 1주, 걸어서는 2주에서 3주면 이주가 가능했다. 구한말에서 일제강점기에 간도로 이주해 오늘날 중국 둥베이 3성에 거주하는 조선족들의 존재는, 19세기와 20세기에 걸쳐 한반도에서 이 지역으로 '탈출'한 시도가 적지 않았음을 실증한다. 나아가 20세기 들어 일본, 미국을 비롯한 전 세계 180개 국가로 이주를 감행한 인구(와 그 후손들)도 2021년 730만 명에 달한다(외교부 2021, 재외동포 현황). (한때 나를 포함해) 남한 인구의 14퍼센트에 해당하는 한국인들이 한국 사회로부터 '탈출'을 감행한 것이다. 이에 비해 중국의 재외동포 수는 5,000만 명, 일본은 400만 명 남짓으로 추정된다(재외동포청 2023; Wu 2024; Statistics Bureau of Japan 2023). 인구 대비 중국은 4퍼센트, 일본은 3퍼센트에 불과하다. 인구 대비

재외동포 수로 한국은 세계 3위로 추정된다(권오현, 웹진). 한국인들은 더 좋은 일자리, 더 좋은 인간관계, 더 좋은 삶의 조건을 찾아 현재의 관계와 터전을 기꺼이 포기할 수 있는 사람들인 것이다.

한국은 지리적으로 소셜 케이징의 정도가 일본 수준으로 높다. 과거에는 그렇지 않았지만, 반도의 북쪽이 휴전선으로 막힌 지 벌써 70년이 넘는 세월이 흘렀다. 경제적으로도 중국과 일본에 비해 노동시장이 훨씬 작기에 대안적인 직장을 찾기가 쉽지 않다. 그런데 기존의 사회적 관계로부터 탈출할 수 있는 정도(관계적 이동성)는 가장 높다. 소셜 케이지에 체념하지 않고 박차고 뛰쳐나가려는 에너지는 여전히 남아 있는 것이다.

탈출의 가능성이 더 높다는 것 혹은 그렇게 인식한다는 것은 무엇을 의미할까? 한국인들은 항상 대안을 찾는다는 뜻이기도 하다. 바로 꽉 짜인 소셜 케이지에 안주하지 않는다는 것인데, 현재의 숨 막힐 정도로 꽉 짜인 공동체의 룰을 받아들이면서도 속으로는 탈출을 꿈꾸는 것이다. 숨 막힐 정도로 단단하게 짜인 공동체에 스스로를 맞추고 그 안에서 만족하는 일본인과 비교해보라. 꽉 짜인 사회적 규범은 유사해 보이지만 그 안에 사는 인간의 머릿속, 마음속은 전혀 다르다. 일본인이 공동체에 장기적으로 순종한다면, 한국인은 단기적으로는 순종하는 척하지만 장기적으로는 다른 세상을 꿈꾸는 것이다.

이러한 한국인의 이중성을 어떻게 받아들여야 하나? 일본인들에 비해 표리부동한 것인가? 아니다. 공동체와 인간관계에 100퍼센트 올인했을 때의 위험성을 역사 속에서, 삶 속에서 경험적으로 체득한 결과라고 봐야 한다. 지정학적으로 외세에 둘러싸인 사회에서, 지형/이념에 따라 동서 혹은 남북으로 나뉘어 극도로 분열된 사회에서, 공동체에 100퍼센트 올인할 때의 리스크가 너무 큰 것이다. 혹은 공동체나 인간관계가 나의 삶을 100퍼센트 책임져 주지 않을 가능성을 염두에 두고 있다고 볼 수도 있다(전란 시 왕이 먼저 도망가는 경험을 여러 번 했다). 나쁘게 말하면 공동체가 책임져 주지 않기 때문에 공동체에, 인간관계에 큰 기대를 품지 않는다는 의미로도 볼 수 있다.

동아시아 노동시장에서의 엑시트 옵션
: 미국과의 비교

　동아시아인들은 자신의 현 직장, 나아가 국가 수준의 노동시장에서 엑시트 옵션이 얼마나 있다고 믿을까? 이들의 엑시트 옵션은 유연한 노동시장의 대명사 격인 미국에 비해 얼마나 제한되어 있을까?

　〈그림1-1〉과 〈그림1-2〉는 2005년과 2015년에 걸쳐 동아시아(한국, 중국, 일본, 대만)와 미국의 노동시장 이동성 및 이주에 대한 인식을 비교한 내용을 보여준다. 조금 시간이 지났지만, 이러한 태도의 국가 간 차이는 시간의 흐름에도 불구하고 크게 변하지 않는 경향이 있기에 아직 참고 자료로 쓸 만하다. 여기서 일본의 응답자들은 다른 나라와 비교했을 때 일관되게 가장 높은 수준의 어려움을 보고했으며, 이는 현 직장 외부에서 일자리를 찾거나 이주를 통해 새로운 직업을 구하는 것 모두에 해당한다. 일본인의 이러한 경향은 강한 공동체적 유대와 조직적 통제 같은 문화적 요인에서 기인하는 것으로 유추할 수 있다(나는 이를 가장 강한 벼농사 체제에서 기인한다고 본다).

　한국과 중국의 응답자들도 비교적 높은 수준의 어려움을 보고했으나 일본보다는 다소 낮은 수준을 보여준다. 특히 중국 응답자의 62.3퍼센트는 자국 내 다른 지역에서 새로운 직업을 찾

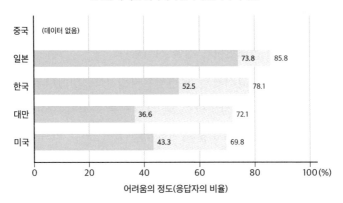

a. 1년 내 다른 회사에서 일자리 찾기의 어려움

중국 (데이터 없음)

일본 73.8 85.8

한국 52.5 78.1

대만 36.6 72.1

미국 43.3 69.8

0　　20　　40　　60　　80　　100 (%)

어려움의 정도(응답자의 비율)

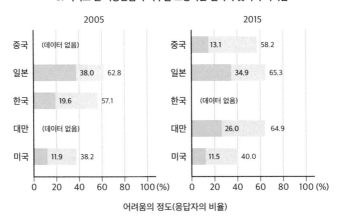

b. 적어도 현 직장만큼의 처우를 보장하는 일자리 찾기의 어려움

2005

중국 (데이터 없음)

일본 38.0 62.8

한국 19.6 57.1

대만 (데이터 없음)

미국 11.9 38.2

0　20　40　60　80　100 (%)

2015

중국 13.1 58.2

일본 34.9 65.3

한국 (데이터 없음)

대만 26.0 64.9

미국 11.5 40.0

0　20　40　60　80　100 (%)

어려움의 정도(응답자의 비율)

자료: 국제 사회조사 프로그램The International Social
　　　Survey Programme 2005, 2015.

매우 어려움　　어려움

그림 1-1　현재 조직에서 개인들의 다양한 이직 옵션: 동아시아 4개국과
　　　　　　미국에서의 직업 이동 결정의 어려움

는 것이 어렵다고 답했으며, 이는 일본 응답자 72.8퍼센트와 비교된다. 이와 같은 결과는 동아시아 국가 전반에서 직업 이동성에 대한 장벽이 존재한다는 점을 시사한다.

반면 미국 응답자들은 43퍼센트만이 자국 내에서 비교 가능한 직업을 찾거나 이주하는 데 어려움을 느낀다고 답함으로써 상대적으로 낮은 이동성 장벽을 보고했다. 이는 미국 사회가 높은 경제 및 지리적 이동성을 가진 나라임을 보여준다. 〈그림 1-1b〉의 2015년 패널에는 한국 데이터가 없으나 2005년 패널에 견주어 볼 때, 한국의 지리적 직업 이동성은 일본과 중국/대만의 중간쯤 수준일 것으로 짐작된다. 앞서 이야기했듯이 우리는 주변 국가들만큼 강력한 소셜 케이지를 갖고 있지만 관계적 이동성은 가장 높았던 결과와 연관시켜보면, 중국/대만보다 더 높은 직업 이동성을 '갈구'하고 있을지도 모른다. 다만, 반도에 갇혀 있는 탓에 그 갈구가 실제 '직업 이동성'에 대한 가능성으로 이어지지는 않는다는 것이 문제일 수 있다.

이 자료들은 동아시아와 미국 개인들의 '엑시트 옵션'에 커다란 차이가 존재함을 보여준다. 어떤 요인들이 이러한 차이를 설명할까? 먼저 동아시아 국가들은 (다음 장에서 다룰) 시험 중심 교육 시스템으로 인해 특정 직업군에 진입하기 위한 학력과 자격증 취득 경쟁이 10대와 20대에 걸쳐 벌어지며, 이후 그 계층구조가 고착화된다. 직업 이동성이 제한되기 때문에 직장 이동성도 낮다. 학벌이 직업/직장 이동성을 막는 것이다. 반면 미국

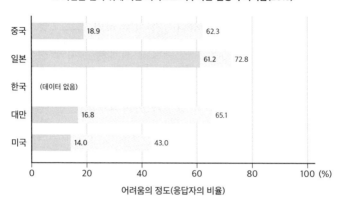

a. 직업을 얻기 위해 다른 지역으로 이주하는 결정의 어려움(2015)

중국 18.9 62.3
일본 61.2 72.8
한국 (데이터 없음)
대만 16.8 65.1
미국 14.0 43.0

0   20   40   60   80   100 (%)

어려움의 정도(응답자의 비율)

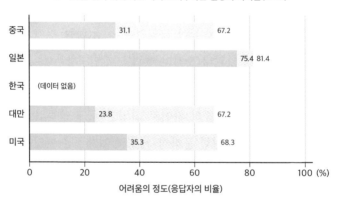

b. 직업을 얻기 위해 다른 나라로 이주하는 결정의 어려움(2015)

중국 31.1 67.2
일본 75.4 81.4
한국 (데이터 없음)
대만 23.8 67.2
미국 35.3 68.3

0   20   40   60   80   100 (%)

어려움의 정도(응답자의 비율)

자료: 국제 사회조사 프로그램 2005, 2015.

매우 어려움   어려움

그림 1-2 현재 조직에서 개인들의 다양한 이탈 옵션: 동아시아 4개국과
미국에서의 이주 결정의 어려움

사회는 대학 졸업장과 직업/직장의 연결 정도가 동아시아만큼 높지 않다. 각종 커뮤니티 칼리지와 직업 훈련 프로그램, 온라인 교육 플랫폼을 통해 개인들은 다양한 재교육 기회를 평생에 걸쳐 갖는다. 특정 직업/직장에 갇혀 있지 않은 것이다.

동아시아 기업들, 특히 일본과 한국의 기업들은 '평생직장' 개념이 남아 있다. 한번 직장을 갖고 직장과 지역에 정착하면 그 것을 평생의 업으로 여기는 경향이 남아 있으며, 이를 의식적으로 추구하기도 한다. 반면 미국인들은 직장을 자신의 커리어상의 '정거장'으로 여긴다. 개인의 커리어 발전 경로에서 직장은 당시 상황에 맞아서 추가된 것일 뿐이다. 따라서 더 좋은 조건, 자신의 상황에 맞는 직장을 찾아 끊임없이 '이동'하는 것이 관례이며 '낙인'으로 남지 않는다(오히려 '능력'으로 인정받는다).

나는 동아시아와 미국의 차이를 '벼농사 체제'에서 유래하는 문화적 속박 메커니즘의 차이로 설명한다. 집단주의 문화는 개인을 결박시키는 다양한 문화적·제도적 기제들을 발달시키며, 이는 앞으로 이야기할 기업 특수 기술(기업 고유 숙련)의 발전과 관련이 있다. 이 기업 특수 기술이 왜, 어떻게 개인의 엑시트 옵션을 제한하고 좌절시키는가? 이에 답하기 위해서는, 한국 사회 특유의 '학벌-내부 노동시장-연공제'의 착종 현상을 파헤쳐야 한다.

학벌 - 내부 노동시장 - 연공제의 착종

엑시트 옵션이 많은 사회는 이 직장이 아니어도 비슷한 동종의 대안적인 직장으로 옮길 기회가 많은 사회다. 엑시트 옵션이 적은 사회는 이 직장이 아니면 대안이 별로 없는 사회다. 전자를 사회 A라 하고 후자를 사회 B라고 하자.

B는 세 가지 제도적 축으로 구성된 사회다. 학벌, 내부 노동시장, 연공제.* 이 셋은 항상 같이 간다. 사회과학에서 이러한 제도들 간의 관계를 '제도적 상보성institutional complementarity'(Hall & Soskice 2001)이라 한다. 제도들이 서로 착종되어 뒤엉켜 있어 하나를 다른 하나로부터 분리할 수 없고, 서로 보완하는 역할을 하

---

* 내부 노동시장ILM은 기업이 외부 시장의 변화보다 자체적인 기술 개발과 장기적인 직원 육성에 초점을 맞출 때 형성된다. 기업이 특수 기술firm-specific skills(Becker 1964)을 길러 경쟁력을 갖추려면 오랜 시간이 걸리므로, 직원 교육에 적극 투자하고 이직을 막기 위한 여러 제도를 마련한다(Doeringer & Piore 1971). 대표적인 제도로는 ① 명확한 승진 경로, ② 장기근속을 유도하는 급여 체계(연공제), ③ 강력한 고용 안정성, ④ 체계적인 사내 교육 시스템이 있다. 이를 통해 기업과 직원이 함께 기술에 투자하고, 점진적인 기술 발전을 이룰 수 있다. 노동자 입장에서도 이러한 기업 특수 기술에 투자할 경우 시간이 지날수록 기술의 이전성transferability이 떨어져 타 기업/산업으로의 이직이 점점 어려워지기 때문에 고용주에게 내부 노동시장 기제를 통한 장기 고용과 보상 체계를 요구하게 된다(Hall & Soskice 2001). 내부 노동시장 개념은 서구에서 처음 등장했지만, 일본과 한국의 대기업에서 특히 발전했다. 나는 이러한 내부 노동시장이 동아시아 기업의 '소셜 케이지'를 형성하는 핵심 요소라고 본다.

며 기능적으로 공진화co-evolve하는 관계라 보면 무리가 없다. 왜 그럴까? 왜 연공제는 학벌을 필요로 할까? 왜 연공제는 내부 노동시장과 함께 발달할까? 왜 나머지 둘의 작동에 학벌이 연관될까? 전작에서 연공제를 다뤘지만, 나머지 둘과 연관하여 다루지는 않았다. 조금 더 깊이 들어가보자.

연공제는 근속연수에 맞춰 임금을 책정하는 제도다. 오래 다녔으면 많이 받고, 잠깐 다녔으면 적게 받는다. 여러 이론이 있지만, 연공제가 생겨난 가장 큰 이유는 이직을 막기 위해서다. 오래 다닌 사람일수록 더 가파른 임금 상승을 경험하도록(지연된 혹은 이연된 보상이라 한다) 임금과 기업연금을 디자인하면, 직장을 옮겨 연봉을 올리기보다 현 직장에 오래 머무르기를 택할 유인이 커진다.

왜 기업은 직원을 오래 붙잡아 두고 싶어 할까? 그 기업에만 특수하게 존재하는 노하우와 기술firm-specific skills, 그 기업 조직 특유의 암묵지tacit knowledge를 깨칠수록 기업의 생산성 향상에 도움이 되기 때문이다. 토요타에서만 작동하는 린 생산 시스템lean production과 수십 년 동안 토요타에서 그 시스템을 개발해온 장인공들이 좋은 예다. 이 린 생산 시스템을 교과서 삼아 공부하고 수입하려고, 현대자동차를 비롯한 전 세계 자동차 회사들과 인근 제조업 기업들이 전력을 다했지만 대부분 실패했다. 한국의 한 대기업은 토요타 시스템을 연구하는 팀을 만들어 현장에 파견까지 했지만, 수년 후 내린 결론은 "이 시스템은 배울 수 없는 것이다"였다.

린 생산 시스템은 토요타에서 수십 년씩 근무하며 토요타식 조직 문화와 생산 시스템을 온몸으로 체화한, 성실한 기능공과 엔지니어가 상호 감시, 협력, 조율하며 만들어낸 것이다(Jo et al. 2023; Whitford & Zeitlin 2004). 한두 해 공부하고 실험해서 배울 수 있는 것이 아니다. 따라서 기업 특수 기술firm-specific skills은 기업 특수 문화firm-specific culture와 긴밀히 연관되어 있다. 둘은 하나인지도 모른다. 연공제는 동아시아에서 기업 특수 문화에 기반하여 기업 특수 기술을 축적하려는 기업들이 '나이와 근속'을 바탕으로 '위계'를 지탱하는 임금제도다.

끊임없이 비교하고, 감시하고, 조율하고, 경쟁하는 조직에는 어느 정도의 위계가 필요하다. 일을 나누어 맡고 서로 조율해서 위험 요소를 제거하는 한편, 한 방향으로 조직의 목표를 집중시키는 역할을 누군가 해야 한다. 동아시아, 특히 (한국과 일본으로 대표되는) 동북아시아에서는 조직에 오래 머무른 자가 기술과 암묵지를 가장 많이 체화하고 있기 때문에 연공이 오래된 순으로 위계의 사다리가 만들어진다. 같은 연차는 동일한 연봉을 받는 것이 조직의 단합에 도움이 된다. 조직 내 연봉과 연차의 위계를 일치시킴으로써, 수평적 단합과 수직적 복종의 아교가 형성된다.

연공제가 발달한 조직에서는 '자동 승급제'가 덩달아 제도화된다. 5년쯤 다니면 잘한 것 없어도 자동으로 승진시켜주는 것이다. 누구나 자동으로 승진하니 각종 과장대우, 차장대우, 부장 대우가 양산된다. 물론 이들 중에도 진짜 과장, 진짜 차장, 진짜 부장은 이사로 승진할 확률이 더 높기에 그 진짜 자리를 둘러싸고 소수의 엘리트는 치열한 경쟁을 벌인다.

여기서 내부 노동시장은 두 가지 기능을 한다. 내부의 경쟁을 관리하고, 엑시트 옵션의 발동을 좌절시키는 것이다. 다른 직장을 찾으려는 자들을 주저앉히고, 위로 올라가려는 인간의 경쟁 욕구를 내부에서 제도적으로 해결하는 것이다. 진급 사다리와 이에 연계된 임금제도, 내부 인사이동이 그 역할을 한다. "계급에 기반한 임금은 인센티브 보상 체계와 동일하게 효율적인 자원 배분을 유도한다(Lazear & Rosen 1981)."

승진 토너먼트 게임(Rosen 1986)과 이와 연계되어 높은 직급에 이를수록 더 높은 임금 상승, 더 큰 권력을 부여하는 시스템은 외부로 이탈하려는 인력을 붙들어 게임에 참여하도록 이끌고, 게임의 탈락자들을 직무 재배치를 통해 관리한다. 탈락자들을 내치지 않는 것은, 다시 사람을 뽑아 교육하는 것보다 이제껏 투자한 인적 자본을 다른 용도로 전환하는 것이 더 남는 장사이기 때문이다. 더불어 게임 참여자들에게 실업 위기에 대한 보험을 제공함으로써 장기적인 충성을 이끌어내는 기제 역할을 수행하기도 한다. 내부 노동시장은 기업 내부에 존재하는 경쟁의 제도적 기제이자, 안전망 역할을 모두 수행한다. "우리는 사람을

오픈 엑시트

자르지 않아요. 사람을 내보내는 일은 신중해야 해요." 한 대기업 회장님이 인터뷰 자리에서 하신 말씀이다.

여기서 학벌의 역할은 무엇일까? 놀랍게도 일본과 한국에서 발달한 연공제는 내부에 직무평가 시스템을 제대로 갖추지 못했다. 일본보다 한국이 특히 그렇다. 하는 일이 전문화되어 있지 않아서이기도 하고, 개별 직원 평가에 대한 반발이 크기 때문이기도 하다. 일본과 한국의 유수 기업들이 평가를 시도하지 않은 것이 아니다. 노동자들이 평가에 반발한다. 같은 연차에 같은 연봉 받는데, 평가를 해서 이 평형상태를 깨려고 한다며 분기탱천한다. 결국, 평가 제도는 형해화된다. 형해화된 평가 제도, 껍데기만 남은 평가 제도로 여기까지 온 한국 자본주의의 기업들은 기이한 조직들이다.

아무튼, 우리는 직원 개개인에 대한 수행성 평가 자료가 미비하다. 하지만 평가 자료가 미비한 조직이어도 사람을 뽑아야하고 누군가는 승진시켜야 했다. 평가하지 않는 조직이 기댈 유일한 객관적 자료가 대학 졸업장이다. 심지어는 어느 대학에서 어떤 학점을 받았는지는 중요하지 않고, 어느 대학에 입학했는지만 중요했다(김동춘 2024. 한 교육문제 관련 콘퍼런스 발표 내용에서). 한국의 노동시장에서는 그때 치른 한 번의 시험이 유일한 평가 자료였다. 기업 상층부를 장악한 명문대 출신들은 자신들을 성공시킨 학벌 시그널을 인사 평가 자료로 사용하는 데 주저함이 없었다. 이렇게 내부 노동시장-연공제는 학벌 시스템과 착종되었다.

한국 사회에서는 한 번의 시험이 평생을 좌우한다고 부모와 선생님이 위협하는데, ──적어도 과거에는──진짜 그랬다. 좋은 학교 나오면 좋은 직장을 얻고, 연공제로 월급은 차곡차곡 오르고, 때 되면 쉽게 승진하고, 30년쯤 근무하고 나면 퇴직금을 두둑이 받고 은퇴할 수 있었다. 아마도 글로벌 기업으로 성장하지 못한 상당수 기업은, 글로벌 기업으로 성장할 필요가 없는 대다수 공기업은 지금도 이 공식대로 인사 제도를 운영하고 있을 것이다. 학벌과 내부 노동시장, 연공제는 한국 사회의 내부자insider 엘리트들을 키워온 제도이자, 그들이 스스로를 재생산하는 제도다.

내가 왜 두 전작에서 연공제를 깨자고 그토록 목소리 높였겠는가. 바로, 이 엘리트 재생산 체제를 뛰어넘자는 이야기였다. 한국 노동시장의 능력주의는, 평가 시스템 없는 능력주다. 명문대에 입학했으면 능력 있다고 평생 우려먹는 시스템인 것이다. 현장에서는 공부 머리와 일머리는 다른 문제라는 걸 모두 알고 있다. 그럼에도 기업에 장착되어 있는 학벌-내부 노동시장-연공제의 공생 관계는 쉽게 허물어질 것 같지 않다.

오늘날의 학벌 서열화 강화는 노동시장에서 평가 시스템이 부재한 결과다. 노동시장에서 생존이 점점 어려워질수록, 한국인들은 학벌에 목을 매게 되어 있다. 믿을 구석이 그것밖에 없는 탓이다. 노동시장에서 생존하려면, 학벌이라도 들고 있어야 하는 것이다. 더구나 학벌을 먼저 점유한 자는 이 체제를 온존하려는 유인이 생긴다. 그것이 자신들이 노동시장에서 장기간 생존할 수 있고 편하게 여생을 즐길 수 있는 가장 쉬운 길이기 때문이다. 결국 한국의 입시 시스템은 노동시장에서 '상층 계층'으로 편하게 살 수 있는 위치에 진입하는, 계급 진입 게임과 다름없다. 앞 문장에서 '상층'을 '양반'으로 바꿔도 크게 무리가 없다. 청년들이 '헬조선'이라 부를 만하지 않은가.

평판 조회 네트워크

이제 사회 A로 가보자. 엑시트 옵션이 많은 사회는 직무제(혹은 직능급제와 결합된 직무제)와 숙련 평가 시스템, 대규모의 유연한 외부 노동시장이 함께 작동한다. 이 셋은 항상 같이 가는 것은 아니지만 서로 친화성이 있다. 하나가 있다고 반드시 다른 하나가 같이 가지는 않지만, 둘이 있다면 적어도 다른 하나는 같이 갈 가능성이 대단히 높다.

엑시트 옵션의 증대는 노동시장에서 '평판 조회'를 통한 비공식적 평가 시스템을 강화함으로써 학벌의 서열화 효과(시그널링 효과)를 반감시킬 것이다. 왜 직무제가 발달한 사회에서는 엑시트 옵션이 많을까? 왜 그런 사회에서는 학벌에 대한 수요가 높지 않을까? 왜 노동시장이 상대적으로 유연할까(입직과 해고가 용이할까)?

직무제가 발달한 사회에서는 나의 직무 수행 능력에 대한 '평판 조회'가 가능하다. 누가 나의 평판을 형성할까. 놀랍지 않게도, 평판을 만드는 자들은 내 동료들이다. 그것은 조직 안에서 자료로 축적되기도 하지만, 나와 함께 일해온 동료들을 통해 그들의 두뇌에 기억으로 축적되고 그들의 입을 통해 전파된다.

나는 인사 회의에서 종종 가장 친한 동료와 스승, 멘토에 대한 평판을 요구받고는 했다. 그것도 서면 리포트를 통해서. 미국 학계 유수 대학의 나와 비슷한 전공을 한 동료들의 테뉴어 레터를 쓰고는 했다. 그 동료들이 책을 낼 때 리뷰를 하는 것은 일상이었다. 그것은 고통스러운 과정이었다. 나와 너무 가까운 동료, 스승이라고 리뷰를 거절하면, 내 시니어 동료들은 눈을 부라리며 이야기했다. "어이 이 교수, 그거(동료 직무평가) 제대로 못하면 이 판에서 학자 소리 듣기 힘들어Hey, Cheol-Sung, you should be able to do that(otherwise, you cannot grow as a scholar in this field)." 나(와 편집진의 멤버들)는 나와 가까운 동료와 멘토의 논문과 지원 서류에 수도 없이 게재 거부 및 임용 부적합 결정을 내려야 했다. 그것이 직무평가의 본질이다. 친구와 지인에 대한 냉정하고 합리적인 평가.

이 직무 수행 능력에 대한 동료들의 평가 시스템은 서구 사회 노동시장의 근간이다. 동료peer 리뷰 시스템을 통과해야 그 분야의 장인으로 인정받는다. 임윤찬이 뛰어난 피아니스트로 성장하는 과정은 반 클라이번 콩쿠르 1등으로 보장되지 않는다. 그것은 하나의 '기회'일 뿐이다. 물론 그것은 임윤찬에게 수많은 유수의 오케스트라와 가장 영예로운 콘서트홀에서 협연할 기회를 제공한다. 그 오케스트라의 단원들, 지휘자들과 협연하면서 그들과 음을 섞는다. 칼을 마주쳐본 검객은 서로의 내공을 바로 파악하고, 음을 섞어본 피아니스트와 바이올리니스트 또한 서로의 내공을 바로 파악한다. 유명 신문과 방송의 평론가들이 착석한 수천 명의 관중 앞에서 그 결과를 선보인다. 이 과정을 몇 년간 거치면, 임윤찬의 '숙련도'와 앞으로의 발전 가능성은 동시대 연주자들과 지휘자들에 의해 평가되고 입을 통해 전파된다.

연주자와 연구자뿐 아니라 모든 개별 기능공과 엔지니어 또한 이러한 평가 시스템을 통과하며, 각자에 대한 '평판reputation'의 네트워크를 만들어간다. 이 평판의 네트워크가 나의 엑시트 옵션을 결정한다. 엑시트 옵션은 단순한 자리의 기회만을 의미하는 것이 아니다. 엑시트 옵션은 평판 네트워크의 결과일 뿐이고, 그 결과를 만드는 것은 내가 직장에서 동료들과 땀 흘리며 만들어냈던 공동의 성과물들이다. 그 성과물들은 그들의 성과물에 대한 나의 기여, 나의 성과물에 대한 그들의 기여로 구성된 노동의 공간과 시간의 응결체다. 그 성과물들은 나의 경우 논문이거나 학생일 수도 있지만, 다수의 노동자에게는 그들이 만들어낸 상품과 서비스다.

직무제에서는 특정 상품에서 엔지니어 A가 한 역할이 이력서에 낱낱이 기록되고, 엔지니어 A가 속한 팀의 동료와 팀장은 그 기록의 증언자 역할을 한다. 엑시트 옵션이 열리고 닫히는 순간은 그들의 입을 통해서다. (왜 곁에 있는 동료들에게 잘해야 하는지 알겠는가?) 당신이 동료에게 분을 못 이겨 소리 지르는 것은 당신의 평판 네트워크, 당신이 속한 필드, 당신이 활동하고 있는 산업 전체에 소리 지르는 것이다. 몇 달 지나면 당신만 모르고, 이 동네 사람 전부 다 안다. 당신이 분노 조절 장애를 갖고 있다는 것을. 동료들에게 시도 때도 없이 버럭버럭하며 성질부리

오픈 엑시트

는 것은 당신의 엑시트 옵션을 스스로 닫아버리는 행위와 다름 없다.

이 시스템에서 학벌의 기능은 무엇일까? 학벌의 기능은 "K대학 출신들이 조직 생활을 잘해" 정도로 한정된다. 그것도 그 대학 출신들이 형성한 사회적 이미지와 자신이 얼추 일치할 때의 이야기다. 개인이 팀에서 10년 동안 일하며 쌓은 성과에 대한 냉정한 평가에 출신 대학이 끼어들 여지는 크지 않다(물론 특정 대학 출신이 특정 팀이나 인사 라인을 장악하고 있으면 이야기가 달라진다. 그들은 객관적 '평가'가 아닌 연줄에 기반한 정보를 퍼뜨려 평판 네트워크의 작동을 교란하며, 연줄 네트워크로 평판 네트워크를 오염시켜 결국 대체하는 역할을 할 것이다. 이 때문에 한 국내 유수의 기업은 회사 근방에서 동문회를 금지시켰다. 그런다고 안 하지는 않겠지만 상징적인 효과는 있을 것이다).

누가 임윤찬이 입학한 대학을 이야기하는가? 그 학교 교직원들만 그에 관심이 있을 것이다. 임윤찬이 연주하는 방식과 스타일, 오케스트라와의 조화, 실험 정신, 주어진 곡을 소화하는 독창성, 곡에 대한 해석 능력…… 이런 것들을 이야기하기에도 시간이 모자란다. 역시 ××대 출신은 달라,라는 한국식 학벌 씌우기가 개입할 여지는 그 학교 출신들과 그 학교에 자식을 입학시키고 싶은 부모들끼리의 서클로 한정된다.

직무에 대한 평가가 제도화된 사회에서 학벌이 들어설 공간은 크지 않다. 더 중요한 것이 무엇인지 명확하게 합의되어 있기도 하고, 그것에 투자해서 얻을 미래 가치가 그리 크지 않기 때문이기도 하다. 직무를 잘 수행하는 데 투자하면 되는데, 뭐하러 일찍부터 아이들을 고생시키겠는가. 그 직무를 결정하는 것도 아이들인 사회에서. 아이들이 뭘 할지 미리 (부모가) 결정해서 다섯 살 때부터 학벌 획득 경쟁에 투자하는 사회에서는 다른 동네 이야기일 것이다. 아무튼, 엑시트 옵션이 많은 사회에서 학벌은 여러 가지 옵션 중 하나일 뿐이다. 굳이 그렇게 살지 않아도 되는 것이다.

직무제와 직무평가가 발달한 직무 중심 사회에서는 돈가스를 만들어 파는 장인이 무슨 학교를 나왔는지 관심이 없다. 돈가스가 맛있는지, 돈가스를 만들어 파는 장인의 솜씨와 음식의 질에만 관심이 있다. 여전히 학벌 신화에 빠져 있는 당신은 반문할지 모르겠다. 아무래도 ××대 나온 친구가 만든 돈가스가 더 맛있어. 아무래도 ○○대 나온 친구들이 논문을 잘 써. 그런가? 나는 그런 증거를 발견한 적이 없다. 내가 공부하고 근무했던 세 개의 미국 대학과 두 개의 한국 대학에서도. 내가 겪은 두 나라 학계 모두에서도. 그저 그 사람이 일을 잘하고 글을 잘 쓰는지만 중요하다. 그 사람이 어디 출신인지는 대부분 무용한 정보였다.

이동성의 증대

이제까지 'A씨'를 중심으로 엑시트 옵션의 증대가 가져올 혜택을 이야기했다. 내가 지금 움직이지 않더라도, 엑시트하지 않더라도 엑시트 옵션의 존재가 미래의 보험 역할을 한다는 것은 누구나 동의할 수 있는 이야기다. 그런데 왜 엑시트 옵션이 늘어나지 않을까?

먼저, ―앞서 이야기했듯이―시장의 크기가 작으면 엑시트 옵션은 늘어나지 않는다. 당신이 개발자 수요가 폭발하는 IT 업계에 있다면, 엑시트 옵션은 노력하지 않아도 저절로 늘어날 것이다. 하지만 지점 인력 수요가 점점 쪼그라드는 금융 업계에 있다면, 엑시트 옵션은 늘어나지 않거나 줄어들 것이다. 개인의 능력을 논외로 할 때(평균치 능력을 갖췄다고 가정할 때), 우리의 엑시트 옵션은 다른 조직에 생기는 빈자리 수와 새로 생긴 자릿수에 비례한다. 물론 그 빈자리에 대한 접근 능력은 개개인의 네트워크의 크기와 질에 다시 달려 있고, 그 안에서의 나의 평판에 의해 좌우됨은 이미 이야기한 바다.

이제 엑시트 옵션에 상향 혹은 하향 이동성mobility 개념을 덧붙여보자. 인간은 끊임없이 상향 이동을 추구하는 존재다. 남보다 더 높고 좋은 자리에 올라 더 많은 연봉과 권력을 누리고 싶어 한다. 이러한 상향 이동성이 어떤 사회에서는 용이하고 다른 사회에서는 힘들다고 가정해보자. 상향 이동이 용이한 사회는 위에 자리가 자주 나는 사회고, 그렇지 못한 사회는 위에 빈자리가 잘 생기지 않는 사회다(리브스 2019). 전자의 사회는 특정 집단이 기득권 자리에 오래 머물지 못하는 사회고, 후자의 사회는 오래 머물며 똬리를 틀고서 다음 대로 그 자리와 권력을 용이하게 세습하는 사회다.

조직도 마찬가지다. 특정 세대가 세대 네트워크를 통해 조직 상층부를 장기 점유하고 있는 조직에서는, 다른 세대가 조직 상층부에 진출하기 어렵다는 것을 전작에서 밝힌 바 있다. 반면 조직 상층부에 여러 가지 이유(실적 악화로 인한 교체, 정년 도래, 정치 투쟁 등)로 빈자리가 잘 생기는 조직에서는 밑에서 위로 이동이 용이하다. 마지막으로 성장하는 사회, 성장하는 조직은 기존의 엘리트나 지도부가 교체되지 않더라도 빈자리가 계속 생겨난다. 늘어나는 수요를 감당하기 위해 사람을 더 뽑아야 하고, 이들을 관리·감독할 상층 인력에 대한 수요 또한 늘어나기 때문이다. 당신이 사회의 중하층 계급에 속하거나 조직의 중하층 직급에 머물러 있다면 상향 이동을 기대할 것이다. 반면 당신이 상층계급이거나 조직의 리더십 지위에 있다면 반대일 것이다.

위로 올라가는 통로가 닫히면 무슨 일이 벌어질까? 꼭 자리가 아니어도, 소득이나 자산이 늘어날 여지가 봉쇄되면 무슨 일이 벌어질까? 상향 이동이 좌절되면 인간들은 상층을 점유하고 있는 세력을 집단적으로 몰아낼 방도를 궁리하기 시작한다. 그

오픈 엑시트

것은 제도화된 민주주의 선거를 치러서일 수도 있고, 감사 기구를 통해서일 수도 있으며, CEO나 오너의 결단에 의해서일 수도 있다. 심지어 이동성이 저하된 사회에서 경기가 나빠지고 불평등이 증대되면, 중하층 계급은 대안적인 정치 세력을 지지하거나 스스로를 조직화하여 혁명을 꿈꿀 수도 있다. 하지만 후자의 옵션(혁명)은 비용이 너무 많이 들기 때문에 선진 자본주의사회에서는 잘 일어나지 않는다.

개인의 생존과 집단의 생존

개인의 입장에서 엑시트 옵션을 확장할 수 있는 두 가지 길은 스킬셋을 확장/심화하거나 정보의 양을 늘리는 것이다. 스킬셋의 확장/심화는 과거에는(지금도) 학교교육을 통해 이루어졌다고 생각하지만, 반만 맞고 반은 틀린 이야기다. 대부분은 현직에 있을 때 현장에서 이루어진다. 특히나 학교교육 시스템이 제대로 갖춰져 있지 않았던 (지금도 그렇다고 보지만) 1960~80년대 개발연대기 기업의 현장 업무는 수단과 방법을 가리지 않고 공장을 세우고 돌아가게 하는 것이었다.

현장 기능공들과 엔지니어들은 일본과 유럽의 기업들로 집단 연수를 가서 어깨너머로 필요한 기술을 배워 오고, 기계를 구입해 매뉴얼 설명차 입국한 유럽 기능공들의 노하우를 손짓발짓해가며 배우는 한편, 그들이 가져온 매뉴얼을 짧은 영어와 외국어 실력으로 사전 찾아가며 해독해서 어림짐작으로 기초 기술을 습득했다. 그러고 나면 그 소수가 나머지 다수의 현장 작업자들을 다시 가르쳐서 전체 공정 시스템이 돌아가도록 만들었다(박준엽 2010; Kim 1999; Lee 2025). 그 시대에도 오늘날에도, 노동자들이 자신의 스킬셋을 확장/심화하는 주요 통로는 동료 노동자들과의 협업이(었)다. 동아시아의 작업장과 사무실에서는 협업을 통해 스킬셋의 확산과 이전, 공동 개발과 조율, 기술적 진보가 이루어진다(Lee 2025).

스킬셋과 별도로 혹은 연동해서 개인의 엑시트 옵션을 확장하는 또 다른 통로는 정보다. 대부분의 신참 노동자들은 정보를 충분히 갖고 있지 못하다(그래서 상당 기간 호구로 산다). 정보가 확장되는 순간은 언제인가. 직장에서 연차가 적당히 쌓여 당신의 회사가 어디에서 공급을 받고 누구에게 물건을 만들어 파는지, 그 물건을 만드는 데 어떤 생산요소가 투입되는지, 그 공정에서 당신의 스킬셋이 무슨 역할을 하는지, 미래에 그 물건과 생산공정이 계속 살아남을지, 그것을 살아남게 하는 데 당신의 역할은 무엇인지를 알게 되는 순간들이 그때다. 이것들을 알게 되는 순간, 당신은 회사의 공급망과 판매망을 포함한 업계의 수많은 플레이어와 명함을 주고받았을 것이고 수많은 정보를 소화했을 것이다. (아직 그 회사에 남아 있다면) 아마도 당신의 스킬셋 또한 회사에 꼭 필요한 사람이 되어 있을 정도로 깊어져 있을 것이다. 이런 점에서 스킬셋과 정보는 연동되어 있다. 하나는 얕은데 다른 하나가 깊기는 쉽지 않다. 당신의 엑시트 옵션이 확장되어 있는 순간은 둘 다 깊어져 있을 때, 바로 그때다.

이쑤시개를 씹거나 담배를 문 채 당신을 질책하고 비웃고 때론 회유하며 격려하는 10년 차, 20년 차 상사가 꼴도 보기 싫을 것이다. 더구나 허구한 날 같이 야근해야 한다면 더더욱. 하지만 바로 그가 정보 비대칭에 시달리는 당신의 시야를 넓혀줄 키맨이다. 바로 그가 당신에게 회사의 공급망과 판매망에 관한 정보, 회사가 무엇을 어떻게 만들어 파는지에 관한 정보를 다 꿰고 있는, 즉 매트릭스가 어떻게 작동되는지를 훤히 다 알고 있는 선지자다. 그는 당신에게 이 모든 정보를 알려줄 수도, 알려주지 않을 수도 있다. 당신이 야근이 싫어서, 모욕을 느껴서, 다른 직장이 더 좋아 보여서 6개월 만에 사표를 던지고 나오면, 그 키맨은 당신에게 매트릭스의 작동 원리를 이야기해줄 시간이 없다. 당신은 그 기회를 스스로 차버리는 것이다.

어디서 그러한 키맨을 다시 만날 수 있을까? 물론 다른 직장에 가서 또 다른 (인간성이 더 좋은) 키맨을 만나면 된다. 하지만 당신은 6개월 만에 사표를 던지고 나와 빨간 줄은 아니어도 분홍 줄이 이력서에 추가된 사람이다. 새 직장의 키맨은 생각할 것이다. 이 친구가 6개월 만에 또 그만두면 어떻게 하지? 이전 직장에서 보낸 6개월의 시간은, 새로 옮긴 직장에서 당신을 조용히 지켜보는 시간으로 바뀐다. 6개월 만에 또 사표 던지고 나갈지 아닐지. 만일 6개월 만에 또 사표를 던지면, 그다음 직장 구하기가 쉽지 않을 것이다. 당신 이력서의 분홍 줄은 빨간 줄로 바뀌어 있을 테니까.

어떻게 분홍 줄이 빨간 줄로 바뀌냐고? 당신이 새로 옮기려고 하는 직장의 인사팀이나 해당 부서 팀장은 이전 두 직장의 키맨들과 한두 다리 건너서 혹은 직접 아는 사이일 가능성이 크다. 심지어는 잘 몰라도 전화해서 물어본다(복수의 대기업 팀장들과의 인터뷰). 그 친구 우리한테 왔는데 어떤 친구였냐고. 10년 이상 같이 일할지도 모르는, 식구보다 더 오랜 시간을 보낼 팀원을 뽑는데 전화 한 통 안 하겠는가. 당신은 거대한 평판 네트워크 위에서 낑낑대며, 사다리를 하나 더 오르려고 애쓰는 그런 존재다. 당신이 무슨 일을 어떻게 하고 팀원들과 어떻게 지냈는지, 당신의 다음 직장 동료들은 다 알고 있거나 결국에는 알게 된다. 당신만 모르고 있을 뿐이다.

내가 하려고 하는 이야기는 이런 것이다. 노동시장에서 엑시트 옵션은 수많은 요소에 의해 결정되지만, 결국은 당신이 무엇을 할 수 있는 사람인지와 그것을 증빙해줄 수 있는 증거, 그리고 당신을 필요로 하는 고용주가 어디에 있는지에 관한 정보에 의해 결정된다. 우리는 모두 개별 산업과 직종 노동시장의 수요와 공급 곡선 위 어딘가에서 더 좋은 조건을 찾아 물장구치며 분투struggle하는 존재들이다. 이 존재 조건에서 자유로운 자들은 자본가이거나 자산을 충분히 소유하고 있는 자들밖에 없다(그들 또한 자본과 자산의 유지 및 증식을 위해 자신들의 위치에서 물장구치기를 그만둘 수는 없다). 누군가 노동시장에서 자신의 노동을 팔고 싶은데 팔지 못하고 있다면, 지금의 직장이 마음에 들지 않아 다른 직장을 찾고자 하는데 찾지 못하고 있다면 둘 중 하나다. 당신이 팔고자 하는 노동이 시장에서 별 가치가 없거나, 당신의 팔고자 하는 의지를 시장이 알지 못하고 있거나.
그렇다면 나의 엑시트 옵션을 증대시킬 방법은 두 가지다.

가장 쉬운 방법은, 지금 직장에서 얻을 수 있는 스킬셋을 최대한 증대시키는 것이다. 이것은 그냥 나 혼자 책 많이 읽어 지식의 양을 늘리고, 토익 점수 올리고, 자격증 몇 개 더 따서 되는 일이 아니다. 다시 강조하지만, 당신은 벼농사 체제의 소셜 케이지에 갇혀 있다. 내가 속해 있는 협업 네트워크에 의해 '인증'되어야 한다. 내 동료와 상사, 후배가 '일 잘하는 사람'이라고 인정해줘야 하는 것이다.

이 '인증'과 '인정'이 6개월 만에 만들어질까? 직종과 산업과 사업체마다 다르겠지만, 적어도 짧게는 2년에서 길게는 3~5년 정도의 시간이 필요하다. 스킬셋이 무르익고 그것이 내 동료들, 내 동료들이 뛰고 있는 필드의 다른 조직의 플레이어들에게까지 '입소문'이 나려면 적어도 그 정도의 시간은 필요한 것이다. 당신의 키맨(상사)이 부정부패 연루자라거나 하는 윤리적 문제가 없다면 그에게 3년을 투자해보라. 그는 자신이 알고 있는 스킬셋과 노하우, 사회적 네트워크를 당신에게 전수해주기 시작할 것이다.

왜? 첫째는 그도 혼자 일하는 것이 아니라 동료를 필요로 한다. 당신이 자신만큼 일할 수 있는 동료로 성장해주면 팀의 생산성이 올라간다. 물론 그가 할 일도 줄어든다(이게 제일 중요할지도 모른다). 둘째, 인간은 자신이 아는 것을 전수해줄 제자를 필요로 한다. 지적인 자식을 기르는 기쁨은 생물학적 자식을 기르는 기쁨과는 또 다르다. 인간은 무자비하게 경쟁하며 상대를 압도하고 승리해서 전리품을 쟁취하려는 욕망을 갖고 있지만, 그 경쟁과 쟁취의 게임에서 전리품을 나눌 동료와 후배를 기르려는 욕망 또한 갖고 있다. (물론 어떤 자들은 후임이 자신의 스킬셋을 카피하여 자신을 대체할 가능성을 줄이고자 후임을 키우지 않기도 한다.) 당신이 조금만 더 현명하다면, 그러한 욕망을 갖고 있는 키맨 얼굴에 6개월 만에 사표를 던지지는 않을 것이다.

개인 수준에서 엑시트 옵션을 증대시키는 또 다른 길은 정보망의 외연을 확장하는 것이다. (4장에서 이야기할) 외국인 노동자가 한국 땅을 밟았을 때 한국인 브로커에게 몸을 의탁하는 이유는, 자신의 노동을 팔고 싶어도 사줄 고용주가 어디에 있는지 모르기 때문이다(구조적 공백structural hole이라 불린다. Burt 1992). 한국 땅에서의 삶이 조금 익숙해지면, 직장 동료들과 민족 네크워크를 통해 지금 일하고 있는, 최저임금만 달랑 주는(게다가 그 최저임금에서 브로커가 일부를 떼어가는) 직장 말고도 더 높은 임금, 더 나은 노동조건을 가진 직장들에 대한 정보를 알게 된다. 어느 고용주가 폭력과 폭언을 행사하지 않는지, 어느 브로커가 더 적은 중계 수수료를 떼는지, 어느 고용주가 계약 사항보다 더 많은 일을 시키지 않는지와 같은 정보들이다.

이러한 구체적 정보들을 접하고 나면, 다수가 저학력에 별다른 스킬셋을 갖추고 있지 않은 외국인 노동자들은 (상대적으로 안전을 보장해줬던 합법의 신분을 버리고서라도) 기꺼이 새 직장을 찾아 나선다. 제한된 고용주와 지역 거주의 한계, 그로 인해 감내해야 했던 임금 착취와 폭력으로부터 자유로워지기 때문이다. 브로커 하나만을 보고 한국 땅으로 가는 비행기나 배에 몸을 실었다가, 정보량과 통로를 파악한 후부터는 늘어난 엑시트 옵션을 누리며 '자유인'으로서 스스로 고용주를 찾아가는 것이다 (물론, 이 경우도 다른 한국인 브로커들이나 SNS, 새로 사귄 외국인 친구/동료 네트워크를 통해 고용주를 찾는 경우가 많다).

외국인 노동자들 이야기 같지만, 이 원리는 내국인들에게도 동일하게 적용된다. 나의 스킬셋에 관심을 보일 고용주가 어디에 있는지 안다면, 그 고용주 혹은 인사 담당자에게 스스로 다리를 놓으면 된다. 혹은 중간에 의중을 전해줄 (믿을 만한) 대리인을 써도 좋다. 오늘날 한국의 많은 젊은이는 그 고용주가 서울이나 수도권, 적어도 동탄이나 판교 이북에 있기를 선호하겠지만, 도쿄나 오사카, 타이베이, 가오슝에 있는 다른 언어를 쓰는 고용주들까지 범위를 넓힌다면 나의 엑시트 옵션은 좁은 한반도를 넘어 두 배, 세 배로 늘어난다. 영어를 쓰는 싱가포르와 홍콩, 심지어 미국의 고용주들까지 선이 닿는다면 옵션은 네 배, 다섯 배, 열 배로 불어날 것이다.

어떻게 그러한 새로운 고용주들과의 접촉이 늘어날 수 있을까? 바로 자신이 뛰고 있는 직종과 산업의 '약한 연결망weak ties' (Granovetter 1973)을 통해서다. 발전되고 분화된 사회의 크고 작은 조직에 소속된 개인은 끊임없이 사회적 연결망을 새로 구축하고 확장한다. 가족과 친족 집단을 뛰어넘는 이러한 사회적 연결망들은 동문회, 동기회, 동호회, 교회 등에서도 만들어지지만, 결국 새로운 고용주들과의 접촉은 자신의 직장이 속한 분야의 각종 콘퍼런스, 워크숍 등과 같은 정보 교류 모임을 통해 이루어진다. 물론 이러한 모임들에서 고용주들과 직접 마주칠 가능성은 크지 않다. 본인 연배의, 비슷한 직급의 종사자들끼리 우연한 혹은 우연하지 않은 짧은 인사와 악수, 명함을 주고받으면서 이름과 평판이 나돌게 된다.

그 회사에서 새로운 인력이 필요할 때, 잠시 안면을 텄던 김 과장은 나와 같은 회사에 다니는 자신의 동창이나 선후배를 통해 은밀히 내 신원 조회를 할 것이다. 신원 조회 항목에는 일머리와 인간성 같은 항목이 포함된다. 혹은 내가 새 직장을 알아보려고 한다는 이야기를 동기 모임에서 흘리면, 그중 누군가가 브로커가 되어 어느 회사에서 네 분야 사람 뽑는다던데 한번 물어봐줄게, 이런 식으로 나의 프로필이 건너가기도 한다. 전통 사회일수록 이러한 평판 조회와 소개가 친족 집단 네트워크에 의해 이루어지는 빈도가 높았다면, 현대 사회일수록 친족 집단을 뛰어넘어 시민사회와 기업 조직에 걸쳐 있는 '약한 연결망'을 통해 이루어진다.

스스로 마당발이 되지 못하면, 마당발인 친구나 선배라도 있어야 이러한 평판 조회와 소개의 정보 네트워크에서 소외되지 않는다. 마당발인 친구나 선배는 더 넓은 노동시장으로 당신에 관한 정보와 평판을 유통해주는 고마운 '브로커'(Gould &

Fernandez 1989)다. 개인들이 서로를 위해 이러한 브로커 역할을 수행해줄 때, 그를 통해 친구와 동료의 평판 관련 정보를 거르고 gatekeeping 유통시킴으로써 '대행자agency or representative' 역할을 맡아줄 때, 노동시장에서 엑시트 옵션은 더욱 많아지고 상호 신뢰 수준은 더욱 높아질 것이다. 이러한 평판 네트워크가 촘촘하고 넓게 깔린 사회에서 기업은 적재적소에 필요한 인재를 더 낮은 비용으로, 더 빨리 찾아낼 수 있을 것이다.

오픈 엑시트

엑시트 옵션이 일상화된 사회의 협업 조직

엑시트 옵션이 너무도 일상화되어 나와 내 팀원 모두 이 팀을, 이 회사를 언젠가는 '뜰 수도' 있음을 알고 있을 때 '일'은, '협업'은 어떻게 돌아갈까? 일이 되기는 할까? 모두가 한편에 다른 마음을 먹고 있는데 조직이 굴러갈까?

놀랍게도 조직은 잘 굴러간다. 모두 알고 있다. 내 수행성 performance이 나와 내가 몸담고 있는 조직의 오늘과 내일을 책임지고 있음을. 여기서 머무는 기간이 몇 년이 될지는 모르지만, 그동안 내가 이 팀에, 이 조직에 쏟아부은 시간과 열정이 나의 '평가 자료'가 될 것임을. 모두가 이 단순한 직무평가의 동학을 인지하고 있기 때문에 일은 잘 굴러간다. 서로가 서로의 직무를 평가하는 '감시자' 역할을 하기 때문에, 내 평판을 온갖 외부 조직으로 퍼 나를 사람들이라는 것을 알기 때문에 게으름 피우고 일 미루고 핑계 대고 빠질 수가 없다.

약한 연결망이 가져오는 장점이다. 강한 연결망에서는 서로 눈감아주고 해태를 작당할 수도 있겠지만, 약한 연결망에서는 그럴 수 없다. 무엇보다 같이 대충하다가 팀의 생산성과 성과가 망가지면 같이 망하는 길이라는 걸 알기 때문에 그렇게 하지 못한다. 남 보기가 무서워서가 아니라, 내 평판이 연동된 팀의 일이기 때문에 책임지지 않을 수 없다. 팀이 망하면 내 평판도 망가지는 것이다(나의 다음 엑시트 옵션에도 치명적인 영향을 미친다).

오히려 해고 위험이 없는, 직무평가를 시늉으로 하며 서로 좋은 점수 나쁜 점수 돌려가며 받는 철밥통 조직에서 일은 잘 굴러가지 않는다. 전자의 조직에서는 개인화된 직무평가로 인해 모두가 물장구를 치지만, 후자의 조직에서는 위계 구조의 중간에서부터 판의 전체 구조를 모르는, 가스라이팅 당한 혹은 눈칫밥 덜 먹은 어리바리한 하급자들 외에는 물장구를 치지 않는다. 물장구를 더 세게 치라고 닦달하는 고연봉·고연차 상사들은 즐비한데, 정작 물장구치는 자들은 얼마 되지 않는다. 직무평가를 받는 것도 아니고 때 되면 연봉은 저절로 올라가는데 뭐하러 애써 물장구치겠는가. 이 직장이, 이 부서가 내가 은퇴하기 전까지 망하지만 않으면 되는 것이다. 일은 다른 사람에게 미루고, 남는 시간에 주식 앱과 부동산 시세를 들여다볼 것이다.

엑시트 옵션 vs. 내부 노동시장

　직장에 노동조합이 있고 회사가 그 노동조합을 '의식'하고 '인정'한다면, 노동조합 또한 한 사람의 노동자가 생존을 의탁할 수 있는 좋은 옵션이다. 단, 잠재적인 엑시트 옵션을 포기해야 하는 대가가 따른다. 또한 노동조합은 한국 노동시장에서 사치재에 가깝다. 주로 대기업의 거대 사업장 위주로 조직되어 있기 때문이다. 90퍼센트에 가까운 노동자는 노조가 아예 없거나, 있어도 유명무실한 직장에 근무하고 있다. 이런 사회에서 유럽의 사회민주주의의 길로 다 같이 가자고 구호를 내지를 수는 없는 노릇이다. 그렇다면 노조가 없는 직장의 개인은 이전 세대의 대공장이나 거대 사업장 노동자들처럼 노조 조직 투쟁에 일생을 걸어야 할까?

　나는 회의적이다. 그럴 만한 젊은 세대도 별로 없겠지만, 나라도 그렇게 하지 않을 것 같다. 어쩌다 보니 합격해서 사원증 받은 회사가 내 평생직장인데(다른 옵션이 없는데), 임금과 복지 처우가 다른 회사들에 비해 처지거나 최저 수준 생계에도 미치지 못할 정도로 착취당하고 있다면, 노동조합을 조직해서 싸워보는 것이 합리적이다. 하지만 다른 옵션이 주위에 적당히 있고, 그 옵션에 나의 네트워크가 닿을 수 있으며, 그 회사들이 보다 나은 임금과 노동조건을 갖추고 있다면 나는 싸우기보다 엑시트를 택할 것이다.

왜 굳이 나를 착취하는 데 여념이 없는 고용주를 설득하려고 내 아까운 시간을 허비해야 하는가? 더 좋은 값을 치러줄 다른 고용주가 있는 마당에. 왜 그런 '빌런'에게 내 노동력을 더 비싼 값에 팔겠다고 싸워야 하는가? 말이 더 잘 통하고 기꺼이 더 좋은 값을 지불하고자 하는 다른 고용주가 있는 마당에. 어차피 시장이 그러한 빌런 고용주를 청산해줄 것이다(아닐 수도 있다, 한국 사회에서는),라는 다소 나이브한 기대를 품고 다른 고용주를 찾을 것이다. 물론 엑시트 옵션이 없다면, 우리는 「파업전야」를 부르며 옥쇄 투쟁에 나설 수밖에 없다. 한국 노동시장에서 되풀이되어온 비극이다.

아무튼 엑시트 옵션을 추구하는 자가 많아지는 사회에서, 착취에 여념이 없거나 혁신을 게을리하는 조직은 빠르게 도태될 것이다. 그곳이 아니면 갈 곳 없는 자들만 그 회사에 남을 것이기 때문이다. 엑시트 옵션을 많이 가진 자들부터 도태되는 회사, 침몰하는 조직에서 뛰어내릴 것이다. 그들은, 그 조직의 도태가 시작되는 것을 가장 먼저 알아채는 민감한 촉수를 가진 자들일 것이다. 그들은, 그 도태를 막아보려고 애쓰다가 어느 순간에 그동안 쏟아부은 노력을 거둬들이고 조용히 엑시트 옵션들과 접촉할 것이다.

그다음에는 내부자들만 알 수 있던 침몰해가는 조직의 조짐들이 시장에 퍼질 것이다. 처음에는 내부자들이 블라인드를 통해 흘리는 소문을 듣고, 다음으로는 IR 분기 보고서에서 영업이익이나 자본수익률이 감소하는 것을 보고 소문이 현실로 바뀌고 있음을 간파할 것이다. 엑시트 옵션을 조금이라도 가진 자들은 같은 분야의 경쟁업체나 연관 산업의 비슷한 직무를 수행할 수 있는 회사로 빠져나갈 것이고, 마지막에 남은 이들은 아무 데도 갈 곳 없는 자들이 될 것이다.

앙시앵레짐의 해체

한국의 상층 노동시장은 해고의 비용이 너무 높기 때문에 신입사원을 잘 뽑지 않는다. 안전하고 검증된 경력사원 위주로 사람을 뽑다 보니 진입과 퇴출이 어려운 구조가 되어버린 것이다. 고임금과 장기 고용이 보장된 대기업과 그렇지 못한 중소기업으로 노동시장이 이분화되어 고착화된 이중 노동시장 문제는 한국 경제의 고질병이 된 지 오래지만 아무도 손댈 수 없는, 그저 모두가 적응하며 살아야 하는 바꿀 수 없는 구조가 되었다.

대기업-정규직-노동조합으로 제도화되고 구조화된 최상층 노동시장(이철승 2017, 2019)이 유연화되기를 바라는 것은 단기적으로는 연목구어다. 대기업에게 대기업 하지 말라고 할 수 없다. 어떻게 대기업이 되었는데. 다만, 정규직과 노동조합은 앞으로 변화할 가능성이 크다. 노동조합 운동의 주력군이었던 1차 베이비부머의 은퇴가 마무리되고 있고, 2~3년 후에는 2차 베이비부머의 은퇴가 시작될 것이다(정년 연장이 이들의 은퇴를 늦추겠지만).

이들 세대가 은퇴하고 나면, 이전의 전투주의적 노동운동의 힘과 전략을 기억하던 세대가 사라지게 된다. 기업들은 전투주의적 노동조합의 힘 때문에 두려워하던 해고의 비용을 조금씩 감수하고자 할 것이고, 해고를 통한 유연화는 정규직의 고용 보

오픈 엑시트

호 특권을 조금씩 허물 것이다(이미 고연차 사무직의 경우, '권고 사직' '명퇴'라는 이름으로 개인 수준 해고는 이루어지고 있다). 결국, 지금은 강고해 보이는 1차 노동시장의 성벽과 해자가 허물어지면서, 정규직과 비정규직의 경계가 지금보다는 많이 완화될 것이다. 해자가 허물어지면, 중소기업과 대기업 간의 인력 이동도 지금보다 더 활발해질 것이다. 누군가 대기업에서 내려와줘야 중소기업에서 위로 올라갈 수 있고, 고용주는 신입사원(혹은 더 젊은 경력사원)을 뽑을 여력이 생긴다.

내가 이 책에서 주장하는 '노동시장의 공간적 확대' 전략 또한 대기업 위주 내부 노동시장과 1차(대기업, 정규직) 및 2차 노동시장(중소기업, 비정규직) 간의 분절화로 대표되는 앙시앵 레짐의 해체를 가속화할 것이다. 한국-대만-일본(또한 미래에 민주화된 중국과 북한)의 노동시장이 통합되기 시작하면, 어떤 변화가 생길까? 3국 모두 출산율 저하로 젊은 인력이 부족해지고 있다. 청년 노동자들은—언어의 장벽을 어느 정도 극복했다는 전제하에—3국에서 모두 귀한 인력이 될 것이다. 산업별 노동시장이 3국으로 확대되면, 한국 청년은 5천만이 아닌, 1억 9천만 명 규모의 인구를 가진 노동시장에 노출되게 된다. 고립화된 한국 노동시장의 네 배에 가까운 규모다.

언어는 서로 다르지만 모두 자유민주주의 체제를 50년 이상 운영해보았고, 미국과 정치-경제-군사적으로 긴밀히 엮여 있다는 공통의 제도적 기반을 공유하고 있다. 가장 중요하게는 3국 모두 쌀 경작 지대의 협업 문화를 체득하고 있기 때문에, 신입사원이 협업 조직에 녹아들기가 상대적으로—여타 문화권 출신에 비해—더 쉽다. 인종적으로 동아시아인들은 서로 구별하기 힘들 정도로 유사한 유전자를 공유하고 있기에 겉모습만으론 차별의 장벽을 쌓기도 힘들다. 문화적으로는 모두 수천 년간 중국이 주도해온 유교 문화권에 속해 있어서, 교육에 대한 높은 투자성향과 가족 중심의 생존 전략을 체득하고 있다.

우연찮게도 이러한 공통의 특질들 때문인지, 3국의 기업들은 세계적으로 비슷한 생산물과 서비스 시장에서 경쟁하고 있다. 한국과 일본은 자동차, 전자제품, 석유화학, 철강, 조선, 반도체, 제약/바이오, 방위산업에 걸친 전 분야에서 협력 혹은 경쟁 관계에 있으며, 한국과 대만은 전자제품, 반도체, 운송 분야에서 협력 혹은 경쟁 관계에 있다. 문화적-경제 구조적 동질성이 노동 시장 통합의 전제 조건이라고 할 때, 동아시아 3국은 이러한 조건을 이미 충족하고 있는 것이다.

개인의 입장으로 돌아가보자. 나는 내 스킬셋을 최대한 활용하여 잠재적 고용주의 풀을 늘려야 엑시트 옵션이 많아지고, 늘어난 엑시트 옵션은 나에게 고용보험의 역할을 한다. 네 배로 커진 시장 규모에 비례해 나의 스킬셋을 구매해줄 고용주가 증가한다면, 내가 오늘 이 직장을 그만두더라도 잠재적으로 이직할 수 있는 가능성이 네 배로 늘어나는 것이다. 삼성전자를 그만두고 싶은 반도체 검사 장비 전문가가 이직할 수 있는 직장이

SK하이닉스 하나에서 도쿄일렉트론, TSMC를 비롯해 일본과 대만에 산재해 있는 수많은 장비업체로 확장된다고 보면 이해가 빠를 것이다.

◦ 2023년, 아직까지 일본과 미국을 비롯한 외국의 노동시장에서 알선과 연수 형태로 직장을 얻은 내국인은 모두 5,463명이었고, 동아시아와 동남아시아에 취업한 한국인은 2,050명가량에 불과했다(한국산업인력공단HRDK 2024). 동아시아의 노동시장은 국가 간 법적·문화적 장벽으로 인해 아직은 분단되어 있는 것이다.

노동시장의 제도적 통합
: 개인 수준의 장벽들

필요한 것은 3국 간에 남아 있는 제도적 장벽을 허무는 것이다. 앞의 반도체 검사 장비 전문가 A씨가 이직을 하고자 할 때, 이직을 망설이게 하는 제도적 장벽/비용에는 무엇이 있을까?

첫째는 언어지만, A씨가 영어로 의사소통하는 데 큰 **문제**가 없고 일어와 중국어에도 어느 정도 지식이 있다고 치자. 첫번째 문제는 A씨의 가족이다. A씨가 30대 후반에서 40대 초반, 회사 생활 10년 차 정도의 중견 베테랑이라면 가족을 동반할 가능성이 크다. A씨가 아이들에게 국제 경험을 시키는 데 별 주저함이 없더라도, 나라 간 교육제도가 일치하지 않는다면 이주를 주저하는 첫번째 요인이 될 것이다. 대개는 국가마다 국제학교가 있기에, 대부분의 해외 파견 직원들과 마찬가지로 A씨도 아이들을 국제학교에 보낼 가능성이 크다. 이 경우 높은 비용이 문제가 되겠지만, 회사가 어느 정도 지원해준다면 A씨의 결정은 더욱 쉬워질 것이다.

둘째는 연금과 같은, 기업이 부담하는 복지제도 간의 호환성이다. 한국과 미국은 연금제도가 호환이 가능하여, 한쪽에서 부은 연금을 다른 쪽에서 인정해 향후 가산해주는 협정이 가동 중이다. 한국-대만-일본 간에도 연금 호환성이 보장된다면, 개인들의 이직을 촉진하는 계기가 될 것이다. 3국 어디서 일하든 일한 연수와 기여액을 자신의 나라에서 인정받을 수 있도록 하면, 연금이 아까워 이직을 포기하는 일은 없을 것이다.

셋째는 시민권이다. (4장에서 이주자에게 시민권을 부여하는 문제에 관해 이야기하겠지만) 노동시장 통합을 통해 대만과 일본의 젊은이들이 한국으로 유입되어 장기 체류자가 될 경우, 이들에게 영주권과 시민권을 부여하는 절차를 고민해봐야 한다. 한국에서 직장을 잡고 한국 경제에 10년 이상 기여하며 세금을 낸 자에게 한국에서의 거주권과 자산 보유권을 한국민 수준으로 보장해줘야 하지 않겠는가. 한국의 고용주는 10년 이상 회사에 기여한 직원을 계속 고용하고 싶어 할 것이고, ─이미─회사의 필수 직원으로 대우하고 있을 것이다. 10년 동안 한 회사에서 근무했다면, 한국 동료들 사이에서도 없어서는 안 될 팀원으로 자리매김하고 있을 것이다. 이 일본인 혹은 대만인 젊은이에게 영주권을 주지 않을 이유를 나는 알지 못한다.

일본으로 직장을 옮긴 A씨가 반도체 장비업체에서 10여 년을 더 근무하고 50대 나이에 한국의 중소 반도체 기업 임원으로 스카우트되어 돌아왔다고 치자. A씨는 일본에서 획득했던 영주권을 정리하고 한국에서 다시 거주자 등록을 할 것이다. 그사이 아이들은 모두 한국이나 일본 학교로 진학했을 것이다. 배우자는 한국에 남았을 수도, 함께 일본에 갔을 수도 있다(앞의 논의에서 다루지는 않았지만, 사실 가장 힘든 부분이다). 후자의 경우 배우자는 직장을 포기했을 가능성이 크지만, 개인별로 직장을 잡았을 가능성도 있다(대만이라면 듀얼 커리어가 잘 정착되어 있어 배우자가 직장을 잡았을 가능성이 더 클 것이다). 아무튼 돌아온 A씨는 (연금이 연결되어 있다면) 한국에서 나머지 커리어를 마무리하고 은퇴 생활을 하는 데 큰 문제가 없을 것이다.

엑시트 옵션의 비용과 혜택

A씨가 이직과 이주 결정을 내리고 다시 돌아와 다른 직장을 잡는 과정은, 내가 지난 20여 년 겪었던 과정이기도 하다. 태평양을 오가는 것보다, 동아시아에서 이 과정을 겪었더라면 이주 비용이 훨씬 덜 들었을 것이다. 육체적·정신적으로 모두.

태평양이라는 거대한 바다가 가르는 두 대륙은 서로 다른 문화권이다. 한 곳은 대표적인 쌀 문화권의 집단주의 사회, 다른 한 곳은 대표적인 밀 문화권의 개인주의 사회다. 동아시아는 나이(근속)에 따른 연공 문화에 기반해 위계적으로 통합된 사회지만, 반대편 아메리카는 평등한 개인들 간의 약한 연결망의 사회다. 한 개인이, 그의 가족이 이 두 문화권을 넘나들며 적응하려면 그만큼의 문화적 적응 비용을 지불해야 한다. 살 만한 장소와 맘에 맞는 이웃과 어울릴 만한 동료를 찾는 것이 모두 이 적응 비용의 항목들이다. 문제는, 한 직장 한 지역에서 엑시트를 하고 다른 직장과 다른 지역으로 이주하는 순간, 1만 2,000킬로미터의 거리와 밤낮이 바뀌는 시차는 그동안 애써 만들어놓은 네트워크와 인적 자산들을 상당 부분 증발시킨다.

이에 비해 동아시아 3국 간의 공간적·시간적 거리는 훨씬 짧다. 3국은 두세 시간 정도의 비행시간과 동일한 시간대에 걸쳐 있다. 이주 시에 마주해야 하는 문화적 장벽 또한 훨씬 낮다. 동아시아 3국의 교육제도는 일본과 미국의 영향을 받아 만들어졌기 때문에 그 호환성도 높다. 배우는 내용 또한 엇비슷하다. 오랜 기간에 걸쳐 서로 보고 베껴왔기 때문이다. 메이지유신 이전까지 한국과 일본의 국가들은 중국의 제도와 문화를 베꼈다. 메이지유신 이후부터는 중국과 한국이 일본의 제도를 베꼈다. 3국의 기업들이 세계 시장에서 비슷한 산업을 놓고 경쟁하는 일이 우연이 아닌 것은, 3국의 교육제도와 가르치고 배우는 내용 및 방식이 유사하기 때문이다.

기업 수준에서는 그로 인해 극심한 경쟁을 치러야 하지만, 개인 수준에서는 같은 이유로 한 기업에서 다른 기업으로 이직해 적응하는 것이 훨씬 용이하다. 적어도 미국이나 유럽의 기업으로 이직하는 것에 비해서는. 국가나 기업 수준에서는 경쟁자들이지만, 개인 수준에서는—법적 수준에서 '스파이'나 '기술 유출자'의 선을 넘지만 않는다면—한국-대만-일본의 노동시장이 통합될 때 엑시트 옵션은 최대화될 것이다. 이러한 '통합'은, 국가 수준에서 제도를 통해 이루어질 수도 있지만, 개인 수준에서는 해당 사회의 언어를 익히고 네트워크를 확장하는 것만으로도 가능하다.

오픈 엑시트

회사 고르기

A씨가 아니라, 한국 기업으로 이직을 결심한 대만 반도체 패키징 회사에 근무 중인 왕씨와 일본 반도체 설계업체에서 일해온 우치다씨의 경우를 생각해보자. 왕씨와 우치다씨가 이직을 맘에 두고 옮길 곳을 알아볼 때, 최종 리스트에 오른 곳은 반도체 선도 기업 S와 기업 H였을 것이다. 왕씨와 우치다씨는 주변 반도체 회사로 이직해온 몇몇 한국인들로부터 두 회사에 대한 평판 조회를 시작할 것이다. 물론 몇몇 주관적인 인상만으로 그 기업의 실제 문화나 실상을 파악하기는 힘들다.

왕씨는 각종 반도체 관련 콘퍼런스에서 만난 엔지니어들로부터, 자본시장에서 활동하는 애널리스트들의 리포트를 통해 두 회사에 대한 평가 자료를 수집할 것이다. 두 회사 모두 글로벌 반도체 시장의 선도 기업이지만, 기업 문화는 상이하다. 기업 S는 인사 노무관리 방식이 일본 기업들과 유사하다. 상명하복을 중시하는 위계적 관료제 문화와 인사 부서에 의한 철저한 신상 관리, 입사 때부터 함께한 본사 출신끼리의 순혈주의와 강력한 협업 및 경쟁 문화는 일본식 연공제에 성과급제를 더한 임금 구조에 의해 지탱된다. 조직(상층)이 정한 목표를 향해 다 함께 달려가며, 상호 견제와 조율을 통해 악착같이 노력하는 문화가 기업 S의 특징이다.

반면 기업 H는 같은 한국 기업이지만, 전혀 다른 성장 경로를 밟아왔다. 주로 인수합병을 통해 성장해왔기 때문에 다른 문화의 유전자들끼리 교배와 변이가 일상이다. 지배적인 기업 문화와는 다른 변종들을 제어하고 배제하고 통합하기보다, 각각의 변종들이 천천히 적응하고 제 갈 길 가도록 내버려 둔다. 인수합병 과정에서 발생하는 갈등과 충돌을 최소화하기 위해 인수한 회사의 관행과 문화를 어느 정도 용인한다. 따라서 다양성에 좀 더 포용적이고 열린 조직 문화를 추구한다. 자연히 새로운 시도나 모험이 조직 내부와 경계에서 발생하는 것을 수용하고 장려한다.

왕씨와 우치다씨는 어느 기업을 선택할까? 우치다씨는 기업 S를 선택할 것이다. 엄격한 상명하복과 긴밀하게 조직된 관리 문화가 일본 기업들과 닮아서 익숙하고 편안하다고 판단할 것이다. 조직이 정한 목표를 향해 미친 듯이 합심해서 달려가는 팀 문화도 과거 일본의 기업들을 보는 것 같아 향수마저 느낀다. 반면 왕씨는 기업 H를 택할 것이다. 대만에는 한국과 같이 리더를 정점으로 위계로 조직된 대기업들이 드문 데 반해, 중소기업 간에는 수평적 협업과 존중의 문화가 있고 서로의 조직과 서비스에 열려 있다. 반도체 부문에서 설계, 생산, 패키징을 중소기업과 대기업이 나눠 맡아 작업해오면서, 상호 열린 소통을 통한 존중과 협업의 정신이 뿌리내린 상태다. 왕씨는 기업 H의 열린 소통과 모험을 장려하는 문화에 더 끌릴 것이다.

오픈 엑시트

왕씨와 우치다씨 중 누가 성공적으로 한국 기업에 정착했을까? 가상의 인물들이기는 하지만, 왕씨가 더 잘 적응했을 것이다. 기업 S는 일본인인 우치다씨에게 익숙한 기업 문화를 갖고 있지만, 바로 그 때문에 외부 유입 인사들에 대해 높은 벽을 쌓는다. 입사 때부터 오랫동안 한솥밥 먹은 이들을 가리키는 "××대 ○○맨"이라는 호칭을 뼛속 깊이 새기고 있는 내부인들끼리의 결속과 협업 정신이 이들의 아이덴티티다. 우치다씨는 몇 년 동안 팀에서 겉돌다 다시 짐을 쌀 가능성이 크다. 우치다씨가 가진 일본 기업의 노하우만 쏙 빼먹고 버림받았다는 분노가 그의 네트워크에서 공유될 것이고, 이런 사례들이 쌓이면 기업 S에 가봤자 합당한 대우를 받으며 조직에 융화되기 힘들다는 인식이 퍼질 것이다.

반면 왕씨는 기업 H의 팀 안팎의 경계가 불분명하고 다소 비체계적인, 하지만 서로에게 솔직한 소통과 비판 문화에 때로는 어리둥절하면서도 즐겁게 적응할 가능성이 크다. 대만의 기업들이 미국의 설계업체들과 협업하면서 겪었던 열린 비판과 이해의 문화와 유사하기 때문이다. 또한 모험적 시도와 사고에 대해 비난하기보다, 그로부터 다시 배우고 더 큰 모험을 하도록 북돋는 H 기업 특유의 문화에 매료될 수도 있다. OEM 위주 대만의 기업 문화에서는 볼 수 없는, 글로벌 선도 기업으로서의 리더십을 보고 배울 수 있기 때문이다.

이렇듯 같은 국가 내에서도 기업 조직별, 산업별로 상당히 많은 변이와 이질성이 존재한다. 국가를 뛰어넘는 엑시트 옵션 전략은 자신에 대한 평판 네트워크를 쌓아가는 동시에 자신의 성향과 스타일에 맞는 기업, 팀, 동료를 찾아 자신만의 촉수를 발달시킬 것이다. 그러한 평판 네트워크를 바탕으로 자신의 취향에 맞춰 최종 선택지를 좁혀 나가는 과정, 이것이 한 개인의 인생에 걸친 커리어 구축 과정이다.

기업의 케이징 전략

기업 입장에서는 이러한 수많은 각자의 평판 네트워크와 각각의 스타일을 가진 개별 노동자들을 일정 기간 회사라는 케이지 안에 붙들어놓아야 한다. 과거에는 입사 시험을 치러 잔뜩 뽑아서 이들의 평생 고용을 보장해주는 한편, 내부 노동시장 기제를 통해 사다리 타기 경쟁을 시킴으로써 생산성을 올렸다면, 이제는 각자의 경력을 챙기는 개별 경력사원들을 잠시 데리고 있으면서 이들의 '성공적 조합'을 통해 생산성을 뽑아내야 한다. 이 성공적 조합이 장기간 유지된다는 보장도 없다. 사원 갑, 사원 을, 사원 병은 각기 다른 시기에 입사해 다른 기간 동안 C라는 특정 기업에 머물다 다른 기업들로 옮겨갈 것이다. 그 각기 다른 '우연한 공존'의 기간 동안, 각기 다르게 발전하는 이들의 스킬셋을 조합하여 성공적인 프로젝트를 이끌어내는 '조직화 능력'이 기업의 '업'이 된다.

전자의 '과거' 모델이 일본 기업이라면 후자는 영미식 기업 모델에 가깝다. 후자의 모델은 미국의 메이저리그나 영국의 프리미어리그 구단의 선수 선발 및 운영 방식과 크게 다르지 않다. 선수들은 20대 초반부터 30대 중·후반에 걸친 대략 15년의 기간 동안 3~5개 정도의 구단을 옮겨 다니며 선수 생활을 한다. 타고난 신체 능력과 몸 관리 능력에 따라 개인별로 커브는 다르지만,

보통 20대 초반부터 경기력이 향상해 20대 중·후반에서 30대 초반에 커리어의 정점을 찍고 그 후 급속히 사양길에 접어든다. 커리어의 정점에 이르렀을 때 뉴욕 양키스, LA 다저스, 레알 마드리드, 맨체스터 시티와 같은 명문 구단에 입단해 가장 높은 연봉과 트로피를 모두 거머쥐고자 한다.

임금노동자들의 삶도 연봉과 스포트라이트의 크기에서 차이가 있을 뿐, 이들과 크게 다르지 않다. 20대 중·후반에서 60세까지 30~35년에 걸친 기간 동안, 3~5개 정도의 기업을 옮겨 다니며 사원증을 바꿔 단다. 타고난 지적 능력과 몸 관리 능력, 20대에 획득한 학력 자본과 경력을 쌓아 얻은 스킬셋에 따라 개인별로 커브는 천차만별이지만, 보통 40대 후반에서 50대 초반에 연봉과 커리어의 정점을 찍고 이후 사양길에 접어든다. 관료제의 특성상, 소수는 60대 중·후반까지도 간부직에 남아 커리어를 연장하기도 한다.

이러한 모델에서는 노동자도 기업을 평생직장이라고 생각하지 않고, 기업도 그 노동자의 일생을 책임져 줘야 한다고 생각하지 않는다. 노동자가 엑시트 옵션을 먼저 행사할 수도 있고, 기업이 그 문을 먼저 열 수도 있다. 스스로 나가느냐 내침을 당하느냐의 차이지만, 지금의 직장이 평생직장이라고 누구도 기대하지 않는 것이다. 12년 동안의 미국 직장 생활 동안 수많은 동료를 떠나보냈고, 나 또한 여러 번 직장을 옮기며 그때마다 동료들과 이별 파티를 했다. 하지만 내가 떠나보낸 동료들과 내가 떠나온 동료들 모두 여전히 나의 동료들이다. 필요할 때 정보를 주고받고, 제자들을 소개하고, 다시 협업도 하는 광의의 동료들인 것이다. 언제든 서로의 필요가 맞다면, 다시 돌아갈 수 있는 직장이기도 하다. 이 영미 모델에서 시장 전체가, 산업 전체가 내 일터인 셈이다. 내 생산성과 평판에 맞춰 그때그때 머무는 직장이 달라질 뿐이다.

전자와 후자의 장단점은 무엇일까? 두 모델 모두 살아남은 이유가 있다. 일본 모델의 장점은 기업 간 이동을 억제하고 기업 내 승진 경쟁을 통해 노동자를 오랜 기간 한 기업에 케이징할 수 있다는 것이다. 이 기업이 산업 내에서 오랜 기간에 걸쳐 한 분야나 상품에 대한 독점적 기술력을 자랑하며 일정한 시장을 점유할 수 있다면(그것이 목표라면), 일본 모델은 이상적인 조직 모델이다. 일본의 반도체 소재·부품·장비 기업들이나 토요타 자동차(와 그 부품업체들)를 떠올리면 된다. 다수의 기업 특수적인 숙련공들이 30년 넘게 그 기업(고용주)과 명운을 같이하면서, 국내 혹은 세계 시장에서 독과점적 지위를 형성하는 경우다. 이들 중 상당수는 50대나 60대가 되어도 생산성에 큰 변화가 없거나, 오히려 더 높은 숙련으로 스스로를 진화시켜서 기업이 해고할 유인이 없는 수준에 이르게 된다. 노동자가 기업 그 자체가 되는 것이다.

다만 단점은 50대나 60대에 다다른 노동자들의 과도한 연공급으로 인해 비용 위기가 발생하기도 한다(이철승 외 2020). 50대에 이르러 승진이 더 이상 불가능한 경우, 직급 없이 떠도는 기능장/숙련공이 많아지기도 한다. 혹은 업데이트 속도가 느려진 장년층 노동자들의 기술 수준이 산업 표준을 쫓아가지 못하는 경우도 생긴다. 이 모든 경우는 기업 수준 생산성 저하의 주요한 원인이 될 것이다.

독일과 일본의 경제가 빠르게 혁신하며 아이디어 경쟁을 하는 미국 기업들에 밀리고, 한국, 대만, 중국 기업들이 제조 공정 혁신(Amsden 1990; Lee 2013)을 통해 빠르게 앞서가는 글로벌 혁신 경제에서 자꾸만 뒤처지는 것도 이렇듯 내부 노동시장에 기댄 기업 특수 기술 축적 전략의 문제일 수 있다. '조정시장경제 coordinated market economy'(Hall & Soskice 2001)의 대표 격인 일본 및 독일 모델의 강점이자 한계인 셈이다. 앞서 이야기했던 우치다씨가 선택한 기업 S는 한국 기업이지만, 그 조직 문화는 일본에 가깝기 때문에 위기를 맞고 있는지도 모른다. "저희 인사 모델은 일본 기업의 것을 그대로 카피한 게 사실이에요"(P 대기업 인사 담당 임원과의 인터뷰).

영미 모델의 장점은 기업 간 이동의 장벽을 낮춤으로써 기업 내에서 노동자들을 장기간 보유하며 케이징을 통해 숙련을 쌓을 유인을 낮추는 대신, 기업 내 저생산성 그룹의 무임승차를 방지하고 시장에서 숙련을 즉각적으로 구매할 수 있다는 점이다. 이러한 모델에서 노동자들은 기업 내 승진 경쟁에 힘쓰기보다 기업 외부에서 스카우트를 통해 몸값 올리기를 원한다. 승

오픈 엑시트

진보다는 헤드헌터들 간의 '몸값 올리기 전쟁bidding war'이 벌어지는 상황을 선호하는 것이다. 어떤 기업이 산업 내에서 특정 기술이나 상품의 제조법을 짧은 시간 안에 확보해 시장 점유율을 늘리고자 한다면, 영미 모델은 이상적인 조직 모델로 기능할 것이다.

2010년대 이후 떠오른 미국의 몇몇 빅테크 기업들(구글, 메타, 테슬라 등)이 이런 모델의 좋은 예다. 엔지니어들은 새로이 떠오르는 기업들과 항시적으로 약한 연결망 및 소통 통로를 유지하며, 적절한 시기가 되면 자신의 배에서 내려 더 빨리 움직이는 배로 갈아탄다. 인텔이 가라앉기 시작하면 엔지니어들은 조용히 퀄컴, AMD, 엔비디아, 애플, 구글, 메타와 같은 기업들로 갈아타기 시작한다. 인텔의 위기가 뉴스에 보도될 즈음에는 가장 뛰어난 엔지니어들은 이미 갈아타기를 마친 다음이다(앞의 기업 S도 마찬가지다). 시장을 선도하는 데 가장 중요한 역할을 하던 엔지니어들이 이탈하고 나면 그 회복 또한 쉽지 않다. 남아 있는 엔지니어들을 아무리 닦달하고 쥐어짜보았자, 새로운 아이디어와 혁신을 주도하는 젊은 스타 엔지니어들은 그 기업에 남아 있지 않기 때문이다. 갈아탈 능력이 없는, 너무 어리거나 너무 나이 든 엔지니어들만 남아 있을 확률이 크다.

이러한 영미 모델에서는 기업들이 장기간 시장에서 선도 기업의 위치를 유지하기 힘들다. 개인들은 끊임없이 고용주를 평가하고, 고용주 또한 끊임없이 개인을 평가하며 새로운 팀을 꾸려 혁신을 도모한다. 어떤 팀은 승승장구하고, 다른 팀은 패배하여 시장을 잃고 퇴출된다. 영미 모델에서 개인은 자신의 노동을 파는 존재이기도 하지만, 특정 기업과 고용주에게 자신의 몸을 단기적으로 투자하는 혹은 빌려주는 존재이기도 하다. 자주 뒤바뀌는 시장을 차지하기 위해 경쟁하는 수많은 팀과 그 조직체인 기업들 사이에서, 각자의 평판 네트워크를 등에 업고 메뚜기처럼 뛰어 다니는 존재가 영미 노동시장의 개인들이다.

한국 사회는 일본 기업 모델이 지배적인 종이었던 성장기를 거쳐, 이제 영미식 기업 모델이 급속도로 침투하는 '교체기'를 겪고 있다. 10년쯤 후면 두 모델이 얼추 비슷한 수준이 되고, 20년쯤 후면 후자의 모델이 지배종이 되어 있을 것이다. 이러한 교체의 과정은 전체 생태계 수준에서도 일어나지만, 한 기업 내부에서도 일어날 것이다. 일본 기업 모델에 기반한 연공급과 내부 노동시장 기제들(진급 사다리와 호봉급 테이블), 그리고 영미 기업 모델에 기반한 직무급 및 직능급과 외부 노동시장 기제들(평판 네트워크와 헤드헌터들의 몸값 전쟁)이 한 기업 내에서도 동시에 작동할 것이다.

엑시트 옵션이 적은 사회와 많은 사회

개인의 입장에서 엑시트 옵션이 적은 사회와 많은 사회 중 어느 쪽이 더 좋은 사회인가? 엑시트 옵션이 많은 사회가 개인이 살아가기에 더 좋은 사회다. 그 사회는 인간의 정주 욕구와 이주 욕구 중, 후자를 극대화하는 사회다. 물론 정주 욕구를 극대화하는 사회와 조직도 계속 생존할 것이다. 인간은 안정을 지향하기 때문이다. 철밥통이라는 말이 괜히 생겨난 것이 아니다.

하지만 소수의 안정을 극대화한 나머지, 다수가 극도로 불안정한 조직으로 사회가 구성되고 전자에 모든 혜택과 자원이 집중된 사회보다는, 모두가 어느 정도의 불안정을 감내하면서 적당한 안정을 향유하고, 다음을 향해 잠깐의 리스크를 다 함께 받아들이는 사회가 더 낫다. 모두가 더 많은 엑시트 옵션을 가질 수 있는 사회로 가자는 이야기다(시중이나 학계에서 통용되는 용어를 쓰면, 정규직과 비정규직으로 분절된 노동시장보다 다 같이 중규직이 되는 노동시장으로 이행하자는 이야기다).

더 많은 엑시트 옵션이 존재하려면, 빈자리가 여기저기서 계속 보여야 한다. 그래야 그 빈자리를 메꾸기 위해 움직임이 일어나고, 계속해 또 다른 움직임이 일어난다. 빈자리가 상시로, 자주 발생할 때 개인 입장에서 엑시트 옵션도 많아진다. 따라서 엑시트 옵션이 많아지려면 몇 가지 조건이 충족되어야 한다.

첫째는 나의 노동을 사려는 자(미래의 고용주)가 기존의 구매 결정을 포기하려면 교체 비용·switching cost이 낮아야 한다. 마찬가지로 내가 지금 내 노동을 구매해주는 자(현재의 고용주)와 계약을 종료하고, 다른 대안적인 구매자를 찾아 나설 때도 비용이 낮아야 한다. 둘 다 낮은 사회에서, 나의 엑시트 옵션도 극대화된다. 나의 노동을 새로 사려는 자가 그 자리를 비우기 위해 들여야 하는 비용(해고의 비용)이 커지면, 나를 스카우트하려던 의지를 스스로 포기하게 된다. 새로운 고용은 발생하지 않게 된다.

마찬가지로 빈자리가 나더라도 그 자리를 채우기 위해 발생하는 비용이 너무 크면, 나 또한 엑시트 옵션을 행사하고자 하는 의지를 포기하게 된다. 예를 들면, 새로 난 자리를 채우러 가기 위해서는 나의 뿌리를 뽑아 다른 토양에 옮겨 심어야 한다. 땅속으로 굳건하게 뻗어 있던 잔뿌리가 모두 끊어지고, 새로 옮겨진 곳에서—짧은 시간 안에—다시 잔뿌리를 내야만 한다. 이 과정이 부드럽게 이루어져야 나는 새 직장에 적응할 수 있을 것이다. 한국 사회는 이 두 비용, 대체 비용과 이전 비용이 모두 극도로 높은 사회다. 나는 전자를 당분간 괄호로 묶은 채(그에 대한 판단을 중지한 채), 후자의 비용을 줄이고 노동시장을 공간적으로 확장함으로써 엑시트 옵션을 늘리자고 주장하는 것이다.

정주 욕구를 극대화하는 기제와 구조는 우리가 이제껏 살아온 세상의 프레임이다. 그것들은 평생고용제와 내부 노동시장

오픈 엑시트

기제로 요약할 수 있다. '평생 고용'은 해고를 어렵게 만드는 고용보호법과 노동조합에 의해 지탱된다. '내부 노동시장 기제'는 잘게 쪼개져 있는 진급 사다리와 때 되면 오르는 연공급과 각종 복지제도로 구성되어 있다. 이 둘이 작동되려면 평가 시스템 없이도 평가가 이루어지는 입사 시험 성적이나 학벌이 필요하다. 결국 한국의 상층 노동시장은 좀 거칠게 이야기하면 노동조합, 연공제, 학벌로 버텨온 시스템이다.

이 중 10대 후반, 20대 초반에 학벌이 결정된 다음 연공제가 세팅되어 있는 직장에 입사하면, 이 정주권 쟁취 게임은 얼추 끝난다. 아마 그 직장(대기업이나 공기업)에는 때 되면 임금 투쟁해주고, 정년 연장 로비하고, 평가제 도입을 반대하는 노동조합이 있을 것이다. 나는 전작에서 이 제도들의 뼈대 역할을 하는 연공제가 벼농사 체제의 유산이라고 주장했다. 벼농사 체제에서 만들어졌다는 의미가 아니라, 벼농사 체제의 연공/위계 문화와 강력한 친화성(선택적 친화성)이 있는 임금체계라는 뜻이다.

이주 욕구를 극대화하는 기제와 구조는 아직 우리 사회의 지배적 프레임이 아니다. 이제 막 그 단초들이 여기저기서 솟아나고 있을 뿐이다. 이주 욕구를 극대화하는 기제들은 눈에 잘 보이지 않는다. 그것은 집단주의 사회의 '표준화'와 '평준화' 압력을 거부하는 개인주의 사회의 제도들이기 때문이다. 개인의 '평판' 네트워크가 한 예다. 그 평판 네트워크는 업계에서 아는 사람들끼리, 아는 플레이어들끼리 형성되는 것이다.

학계를 예로 들어보자. 한국의 교수와 대학원생들은 어느 대학의 누가 이번에 무슨 펀드 얼마짜리를 땄대, 하며 밥자리 술자리에서 소문을 실어 나른다. 미국의 교수와 대학원생들은 마찬가지로 샌드위치를 먹으며 어느 대학 누구 교수가 쓴 논문 「레몬 시장론」 읽어봤어? 하며 새로운 논문이나 아이디어를 실어 나른다. 한쪽은 최종 결과(돈)를, 다른 한쪽은 결과들을 가져오는 최초 아이디어에 대한 평가를 통해 평판 네트워크를 작동시키고 있는 것이 큰 차이다.

집단주의 사회에서 평판 네트워크는 마을 안에서, 회사 안에서 형성된다. 반면 개인주의 사회에서는 그 사람을 아는 사람들과 들어본 사람들, 그 사람의 업과 서비스를 경험해본 사람들 사이에서 형성된다. 둘 다 주위 사람들을 통해 만들어지지만, 그 범위가 다르다. 집단주의 사회의 평판 네트워크는 케이지 안에서 형성된다. 하지만 개인주의 사회에서는 평판 네트워크가 케이지 밖으로 넘쳐흐른다. 케이지의 장벽이 낮고 그리 촘촘하지 않기 때문이다. 집단주의 사회에서는 마을과 회사 사람만(정확히는 윗분들) 잘 챙기면 된다. 그들이 나의 업적과 인성을 평가하고, 궁극적으로 나를 리더의 위치로 올릴지도 모를 '평판'을 형성하기 때문이다. 따라서 집단주의 사회에서는 사내 정치와 줄서기가 횡행한다.

개인주의 사회에서 평판은 내가 속한 마을과 회사뿐만 아니라 내가 거래하고 소통하는 조직 외부의 사람들 사이에서도 형

오픈 엑시트

성된다. HBM3E(고대역폭 메모리) 8단이나 12단을 최초로 만들어낸 팀은 그 회사에서만이 아니라 동종 업계 전체에 소문이 난다. 그 팀의 구성원들은 전 세계 메모리 반도체 업계의 잠재적 스카우트 타깃이 된다. 즉 집단주의 사회에서는 특정한 성과를 팀이나 조직 전체로 돌리지만, 개인주의 사회에서는 성과를 잘게 쪼개 정량화하고 개인의 기여도를 평가한다. 따라서 후자의 사회가 더 피곤할 수 있다. 젊은 시절 쌓아놓은 스펙으로 특정 집단에 소속되고 나면 내부 승진 외에는 걱정할 것 없는 삶보다, 끊임없이 변모하는 시장 상황에 맞춰 내 평판을 관리하기가 더 피곤할 수 있는 것이다. 그럼에도 불구하고―약간 더 피곤하더라도―나는 엑시트 옵션이 많아서 새로운 판을 짤 수 있고, 새로운 사람들과 새로운 기회에 참여할 여지가 더 많은 사회를 선호한다.

엑시트 옵션이 많은 사회에서의 케이징 전략

　사회 내에 엑시트 옵션이 많으면, 이주가 늘어날까 줄어들까? 밖으로 더 빠져나가지 않을까? 반대다.

　첫째, 직장을 더 잘 얻고 더 잘 잃는 사회에서는 들어오는 이가 늘고 나가는 이는 줄어든다. 더 많은 기회가 있기 때문에, 기회가 적은 사회에서 많은 사회로 더 큰 가능성과 더 높은 연봉을 찾아 각 분야의 인재들 및 숙련 노동자들이 몰려든다. 둘째, 엑시트 옵션이 많은 사회는 산업의 혁신 수준이 높고 교체 과정이 빨라서 더 많은 일자리를 만들어낸다. 따라서 그 일자리를 보고 더 많은 인재가 주위의 덜 혁신적인 경제에서 빠져나와 유입된다. 이는 다시 혁신을 가속화해 더 많은 일자리를 만들어내는 선순환이 지속된다. 지난 수십 년간 미국 경제가 그러했다.

　오히려 엑시트 옵션이 부족한 사회에서 인력이, 인재가 빠져나간다. 엑시트 옵션이 부족한 사회는 비슷한 일자리들끼리 더 좋은 인력을 끌어오기 위한 스카우트 전쟁이 적기 때문에 연봉 협상의 관행도 드물다(주는 연봉 그냥 받는다). 엑시트 옵션이 부족한 사회는 젊고 야망 있는 청년들에게 젊은 시절에는 낮은 임금을 감내하라고 가르친다. 따라서 이런 사회에서는 가장 오래 머물 수 있는 직장, 그중에서도 가장 연봉 상승률이 높은 (호봉급 상승률이 높거나 특별 상여금 액수가 높은) 직장을 찾아 입직 경쟁이 벌어진다. 엑시트 옵션이 없으므로 들어갈 때 잘 들어가야 생애 소득이 높아지기 때문이다. 중간에 더 좋은 직장으로 바꾸기 힘드니, 들어갈 때 가장 좋은 직장에 가기 위해 피 튀기는 경쟁이 벌어진다. 경직된 노동시장의 비극이다.

2024년 한국의 청년들은 윗세대보다 10퍼센트 이상 높은 비정규직 비율에 시달리고 있고, 고급 인력들은 가장 높은 비율과 규모로 미국으로의 이직을 시도하고 있다. 2024년 8월, 339만 명의 20대 취업자 중 43퍼센트에 해당하는 146만 명이 비정규직이었는데, 이는 2003년 29퍼센트에 비해 14퍼센트 늘어난 것이다(『조선일보』 2024년 10월 28일). 또한 인구 10만 명당 석박사급 연구 인력의 미국 영주권 신청 비율이 10.98로 인도, 중국, 일본의 1.44, 0.94, 0.86보다 8배에서 13배 높았다(『한국경제』 2024년 10월 28일). 엑시트 옵션이 많은 사회로 아예 삶의 터전을 바꾸는 이민을 시도하고 있는 것이다.

이러한 청년들을 붙잡기 위해서는 노동시장을 어떻게 바꿔야 할까? 엑시트 옵션이 많은 사회, 자격을 갖춘 청년들에게 더 높은 연봉을 지불할 수 있는 사회로 바꾸면 된다. 신기하게도 미국과 더 일찍 경제 교류를 시작했고, 미국의 영향하에서 자본주의를 발전시킨 일본, 대만, 한국은 모두 청년들에게 낮은 연봉을 지불한다. 한국과 일본은 연공제 때문에, 대만은 외국에 지불하는 높은 로열티 때문에 청년들의 연봉 수준이 낮다. 하지만 이들 나라 중 유독 한국은 (심지어 대만이나 일본보다 청년들의 연봉이 더 높음에도 불구하고) 밖으로 떠나려는 인력이 훨씬 더 많다.

  왜 그럴까? 한 가지 이유는, 앞에서 이야기했듯이 한국인들의 관계적 이동성이 더 높아서일 수 있다. 현재의 관계로부터 탈출하려는 욕구가 훨씬 더 크기 때문에 한국 사회를 포기하고, 바깥에서 새로운 기회를 찾으려는 욕구 또한 더 크다고 볼 수 있다. 혹은 물질적 부에 대한 한국 청년들의 열망이 (일본이나 대만 젊은이들보다) 더 크기 때문일 수도 있다. 어느 쪽이건 한국을 떠나 새로운 기회를 찾으려는 열망이 크다는 것은, 한국 사회가 이들에게 충분한 보상을 해주지 못하고 있음을 의미한다.

  한국을 떠나 더 넓은, 더 많은 엑시트 옵션이 존재하는 다른 대륙으로 이주하려는 청년들을 어떻게 붙잡을 것인지가—출산율 못지않은—큰 문제가 될 것이다.

오픈 엑시트

엑시트 옵션과 불평등

지금까지 하나의 범형으로서 개인의 엑시트 옵션을 이야기해왔다. 하지만 실제 노동시장에서 우리는 서로 다른 처지에 놓인, 서로 다른 스펙을 가진 개인들이다. 현실의 개인들 사이에는 자산, 소득, 학력, 직업 지위 등의 불평등이 존재하고, ─당연히─엑시트 옵션에도 불평등이 존재한다.

〈그림1-3〉은 앞의 〈그림1-1b〉에 해당하는 문항의 2005년 한국 데이터를 이용하여 그린 그래프다. 이 그림이 이야기하는 바는, 첫째 나이가 들수록 현재의 직장과 유사한 조건의 다른 직장을 찾기 어렵다고 인식하고 있으며, 둘째 그러한 경향이 교육 수준이 높을수록 훨씬 심화된다는 것이다(교육 연수가 증가하면서 그래프의 기울기가 더 가팔라진다). 쉽게 이야기하면, 대학이나 대학원을 나온 가방끈 긴 사람일수록, 나이 들어서 자리 옮기기가 오히려 더 힘들어진다는 의미다. 청년 대졸자가 동일 나이 고졸자나 중졸자에 비해 갖는 약간 높은 이동성이 나이 들수록 사라져, 오히려 학력이 높은 자들의 엑시트 옵션이 더 제한된다는 것이다.

한국 사회에서 나와 같은 50대 중·후반 교사, 교수, 대기업 부장(팀장), 공무원 및 여타 전문직 종사자들의 경우, 동종 업계 내부에서의 엑시트 옵션은 거의 없다고 봐야 한다(따라서 업종을 바꿔 치킨집을 내도록 내몰린다). 이러한 패턴은 다른 동아시아 사회에서는 잘 나타나지 않는 현상이다. 나이를 먹을수록 엑시트 옵션이 줄어드는 현상만 나타날 뿐, 교육 자본을 많이 가진 자들이 유사 직종으로의 이동에 제한을 받는 경향은 발견되지 않는다.

(이러한 경향이 지금까지도 지속되고 있다고 가정한다면) 이를 어떻게 설명할 수 있을까? 이는 한국의 대기업 노동자들이 내부 노동시장에 갇힌 채 기업 특수 기술에 올인했기 때문이다. 한 회사에 장기간 머무르며 대기업의 특정 업무, 특정 공정에 특화된 기술만 갈고닦았을 경우, 다른 기업으로 옮겼을 때 그 기술은 쓸모없어지고 새로운 기술에의 적응은 힘들어진다. 따라서 내부 노동시장에 오래 갇혀 있을수록, ─비극적이게도─그 회사에서만 쓸모 있는 인재가 된다. 이 때문에 한국 대기업에서 20~30년을 근무한 정규직 중장년 노동자들이라면, 실직 혹은 조기 퇴직, 은퇴 상황에 처했을 때 '멘붕'에 빠질 가능성이 크다. 그제야 동종 산업의 다른 기업으로 옮길 수 있는 가능성, 동종 산업 내에서 '직종 변경'의 가능성이 별로 없음을 깨닫게 되기 때문이다(최서영 2023).

앞서 이야기했듯이, 이는 한반도라는 작은 노동시장에 뿌리박은 대졸 숙련 노동자들의 숙명이다. 50대나 60대에 집단적으로 조기 은퇴나 실직 위험에 노출된 한 세대가 엑시트 옵션의 부재에 시달리며, 재취업의 가능성을 철저히 개인의 노력으로 해

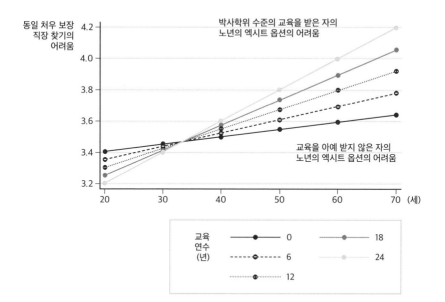

동일 처우 보장 직장 찾기의 어려움

박사학위 수준의 교육을 받은 자의 노년의 엑시트 옵션의 어려움

교육을 아예 받지 않은 자의 노년의 엑시트 옵션의 어려움

교육 연수 (년)

0   18
6   24
12

2005년 데이터에 기반한 발견을 20년이 지난 오늘의 한국 노동시장에 적용하는 데는 무리가 있기는 하다. 다만, 앞의 <그림1-1>과 <그림1-2>에서 여타 동아시아 국가들의 경우, 2005년과 2015년 사이에 큰 차이가 없었음을 고려할 때 한국 또한 시간이 지났어도 비슷한 패턴을 따를 것이라 가정한다.

전혀 어렵지 않음 1~매우 어려움 5(Likert Scale). 각종 인구학적 변수를 통제한 회귀모델의 결과. 상호작용항은 p=0.01 수준에서 유의함.

자료: 국제 사회조사 프로그램 2005.

그림 1-3 1년 내 현재 직업에 비교될 만한(그에 상응하는) 직업을 찾는 데 대한 어려움

결해야만 하는 상황은 안타까운 일이다. 이는 철밥통을 오래 누린 대가일 수 있고, 한 직장에 오랫동안 충성을 바친 데 대한 기회비용일 수도 있다.

대기업 정규직 노동자들이 엑시트 옵션의 부재에 직면한다면, 비정규직 노동자들은 엑시트 옵션의 프리케리아트적 속성에 시달린다. 한 연구(정승국 2024)는 2015년에서 2022년까지 한국 비정규직 노동자들의 노동시장 지위가 전환되는 패턴을 분석한 바 있다. 그에 따르면 이들 중 소수만이 정규직으로 이행하며(단기 이행 20퍼센트+장기 이행 16퍼센트=36퍼센트), 다수는 기간제, 파견-용역-특수 고용(36퍼센트) 혹은 자영업(5퍼센트), 비경활(11퍼센트), 시간제(12퍼센트) 노동자로 이행함을 밝혔다. 반면, 절대다수의 정규직은 정규직 자리로 이동했으며(81퍼센트), 절대다수의 자영업자들은 자영업에 머물렀다(89퍼센트). 나머지 3분의 2에 해당하는 비정규직 노동자들의 엑시트 옵션은 프리케리아트 일자리 간에 열렸으며, 위로(정규직) 뚫린 엑시트 옵션의 수는 제한되어 있었다.

청년들이 점점 줄어드는 양질의 소수 정규직 일자리를 두고 쟁투하다 좌절하여 취업을 포기하거나 외국으로 엑시트한다면, 고학력 중장년들은 엑시트 옵션의 부재로 인해 필사적으로 현 직장에 매달린다(노조의 정년 연장 투쟁을 보라). 반면 정규직의 특권을 꿰차지 못한 비정규직 중장년들은 열악한 일자리를 오가다 노후 대비에 실패한 탓에, 노동시장에서 엑시트하지 못한 채 노동하는 노인으로 살아간다.

바람직한 노동시장에서는, 청년들은 외국으로 엑시트하지 않고 국내 노동시장에서 첫 직장을 쉽게 잡을 수 있으며, 중장년들은 인근 국가의 기업들까지 아우르는 다양한 엑시트 옵션을 가지며, 비정규직들은 적정 기간 이후 정규직으로 전환되며, 이 모든 노동자가 65세 전후까지 일하고 나면 적절한 시기 은퇴를 선택하여 연금만으로 노후를 즐길 수 있어야 한다. 도대체 무엇이, 어디서부터 잘못된 것일까? 수십 년을 개미같이 뼈 빠지게 일한 한국의 노동자들에게 왜 이토록 엑시트 옵션이 부족/부재한 것일까? 우리는 왜 여전히 개인적으로 엑시트 옵션을 마련해야 하는 것일까? 엑시트 옵션에 대한 집합적·제도적·정책적 고려는 연목구어일 뿐인가?

벼농사 체제의 소셜 케이지와 선택의 자유

지금까지 이야기해온 노동시장에서의 엑시트 옵션을 정치·사회·문화적 영역으로까지 그 범위를 확장해보자. 정치·사회·문화적 엑시트 옵션은 '선택의 자유' 문제와 연관된다. 직장에서의 엑시트 옵션이 '이미 선택한 직업이나 직장에서 엑시트하여 다른 선택을 할 수 있는가'의 여부였다면, 더 넓은 의미의 정치·사회·문화적 엑시트 옵션은 개인이 자신의 의사에 따라 다양한 옵션 중에서 '선택'할 수 있는 자유를 누릴 수 있는가의 문제다.

〈그림1-4〉는 '선택의 자유'와 관련해, 벼농사 지역과 밀농사 지역 간 다소 좌절스러운 통계적 경향을 보여준다. 벨첼이 「세계 가치관 조사」에 기반해 개발한 '선택의 자유' 지표는, 개인이 사회에서 자유롭고 자율적인 선택을 할 수 있는 조건을 평가한다(World Values Survey Association 2023). 이 선택의 자유를 구성하는 하위 차원으로는 정치적 선택의 자유, 사회적 선택의 자유, 경제적 선택의 자유, 문화적 선택의 자유가 있으며, 이는 각각 자유롭게 정치적 토론을 할 수 있는지, 부모의 동의 없이 자유롭게 결혼을 선택할 수 있는지, 개인이 자신의 직업을 자유롭게 선택할 수 있는지, 개인이 자신의 종교를 자유롭게 선택하거나 종교를 가지지 않을 자유가 있는지 등에 대한 질문으로 구성되어 있다.

또한 벨첼은 '선택'에 대한 직접적 질문 외에도, 이러한 선택이 가능한 조건에 대한 질문 등을 더해 '선택의 자유' 종합 지표를 구성했다. 이들 모두 내가 이 책에서 이야기해온 '엑시트 옵션'의 정치·사회·경제·문화적 확장판 혹은 연계 개념이라고 볼 만하다. 엑시트 옵션이 조직으로부터의 탈출이라는 선택의 범위 혹은 옵션 개념이었다면, 벨첼의 선택의 자유는 더 광범위한 차원에서 개인의 선택권을 측정하는 개념이다. 후자가 잘 보장된 사회에서 전자의 옵션 또한 더 다양할 것이다.

〈그림1-4〉는 전혀 다른 두 가지 경향을 보여준다. 밀농사 지역의 경우(그래프상의 검은 선), 사회적 지위가 높아질수록 개인이 감지하는 선택의 자유 정도도 더 높아진다. 사회적 지위 항목이 소득, 직업, 학력 수준으로 구성되어 있음을 감안할 때, 사회경제적 지위가 높을수록 개인이 선택의 자유를 더 많이 향유할 수 있다는 결과는 우리의 예측을 크게 벗어나지 않는다. 그러한 선택을 할 수 있는 본인의 역량이 더 커서 그렇게 답했을 수도 있고, 그러한 (타인의) 선택의 자유에 대해 더 관용적이어서 그렇게 답했을 수도 있다. 밀농사 지역의 경우, 선택 역량과 선택에 대한 관용이 같은 방향으로 작용하고 있으리라는 추론이 가능하다.

반면 쌀농사 비율이 아주 높은 지역의 경우(그래프상의 초록 선), 사회적 지위가 높을수록 개인이 감지하는 선택의 자유 정도가 더 낮아진다. 어떻게 이렇게 완벽하게 반대되는 경향이 나올 수 있을까?(놀라운 동시에 좌절스러운 부분이다.) 역시, 두 가지 가능성이 있다. 쌀농사 지역의 사회경제적 엘리트들일수록 응답자 자신의 선택 역량이 더 적다고 판단하거나, 그러한 (타인의) 선택에 대한 관용의 정도가 더 낮을 수 있다. 내 판단으로는 후자일 가능성이 더 크다.

먼저, 개인주의 사회에서는 자신의 선택의 자유를 높이기 위해 타인의 선택의 자유 또한 존중할 것이다. 자신의 선택 역량과 타인의 선택에 대한 관용도는 같이 갈 수밖에 없다. 하지만 집단주의 사회에서는 제한된 자원을 둘러싼 과도한 경쟁으로 인해 자신과 타인의 선택의 자유를 제로섬게임으로 볼 여지가 크다. 혹은 다양성에 대한 과도한 관용이 집단주의 사회의 규율과 도덕을 침해할 가능성에 대한 엘리트들의 우려가 타인의 선택의 자유 혹은 그 여파에 대해 더 강한 처벌과 규율을 작동시키도록 이끌 수 있다. 간단히 이야기하면, 밀농사 지역의 엘리트들은 그 지역 대중들보다 더 자유주의적일 가능성이 크고, 쌀농사 지역의 엘리트들은 더 보수적일 가능성이 크다. 미국의 실리콘밸리 엘리트들이 전자를 상징한다면, 한국이나 일본의 대기업 엘리트들은 후자를 상징한다고 볼 수 있을 것이다. 당신의 상사는 당신보다 보수적인가 진보적인가? 아마 보수적일 것이다.

앞의 〈그림1-3〉과 〈그림1-4〉를 연관 지어 해석해보자. 벼농사 지대 동아시아의 엘리트들은 높은 교육 수준을 바탕으로, 대기업 정규직 혹은 전문직의 안정적 지위를 내부 노동시장 기

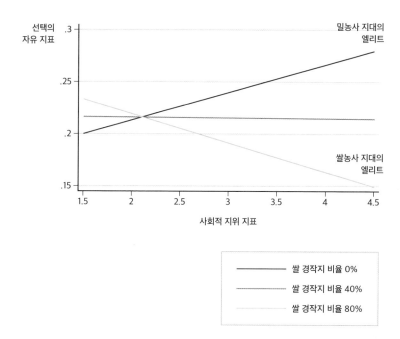

선택의 자유 지표

밀농사 지대의 엘리트

쌀농사 지대의 엘리트

사회적 지위 지표

쌀 경작지 비율 0%
쌀 경작지 비율 40%
쌀 경작지 비율 80%

인구학적 변수들과 노동시장 변수들을 모두 통제한 회귀분석 결과.
상호작용항은 p=0.01 수준에서 유의함.

자료: World Values Survey 1981~2023, 81개국.

그림 1-4 쌀농사 지역과 밀농사 지역에서의 사회적 지위와 '선택' 역량 지표 간 관계의 상반된 경향

제를 통해 보호받으며, 닫힌 조직 안에서 지위 이동(승진) 경쟁을 벌여 성장한다. 반면 밀농사 지대 서구의 엘리트들은 고등교육이 대전제인 것은 유사하지만, 반드시 학벌을 기반으로 경쟁하지는 않는다. 또한 한 조직 안에서 장기간 머물며 지위 상승 투쟁에 몰입하지도 않는다. 광대한 시장의 평판 네트워크를 통해 직무에 특정된 기술과 전문성을 평가받으며, 여러 기업과 조직을 넘나들면서 성장한다.

아이러니하게도, 동아시아의 엘리트들은 조직의 상층으로 진입할수록 숙련도는 떨어지며(네트워크 위계의 활용력은 높아지며) 엑시트 옵션은 줄어들게 된다. 그에 반해 서구의 엘리트들은 높은 숙련도와 함께 더 넓은 엑시트 옵션을 누릴 수 있게 된다. 이 차이는 결국 개인의 차이가 아니라, 시장의 제도와 구조가 어떻게 세팅되어 있는가의 차이다. 그 제도와 구조에 적응하다 보니 〈그림1-4〉(그래프 오른편 상단과 하단의 두 그룹)와 같은 자유주의적 엘리트와 보수주의적 엘리트가 출현한 것이다. 혹은, 그러한 엘리트들이 그러한 환경에서 선택받아 생존한 것이라고 볼 수도 있다.

후자의 보수적 엘리트들은 가능한 한 네트워크 위계를 최대한 넓히고, 하급자들을 최대한 착취하면서 자신의 자리를 보전하기 위해 전력을 다할 것이다. 반면 자유주의적 엘리트들은 다양한 엑시트 옵션과 '선택의 자유'를 누리며 기꺼이 다음 프로젝트로, 다음 삶으로 엑시트할 것이다. 이들에게 엑시트는 다른 삶

의 가능성에 대한 열망이기 때문이다. 물론, 이들은 자신의 동료
와 하급자들의 '선택의 자유' 또한 존중할 것이다. 다른 삶을 향
한 그들의 열망 또한 존중하기 때문이다.

.

2장

케이지 업데이트

— 인공지능과의 협업

세상은 그런 것이다

우리 아파트 상가에 김밥 가게가 하나 있었다. 장사가 꽤 잘
되어 끼니때 슬리퍼 끌고 가보면 줄을 서곤 했다. 모녀가 함께하
는 가게에 일손이 모자라 한두 사람 더 쓰기 시작했다. 어느 날
바로 옆 단지에 김밥집이 하나 더 생겼다. 아이들이 먹어보더니
더 맛있다고 해서 사다 먹어봤다. 뻔한 김밥 메뉴에 새로운 메뉴
가 몇 개 더 붙었고 더 맛있었다. 게다가 값은 별 차이가 없었다.

한 달도 지나지 않아 우리 아파트 상가의 모녀 김밥 가게엔
사람이 주는 게 보였다. 나도 조금 더 걸어 옆 단지에서 사다 먹
었으니 남들도 마찬가지였나 보다. 길만 건너면 되니 많이 걷지
않아도 되는 거리였다. 모녀 김밥 가게는 얼마 후 문을 닫았다.
모녀는 물론 직원도 일자리를 잃었다. 새 김밥집이 더욱 잘되었
음은 두말할 필요도 없다. 자본주의사회가 아니어도 시장 경쟁
이 존재하는 한 피할 수 없는 현상이다. 더 싸고 질 좋은 상품이
기존의 상품을 밀어내는 것이다.

나는 학생들에게 물었다. 첫번째 질문은 모녀 김밥 가게가
망한 이유가 무엇이냐였다. 두번째 질문은 모녀 김밥 가게가 망
하고, 고용되었던 노동자가 일자리를 잃는 이 과정에 부정이나
불공정이 개입되었느냐였다. 혹자는 모녀가 다른 목 좋은 곳에

김밥 가게를 열기 위해 정리 해고를 단행함으로써 노동자를 부당하게 해고했다고 주장할지 모른다. 혹은, 그 과정에서 더 싼 값에 노동자를 고용하려고 현재의 계약을 해지했다고 덧붙일지도 모르겠다. 나는 이 가능성에 대해 더 이상의 정보를 갖고 있지는 않다. 하지만 외부자의 시선에서 볼 때 모녀 김밥 가게가 망한 이유는, 나와 우리 단지 주민들의 (새 김밥집의 등장과 함께 갑자기) 까다로워진 입맛 때문이다. 하나 더 덧붙이면, 내(그리고 단지 주민들의) 호주머니 사정이다. 궁극적으로 김밥 가게가 문을 닫은 이유는 나와 주민들의 선호가 바뀌어서지만, 같은 값에 혹은 더 싼 값에 더 질 좋은 제품에 끌리는 건 당연지사다.

나는 모녀 김밥 가게의 모녀와 노동자의 사정이 안타깝지만 그렇다고 미안해할 필요는 없다. 혹자는 이 해고와 점포 정리의 과정을 '부정의'라고 볼는지 모른다. 나는 그렇게 보지 않는다. 장사 안되는 김밥 가게 간판이 내려가고, (같은 값에 혹은 더 싼 값에 더 질 좋은 제품을 제공하는) 새로운 김밥 가게와 피자 가게 간판이 올라가는 것은 우리 삶의 일상이다. 잘 굴러가던 가게를 정리해야 하는 당사자만 고통스러울 뿐이다. 세상은 그런 것이다.

문제는, 내가 소비자의 위치에만 있는 것이 아니라는 점이다. 일터에서는 나 또한 김밥 가게 모녀와 크게 다르지 않은 위치에 있다. 1980년대와 90년대 사회학과 정치학은 인기 학문이었다. 한국 사회는 민주화의 격변 속에서 국가와 시장, 시민사회의 위치와 기능을 다시 설정하고 있었다. 이러한 거대한 변화와 격변의 시대에 사회학과 정치학은 대중의 지적 목마름에 유용한 도구(가 되는 듯이 보)였다. 나도 그 흐름에 몸을 실었고 어느덧 30년이 흘렀다. 사회학과 정치학은 더 이상 인기 학문이 아니다(정치학은 로스쿨 준비 기관으로 나름 자리매김했다).

시장의 저변에서 벌어지는 '문송합니다'의 흐름 속에서 사회과학은 인문학과 함께 산업 구조조정과 인구구조에 영향받을 수밖에 없는, 대학 구조조정의 풍파에 휩쓸린 마당이다. 누굴 탓하랴. 나와 그들의 입맛이 바뀐 것을. 우리는 우리 모두에게 이와 같은 구조조정의 압력을 가한다. 압력을 가하는 주체로 토종 재벌, 미 제국주의, 글로벌 총자본, 더 추상적으로는 신자유주의 등등이 거론되지만, 시장의 최전선에서 이 압력을 행사하는 것은 결국 우리 자신, 내 입맛이다.

만약 영국의 소비자들이 수공업자들이 만든 옷을 계속 구매했으면 러다이트운동은 일어나지 않았을 것이고, 윌리엄 블레이크는 악마의 맷돌 타령을 시로 쓸 필요가 없었을 것이다. 우리가 핸드폰 카메라를 쓰지 않고 필름 카메라를 계속 들고 다녔다면 코닥은 파산 신청을 하지 않았을 것이다. 미국민이나 우리가 아마존이나 쿠팡 배달 서비스를 쓰지 않고 백화점 몰에 계속 갔더라면 시어스라는 거대 백화점 매장이 문 닫는 일은 없었을 것이고, 신세계와 롯데도 위기에 처하지 않았을 것이다. 우리가 VOD와 OTT로 영화를 보지 않았더라면 영화관도 계속해서 성업 중일 것이다.

우리는 그렇게 더 간편하고 혁신적인 서비스로 갈아탄 것에 대해 서로에게 미안해하지 않아도 되지만, 그로 인해 내가 서 있는 지반도 흔들리는 것을 감내해야 한다. 사람들은 지반이 덜 흔들리는 안전지대를 찾아 몰려가 다른 이들이 더 못 들어오도록 해자를 치고 버틴다(의정 갈등은 밥그릇 나눠 먹을 사람 수를 늘리지 않으려 해자를 파고 버티는 공성전의 한 양상이다). 세상은 그런 것이다.

그런데 지역 소멸, 대학 해체, 저출생, 고령화, 자동화, 인공지능의 혁명 속에서, 이러한 구조조정의 물결에서 자유로운 사람은 (공무원을 제외하고는) 그리 많지 않다. 스카이 위에 의대 현상에 모두가 의대를 쳐다보지만, 정작 인공지능 시대에 불안한 직업군 중 하나가 의사다. 정형화된 패턴의 데이터 습득과 실행을 통한 진단과 처방이 생명인 의사들에게, 인공지능이라는 보다 정확하고 해박한 데이터 분석가와 자동화된 진단 기기의 도입은 그들의 일의 가치를 점점 낮출 것이다. 인간의 병증과 그 진단 및 처방의 많은 부분은 데이터에 기반하고 있기 때문이다.

의사는 정확한 진단을 위해 10년 남짓 엄격한 수련 과정을 거쳐 새로운 환자가 올 때마다 피를 뽑고 각종 영상 진단 시스템으로 증상과 병명을 일치시키는 데 실수를 줄이도록 훈련받지만, 이미 인공지능이 인간보다 훨씬 정확하게 병증을 진단하는 것으로 밝혀졌다. 의사의 일 중 인공지능이 (아직은) 하지 못하는 수술만이 의사의 영역으로 남을 것이다(하지만 AI에 의해 구동되는 간단한 수술 기계가 곧 도입될 것이다). 결국 자격증이라는 해자와 정원 통제라는 장벽을 통해 한동안은 버티겠지만, 의료기기가 가정마다 도입되어 중병의 수술을 제외하고는 의사의 진단이 필요 없어지는 사회가 코앞인데 의사라고 등줄기에 식은땀이 흐르는 걸 부인할 수는 없는 노릇이다. 의사들은 의료기기의 사용을 의사 이외의 집단(예를 들면 간호사)이 사용하지 못하도록 법령으로 통제하려 할 것이고, 이미 그렇게 하고 있다.

하지만 (의료기기를 도입하려는) 삼성(여기서 삼성은 특정 기업이라기보다 이 분야 글로벌 선도 기업을 의미한다)이 셀까, 의사 단체가 더 셀까. 삼성은 돈을 벌기 위해 가능한 한 많은 소비자에게 의료기기를 팔려고 할 것이다. 의사들은 국민들이 AI 의사가 장착된 의료기기의 값싸고 편리한 혜택을 맛보지 못하도록 가능한 한 총력을 다해 저지할 것이다. 관전자인 우리는 지켜보며 베팅을 하겠지만, 내가 보기에는 얼마나 더 오래 버티냐의 문제일 뿐이다.

국내에서 규제의 장벽을 만들어 도입을 지연시킬 수는 있다. 하지만 다른 나라에서 도입되어 쓰는 것을 보고 하나둘 소형 의료 진단 기기를 들여오기 시작하면(이미 그러고 있다), 해자는 메워지고 성벽은 무너진다. 뒤늦게 의사들은 의료기기도 의사가 읽어줘야 제대로 해석할 수 있다고 홍보하겠지만 대중은 듣지 않을 것이다. 내가 듣고 해석해도 충분한걸? 대중은 의사를 굳이 찾지 않고, 수술이 꼭 필요한 경우를 제외하곤 약과 물리요법, 자연치료 요법으로 다수의 증상을 관리할 수 있음을 깨닫게 될 것이다. 의료비가 비싼 미국에서는 오래전부터 이렇게 살아왔다. 독감으로 고열과 구토에 시달려도 병원에 가지 않고 집에서 쉬며 버틴다. 인간의 몸은 자기 회복력이 장착되어 있음을 믿는 것이다. 인공지능이 장착된 의료기기의 도입은 이러한 경향을 더욱 가속화할 것이다.

그러한 세상에서 간호사 단체와 조합원이 주축이 된 보건의료노조는 의료기기 사용 권한을 둘러싸고 의사협회와 헤게모니 투쟁을 벌일 것이다. 2024년 의정 갈등 중 발생한 간호법 통과는 그 전초전이다. 의사들의 휘하에서 공성전을 쳐다보던 간호사들과 그들의 노동조합은 성 외부의 세력(국민과 정부)이 내미는 간호사 주도 간병 및 왕진 병원 산업이 미래의 블루오션임을 간파했다. 간호사가 의료기기를 이용해 왕진하며 수술 이외의 약제와 주사를 처방할 권리를 얻어내면, 의사로부터 어느 정도 독립이 가능하다. 자본력이 있는 간호사가 (바지 사장으로) 의사를 고용하는 병원이나 왕진 조직이 이미 출현하고 있다. 보건의료노조와 삼성전자가 연대해서 의사협회를 제치고 국회에 로비전을 펼쳐, 전통적인 의사의 영역을 간호사들이 분담하는 세상이 올지도 모른다. 적의 적은 나의 편이니까. 소비자 입장에서는 좋은 일이다. 의료비가 내려가고 선택지는 많아지니까. 세상은 그런 것이다.

오픈 엑시트

루터의 종교개혁도 비슷하게 시작했다. 교황청의 교리 해석 없이 신도들 각자가 성경을 읽을 수 있으면 구원받는다는 루터의 선언에 대중들은 열렬히 환호했고, 성경을 직접 해독하기 위해 문자를 배우기 시작했다(Becker & Woessmann 2009). 의료기기도, 법률 서비스도 마찬가지다. 환자들이 집에서 스스로 케어하고 병원에 가는 발길을 줄이기 시작하면, 의사의 벌이가 줄 것이다. 의료 업계 수요의 절반 이상이 가정에서 해결되는 시대가 올 것이다. 진단은 가정용 의료 AI가, 조제는 약사가, 간단한 방문 케어는 출장 간호사가, 의사는 병원에서 수술을 맡는 시대 말이다. 기술과 결합한 자본 대 자격증의 싸움, 누가 이길까.

마찬가지로 소비자들이 집에서 스스로 앱을 통해 법률 지식을 상담받기 시작하면, 법률 수요자들이 스스로 법의 논리를 깨치기 시작하면, 변호사를 찾지 않는 경우가 많아질 것이다. 인터넷에서 구글이 찾아주는 무료 법률 상담을 이용하던 사람들이 법률 앱 서비스를 찾기 시작하고, 소송이 꼭 필요한 경우가 아니면 변호사에게 상담을 요청하지 않을 것이다. 아니면 변호사를 고용하지 않고, 간단한 소송과 협상은 스스로 진행하는 시대가 올 것이다. 심지어는 앱이 소송 상대방과의 협상과 합의를 중개해주는 시대가 올 수도 있다. 변호사 수소문하는 시간과 비용을 줄여준다면 굳이 서초동에 갈 필요가 있겠는가. 그 가격이 반, 혹은 반의반이라면 일단 앱을 써보지 않겠는가. 결국, 법정에 가지 않아도 되는 많은 법률 상담과 중개의 영역을 앱이 대신할 것이다.

법률 시장의 수요도 이전과는 비교가 안 되게 쪼그라들 것이다. 수술 잘하는 명의와 승소율 높은 명변호사는 살아남겠지만, 시장이 자격증을 가진 모든 의사나 변호사의 삶을 보장해주지는 않을 것이다. 그다음은? 앞서 이야기한 '문송합니다' 스토리와 크게 다르지 않을 것이다. 의사들이 저토록 격렬히 저항하는 것은, 지금 당장의 의료 수요와 공급의 문제에 대한 반응이 아니라, 미래의 인공지능 기반 의료기기들과 경쟁해야 하는 새로운 의료 시장에 대한 우려와 공포가 미리 반영된 것은 아닐까.

경제 전반은 인공지능 덕분에 지식 서비스의 가격이 내려가고, 무료로 이용 가능한 서비스가 증대되면서 눈에 보이지 않게 생산성 향상이 이루어질 것이다. 이전 시대에 값비싼 서비스에 쓰이던 비용은 또 다른 분야에 투자될 것이고, 공동체 전체의 생산성은 결국 올라갈 것이다. 이전의 산업혁명과 정보화 혁명이 그러했다. 하지만 앞서 이야기한 대로 안전한 직업, 평생 먹고살 수 있는 기술의 종류는 점점 협소해질 것이다. 이전의 기계화 시대에 그 충격이 사회 하층, 블루칼라 노동자들에게 집중되었다면, 이제 인공지능의 충격은 화이트칼라와 전문직에 집중되고 있다. 대학 가면 편안하고 안정적인 삶을 영위할 줄 알았는데, 몸 쓰는 사람이 더 안전한 시대가 코앞이다. 예를 들어, 이삿짐을 한 집에서 다른 집으로 옮기는 기술을 기계에게 학습시키기는 쉬운 일이 아니다. 더구나 한국 이삿짐센터 노동자들의 숙련은 예술의 경지에 이르렀다 해도 과언이 아니다. 이삿짐센터 숙련 노동자들만큼이나 능숙한 기계가 출현하려면 꽤 오랜 시간이 걸릴 것이다(출현하더라도 한동안은 그들의 덤핑 경쟁을 당해내지 못할 것이다).

화이트칼라 노동자들은 인공지능과 경쟁을 하고, 블루칼라 노동자들은 자동화 설비를 포함해 더 값싼 이주 노동자들과 경쟁하는 시대다. 우리는 이러한 사회를 살아가면서 전전긍긍한다. 아이들이 묻는다. 도대체 뭘 전공하라는 말이야? 일단 코딩은 배워놓으라고 이야기했는데, 코딩을 대신 해주는 챗지피티가 출시되었다. 낮은 수준의 코딩 기술을 가진 프로그래머는 그 수요가 줄겠구나, 하며 뱉었던 말을 서둘러 주워 담는다. 컴퓨터공학이 제 밥줄을 태워버리는 시대다. 인공지능과의 경쟁에 가장 노골적으로 노출된 직업이 프로그램 개발자들이다. 새로운 자본이 낡은 자본을 대체하는데, 어느 게 누구의 밥줄이었는지 기억하지 않는다. 내 프로그램이 시장을 선점하고, 대중의 관심과 주목과 수요와 입맛을 먼저 차지하면 그만이다. 대중은 왕의 귀환(마이크로소프트)에 환호하며 주식 가격을 밀어 올릴 것이다. 신의 직장으로 추앙받던 구글이 정리 해고를 단행할 줄이야. 우리는 영세 김밥 가게 노동자에게 미안해하지 않듯, 연봉 30만 불을 받다 구글에서 정리 해고된 노동자들에게도 미안해하지 않아도 된다. 세상은 그런 것이다.

앞서가는 세상

벼농사 체제의 정주민들에게 자본주의는 낯선 것이었다. 적어도 동아시아 자본주의는 벼농사 체제 내부에서 발생한 생산성 혁명으로부터 비롯된 것이 아니다. 중국의 양쯔강 하류(강남) 지방과 일본의 도쿄-오사카 지역은 (한반도에 비해) 상업이 더 일찍 발달하기는 했다. 하지만 이 지역들(중 일본 지역들)에서 기초적인 수공업이 상업과 연계되어 대단위 공업으로 발전한 것은 서구의 침탈 이후였다. 그것은 외세에 의해 식민지 땅따먹기와 이권 경쟁의 대상으로 전락했던 동아시아 국가들이 각기 다른 수준의 치욕스러운 사건과 힘의 불균형을 경험한 후, 마지못해 (일본의 경우 적극적으로) 서구의 시스템을 받아들이며 시작된 것이었다.

동아시아의 벼농사 체제는, 외부 세계와의 경쟁이 없는 한, 자기 충족적인 경제 시스템이었다. 일본은 흑선(페리호), 중국은 아편전쟁, 조선은 강화도조약을 통해 강제로 문호를 열어야 했고 메이지유신, 신해혁명, 갑오개혁 등을 거치며 내부 체제 개혁을 단행하였다. 동아시아 각국은 각기 다른 시점과 경로를 통해 자본주의 세계 체제에 통합되거나(중국과 한국), 스스로를 통합시켰던(일본) 것이다.

인공지능 혁명도 그렇게 시작되었다. 영미권 학계와 산업계

오픈 엑시트

에서 시작된 이 기술혁명은 동아시아 국가들이 주도한 것이 아니다. 기본 아이디어부터 범용 기술로의 발전까지 거의 전 과정이 북미학계와 산업계의 제도적 산물이다. 구한말 서둘러 산업자본주의를 수입하기 시작했듯이, 우리는 허겁지겁 인공지능 혁명을 수입하고 있다. 그때와 다른 점은, 구한말에는 소수만이 그 필요성을 깨달았지만 지금은 온 국민이 알고 있다는 점이다. 받아들이지 않으면, 올라타지 않으면 뒤처진다는 것을.

미국은 다시 한번 세계 자본주의의 패턴과 방향을 자신들이 원하는 쪽으로 틀고 있다. 동아시아가 간신히 따라잡았다고 느낄 때쯤, 미국은 리셋 버튼을 눌러버린다. 일본과의 플라자 합의가 그러했고, 중국을 의식한 리쇼어링 정책이 그러했으며, 실리콘밸리가 주도한 몇 차례의 기술혁명이 그러했다. 미국은 영국으로부터 헤게모니를 넘겨받은 이래, 때로는 이념으로, 때로는 (언제나) 군사력으로, 때로는 기술로 그 주도권을 발휘해왔다. 신자유주의 체제가 서브프라임 금융위기와 포퓰리즘이 동반된 양극화로 그 수명을 다하는가 했더니, 인공지능은 산업혁명의 패러다임 자체를 근본부터 뒤흔드는 또 다른 혁명을 수행하기 시작했다. 솔직히 뒤쫓는, 편승하는 입장에서도 숨차고 버겁다.

인공지능이 우리의 삶을 변화시키고 있는 것은 이제 팩트다. 챗지피티로 세상이 크게 변할 것이고, 이 격변의 흐름에 올라타지 않으면 도태될 것이라는 우려는 조금 철 지난 것이다. 인공지능은 우리 일상 깊숙이 들어와 있다. 이미 인문사회과학 수업에서 페이퍼를 과제로 낼 수가 없다. 너무 많은 학생이 챗지피티에 글쓰기를 시키고 있고, 그 속임수를 구별해내는 것이 더 이상 가능하지 않기 때문이다. 대학교수들은 이제 현장 시험 외에는 다른 평가 방법을 쓸 수 없다는 데 동의하고 있다.

대학원생 중 상당수는 논문 요약과 문헌 정리, 데이터 분석을 챗지피티에 시키고 있다. 아직 테뉴어 트랙에 있는 젊은 동료들도 크게 다르지 않을 것이다(정교수 동료들은 그럴 압력 자체를 느끼지 못한다). 한글로 써놓고 영문 번역까지 챗지피티에 시키는 경우도 많다고 한다. 본인이 직접 쓰는 것보다 더 깊고 유려한 문장을 만들어주는지는 모르겠지만(평균 이하의 연구자에게는 이미 그렇다), 더 빠르게 해주는 것은 확실하다. 많이 찍어내서 실적 쌓고 연봉 올릴 수 있는데 왜 안 하겠는가. 더구나 가능한 한 많은 페이퍼를 찍어내야 더 높은 점수를 받는 한국의 교수 업적 평가 시스템에서 테뉴어 압력에 시달리는 젊은 연구자들이 그 유혹에서 벗어나기란 쉽지 않을 것이다(그런데 그렇게 찍어낸 논문의 가치가 세상을 바꿀 정도로 높은 수준에 다다를 수 있을지는 잘 모르겠다).

나는 인공지능의 창의성에 대해, ─아직까지는─회의적이다. 아직까지 인공지능은 범용 수준의 지식을 범용 수준의 (수많은) 인간이 더 편하게 가공하고 싸게 조합해서, 범용 수준보다 약간 더 새로워 보이게끔 그 속도를 가속화하고 대중화하는 역할을 할 뿐이다, 현재까지는. 하지만 인간의 창의성을 도와 인간

오픈 엑시트

을 더 창의적이고 효율적이게 만들어줄 가능성을 배제할 수는 없다. 노벨상을 휩쓴 인공지능 개발자들처럼. 다만, 우리가(학자들이) 더 이상 서로의 창의성에 대해 100퍼센트 신뢰할 수 있을까. 이 질문이 의미가 있기는 할까. 누가 더 많이, 누가 더 빨리 찍어내는가의 경쟁에서 밀리지 않기 위해, 인간들은 창의성creativity과 고유성originality을 기꺼이 희생시키지 않을까.

인공지능의 영향으로 이미 없어지기 시작한 직업이 있는가 하면, 그로 인해 새로이 창출되는 일자리도 있다. 반면 인공지능이 상용화되더라도 별반 영향을 받지 않는 일자리도 아직 널려 있다. 이미 존재하던 직업/직군 내부의 반응도 갈린다. 인공지능을 적극적으로 채택하려는 자들과 그 침탈을 저지하려는 자들 사이의 쟁투 또한 곳곳에서 벌어지고 있다.

인공지능의 디스토피아를 예견하는 목소리도 크지만, 그것이 인류에게 가져다주는 혜택 또한 가시화되고 있다. 인공지능의 비약적 발전을 가능케 한 심층 학습deep learning 기술은 인간 사회에 이전에는 상상할 수 없던 비약적 기술 발전의 혜택 또한 가져다주고 있는 것이다. 화재 감시 기술, 금융거래의 사기 감지 기술, 해양 생물 및 생태계 오염 감지 기술, SNS상의 인권침해 감지 기술, 범죄 예방 및 탐지 기술 등이 인공지능을 기반으로 개발되어 인간보다 훨씬 뛰어난 능력을 선보이고 있다.

자동화 위험 지수와 분포: 현재와 미래

아이를 가진 부모들의 걱정은 한결같다. 향후 어떤 일자리가 가장 먼저, 가장 많이 인공지능/자동화에 의해 대체될까? 고맙게도 미국의 발 빠른 경제학자들(Felten et al. 2019, 2021)이 자동화 및 인공지능 노출지수라는 것을 만들었다. 직업마다 인공지능에 의해 그 주요 기능과 업무가 대체될 가능성을 수치화한 것이다. 세계화된 시장에서 직업별 특성이 국가별로 크게 다르지 않다고 가정하고, 이들이 만든 노출지수가 한국 사회에도 어느 정도 적용 가능할 것이라 가정해보자.

〈그림2-1〉의 자동화 고위험 직업군과 인공지능 고위험 직업군을 비교해보자. 자동화 고위험 직업군은 주로 몸을 쓰는 직업들이다. 보다 구체적으로는, 몸을 쓰되 그 움직임이 '패턴화'되어 있어서 기계의 물리적 반복 작업에 의해 대체될 위험이 큰 직업들이다. 하지만 여기에는 전제가 있다. 기계보다 사람을 쓰는 것이 싸다면, 고용주는 계속해서 사람을 쓸 것이다〔18~19세기 산업혁명이 영국에서 일어났지만, 중국 강남 지방에서 일어나지 않은 여러 이유 중 하나다(Pomeranz 2000)〕. 사람 쓰는 게 더 싸면, 기술혁신을 일으켜야 할 유인이 줄어든다.

소고기나 돼지고기를 도축해서 포장 용기에 담는 과정은 완벽하게 기계로 대체될 수 있다. 거의 모든 과정이 일정한 패턴을

오픈 엑시트

순위	자동화 고위험 직업군(2016)	인공지능 고위험 직업군(2023)
1	콘크리트공	금속·재료 공학 연구원
2	정육·도축원	가스·에너지 기술 연구원
3	고무·플라스틱 제품 조립원	재활용 처리 소각로 조작원
4	청원경찰	상하수도 처리 장치 조작원
5	조세행정 사무원	화학공학 기술 연구원
6	물품 이동 장비 조작원	소방공학 기술 연구원
7	경리 사무원	식품공학 기술 연구원
8	환경 미화원	섬유공학 기술 연구원

자료: 한국고용정보원(2016), 한국은행(2023b).

그림 2-1 자동화 고위험 직업군과 인공지능 고위험 직업군

띠고, 공정에서 예기치 못한 사태가 라인의 작동을 멈추는 상황이 발생할 확률이 낮기 때문에 인간의 일손을 거의 필요로 하지 않는다. 하지만 소규모 도축장에서는 비싼 기계를 쓰기보다 몇 사람이 도축하는 비용이 훨씬 쌀 것이다. 따라서 이 경우, 시장은 이원화된다. 아주 거대한 육가공 브랜드 업체와 소규모 정육점들로. 대형 마트의 포장육과 동네 정육점이 공존하게 되는 이유다. 동네 정육점 사장님과 생기는 친분은 덤이다.

또한 자동화는 산업혁명 시기부터 지금까지 끊임없는 기계화 과정을 거쳤지만, 여전히 많은 기계의 작동이 인간의 노동과 공존하고 있다. 기계에 의해 인간의 패턴화된 노동이 대체되는 속도 못지않게, 인간의 노동이 필요한 새로운 일들이 계속해서 출현하고 있기도 하다. 예를 들면 건설 현장에서 일하는 중장비 운전자들은 건물마다 크게 차이가 나는 설계도면에 따라, 거대 기자재와 재료를 이동시키고 장착시키는 작업을 한다. 이 작업 또한 언젠가는 자동화되겠지만, 이른 시일에 될 것 같지는 않다. 앞서 이야기한 이삿짐센터의 직원들은 단 하루 만에 능숙하게 고가의 가구들을 포장해서 차로 옮기고 다시 새집에 배치한다. 이 작업을 기계가 대체할 수 있을까? 요원한 일이다. 어떤 일은 인간이 훨씬 낫고, 앞으로도 한동안은 그럴 것이다.

인간이 하는 것보다 기계가 하는 것이 싸고, 인간이 했을 때 사고로 다치거나 목숨을 잃을 가능성이 크며, 인간이 하는 것보다 기계가 오히려 더 잘하는 그런 일들이 기계에 의해 대체될 것

오픈 엑시트

이다. 그런 일들은 어떤 것들일까? 주위를 둘러보자.

먼저 음식 서빙. 기계가 하는 것이 더 싸다. 기계는 실수하지 않는다. 튀김 만들기. 인간이 하기에는 화상과 폐 질환의 위험이 크다(혹은 그와 관련된 정보가 많이 유통되기 시작했다). 자동차 생산공정의 용접, 결합, 도장 등은 단순 기능공보다 기계가더 정확하고 비용이 적게 든다. 파업 비용도 들지 않는다. 이 기계를 다루는 데 필요한 훈련 기간은 수 주일이면 충분하다(현대자동차). 자동화와 인공지능 기술의 발전은 기계의 단가를 계속해서 낮추고 있기도 하다. 그에 반해 조선산업은 자동차 산업과는 달리 자동화하기가 쉽지 않다. 그랜저나 소나타, 아반떼 수십만 대를 일관 조립 공정으로 라인을 깔아 작업하는 것과는 다르게, 거대한 선박 한두 척을 발주자의 필요에 맞춰 설계한 후 숙련공들이 팀 단위로 들어가 블록별로 작업한다. 배마다 구조가조금씩 다르기도 하다. 똑같은 대규모 제조업이지만, 조선업은 자동차나 반도체보다 건설업/건축업에 더 가깝다. 따라서 자동차 산업은 인공지능 기반 자동화가 빠르게 이루어지겠지만, 조선산업은 그 속도가 더딜 것이다(조선업도 최근 용접 품질관리나 자재관리 등에 딥러닝 기반 검출 및 물류 관리 모델들이 도입되고 있기는 하다).

그런데 인공지능은 자동화와 다른 양상을 보인다. 인공지능은 (궁극적으로는) 육체노동을 대체하는 기계화와 결합되겠지만, 순수하게 인간의 두뇌 노동만을 대체하기도 한다. 앞의 〈그림2-1〉에서 인공지능에 의해 대체될 위험에 처한 직군들을 보면 대부분 화이트칼라 사무직이거나 연구직이다. 자동화와 마찬가지로, 작업 과정에 일정한 패턴이 존재하는 직종이나 업종이 인공지능에 의해 대체될 위험이 더 크다.

〈그림2-1〉은 한국은행이 웹Webb(2020)의 지수를 이용해 밝힌 직군들이고, 〈그림2-2〉는 전병유(2022) 및 장지연(2024) 연구팀이 펠튼Felten 지수를 이용해 뽑아낸 직군들이다.* 〈그림2-1〉은 이공계 계통의 '정형화된 지식'을 다루는 직군들이, 〈그림2-2〉는 문과 계통의 '정형화된 지식'을 다루는 직군들이 나열되어 있다. 내 전공인 사회학과 정치학을 비롯해 철학, 법학, 영문학과 같은 전형적인 인문사회 계열의 교수/교사 직종의 인공지능 노출도가 가장 높은 것으로 나온다. 지수를 만든 학자들이 경제학자들이라 약간의 편향이 있을 수 있음(경제학은 빠졌다)을 감안해야겠지만, '문송합니다'가 왜 나왔는지 곰곰이 생각해보게 한다. 바로 인공지능이 범용화될수록 '교양 수준'에 가까운, 시장과 함께 끊임없이 변화하며 새로운 지식을 창출할 능력이 부족한 학문 순

---

* 인공지능 노출지수의 한국에의 적용은 전병유 외(2022)와 장지연 외(2024)를 참조하라. 펠튼 지수는 미국의 『직업정보사전O'Net, the Dictionary of Occupational Titles』의 직업 능력 관련 지수들에 기반하여, 인공지능이 대체할 수 있는 능력과 각 직업이 요구하는 능력 사이의 관련성을 평가한 것이다. 웹 지수는 인공지능 관련 특허 문서와 실제 일자리 공고 사이의 유사성을(텍스트 분석을 통해) 측정한 것이다.

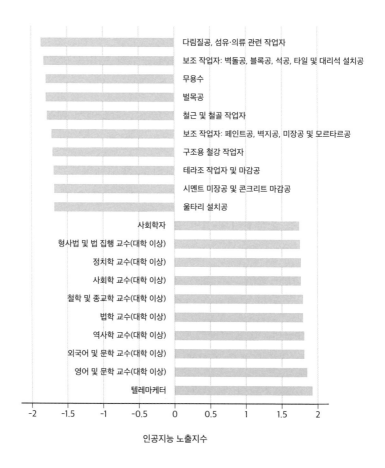

다림질공, 섬유·의류 관련 작업자

보조 작업자: 벽돌공, 블록공, 석공, 타일 및 대리석 설치공

무용수

벌목공

철근 및 철골 작업자

보조 작업자: 페인트공, 벽지공, 미장공 및 모르타르공

구조용 철강 작업자

테라조 작업자 및 마감공

시멘트 미장공 및 콘크리트 마감공

울타리 설치공

사회학자

형사법 및 법 집행 교수(대학 이상)

정치학 교수(대학 이상)

사회학 교수(대학 이상)

철학 및 종교학 교수(대학 이상)

법학 교수(대학 이상)

역사학 교수(대학 이상)

외국어 및 문학 교수(대학 이상)

영어 및 문학 교수(대학 이상)

텔레마케터

인공지능 노출지수

자료: 전병유 외(2022) 및 장지연 외(2024).

그림 2-2 인공지능 노출도가 가장 높은 직업군 10개와 가장 낮은 직업군 10개

으로 도태가 일어날 것이다.

철학을 비롯한 인문학은 세상에 대한 비판과 성찰을 위해 반드시 필요하지만, 굳이 대학 가서 교수의 도움을 받으며 4년씩이나 해야 해?라고 지식 대중은 판단한다. 나의 대학 시절 문사철 수업에서 배우던 것들을 이미 중·고등학교에서 배우고 있다. 국민 교양 수준이 그만큼 올라온 데 반해 문사철 과목들은(그것을 가르치는 교수들의 지식은) 그사이 크게 업데이트되지 않은 탓이다. 시장이 끊임없이 변화한다고 해서, 인류 역사 수천 년에 걸쳐 축적된 문사철의 지식이 갑자기 변할 리는 없다. 시장의 필요에 따라 그에 대한 해석과 이용이 달라질 수는 있어도.

사회과학 분야 교수들은 문사철이랑 우리는 좀 달라,라고 하겠지만, 사회과학 지식이 난해한 수준의 전문 기술 양성 프로그램은 아니다. 이 분야에서 사용하는 통계적 방법론들도 고등학교 수학 시간에 배운 지식에 기반해 교과서 몇 권 읽어보면 이해할 수 있는 것들이다. 결국 행정학, 사회복지학 같은 실용 사회과학 학문에서 배우는 내용도 장기적으로는 마찬가지 현상을 겪을 것이다.*

반면, 컴퓨터공학을 비롯한 이공계 분야 지식은 자고 일어나면 표준이 바뀐다. 불과 2~3년(요즘에는 2~3개월) 사이에 기존

---

* 다만, 행정학은 공무원 및 변호사 시험 준비를 위한 수요, 사회복지학과 심리학은 해당 분야의 자격증을 얻기 위한 수요 때문에 한동안 생존할 것이다.

에 시장을 지배하던 개발자 프로그램이 새로운 것으로 대체되고, 새로운 데이터 분석 기법들이 쏟아져 나온다. 끊임없이 연구하고 개발하지 않으면 머릿속 지식은 사양화된다(이 때문에 컴퓨터공학과 동료 교수는 도태되지 않기 위해 물장구치느라 너무 힘들다고 불평하곤 한다). 제약이나 백신 시장도 마찬가지다. 바이러스는 끊임없이 스스로 돌연변이를 만들어내고, 인간과 동물을 둘러싼 생태계도 끊임없이 변화한다. 이 변화에 발맞춰 그 작동 메커니즘을 이해하고 해명해야, 제대로 된 약이나 백신을 만들어낼 수 있다.

이와 달리 사회과학의 현상들은 대부분 제도와 구조에 장착embedded되어 있는 것들이다. 정치제도와 법은 바뀌기는 하지만, 시장에 비해 장기간에 걸쳐 천천히 바뀐다. 제도와 법은 끈적sticky하다고 표현되기도 한다(Mahoney & Thelen 2009). 빠르게 바뀌지 않으니, 그것들을 연구하는 학문 패러다임 또한 한 세대에 걸쳐 천천히 지속되는 경향이 있다.

예를 들어, 서구에서 민주화는 100년 전에 일단락되었다. 20세기 후반, 민주화를 연구하던 서구의 학자들은 자신들의 연구 대상과 주제를 개발도상국으로 바꾸지 않으면 안 되었다(최근 트럼프 현상 때문에 포퓰리즘이라는 새로운 산업이 떠오르기는 했다). 자연히 정치 및 사회 이론은 다른 인문사회 계열과 마찬가지로 '화석화fossilized'되는 경향이 있다. 플라톤과 아리스토텔레스에서 시작해 18, 19세기 민주주의 사상가들까지 내려오는 정치철학/정치사상사에, 마르크스, 베버, 뒤르켐의 이론에 얼마나 큰 변화가 있겠는가(물론 시대 상황에 따른 재해석은 가능하다). 하지만 선거 결과로 발생하거나 선거에 영향을 끼칠 만한 정책 변화는 시장의 변동에도 영향을 끼친다. 그것도 극좌나 극우로 과격한 혁명적 변화가 일어날 때, 혹은 전쟁과 재난으로 파멸적 구조 변동이 발생할 때 대중의 삶은 직접적으로 이러한 사회변동에 노출되고, 사회과학은 국가와 사회의 부름을 받게 된다. 요컨대 변화하는 시장과 제도에 대한 새로운 분석과 해석의 틀, 그 대안을 끊임없이 제공할 때에만, 인문사회과학은 그 유용성을 의심받지 않을 것이다. 그렇지 않으면 오늘날 대학을 구성하고 있는 인문사회과학(과 그 구성원)은 곧 도태될 것이다. 아주 빠른 속도로.

인문사회계 출신 학자와 졸업생이 그 지식을 '범용' 수준에서 활용하고 생산할 경우, 인공지능은 이 분야와 이공계 분야의 격차를 더욱 벌려갈 것이다. 인문사회계의 동료들은 지성의 요람인 상아탑이 자본과 시장에 의해 침탈당했다고 푸념하며 술잔을 기울인다. 침탈당한 것이 아니라 앞서 이야기한 모녀 김밥 가게와 같이 소비자들이 발길을 끊어 도태된 것이건만.

인공지능은 무엇을 바꿀 것인가
: 생산성 향상과 불평등의 증대

인공지능의 범용화와 일반화가 세상을 과연 어느 정도로 바꿀 것인가? 두 가지 지표가 주목받을 것이다.

첫째는 인공지능이 생산성을 높여주는가이다. 인공지능을 써봤는데, 생산성이 별로 늘지 않는다면? 인간이 하는 것보다 그저 그런 생산성을 보여준다면? 미국 월가의 경제학자들이 대륙 저편 실리콘밸리의 공학자들에게 보내는 의심 어린 눈초리다. 그들이 보기에 인공지능 혁명은 생산 현장 관리자들과 시장의 소비자의 관심이 사그라지면서 용두사미로 끝날지도 모른다. 불과 지난해 천장 모르고 치솟던 테슬라에 대한 관심과 주가가 지금은 지지부진한 것이 한 예다.

완전 자율주행이 그리 가까이 오지도 않았고, 전기차 인프라가 충분하지 않음을 깨달은 소비자들이 지갑을 닫기 시작한 것이다. 챗지피티를 업무에 도입해보았지만 교정 봐주고 파워포인트 만들어주는 정도의 생산성 증대만을 보여준다면, 기업들은 인공지능에 대한 추가 투자를 축소할 수도 있다. 아제모을루와 존슨(2023)은 인공지능의 도입이 미국 경제의 생산성을 비약적으로 증가시키고 있다는 증거는 아직 없다고 단언한다. 인공지능 혁명은 투자 대비 수익성이 생각만큼 높지 않은, 그저 그런

생산성 혁명으로 끝날 가능성 또한 크다는 것이다.

둘째는 생산성 향상과 연동된 기업 간, 개인 간 불평등의 증대다. (몇몇 실험 결과만 존재할 뿐 아직 거시 지표를 통해 확인되지는 않았지만) 인공지능이 비약적으로 생산성을 증대시켜주는 날이 왔다고 치자. 실제로도 인공지능을 업무에 도입해 사용한 실험군에서 대조군에 비해 주목할 만한 생산성 향상이 확인되었다는 연구들이 심심찮게 나오고 있다(Noy & Zhang 2023). 코파일럿Copilot을 쓰는 개발자들이 쓰지 않는 개발자들보다 생산성이 더 높게 나온다는 결과도 존재한다(Peng et al. 2023).

실험을 넘어, 챗지피티와 같은 인공지능을 잘 활용하는 업종과 직군에 종사하는 자들의 생산성이, 그렇지 못한 업종과 직군의 생산성을 비약적으로 압도하는 결과가 나오기 시작했다고 가정해보자. 인공지능을 선제적으로 채택한 기업들이, 그렇지 않은 기업들보다 눈에 띄는 매출과 이익률을 올리기 시작했다고 가정해보자. 너나 할 것 없이 인공지능을 사용할 것이고, 그에 관한 지식과 강연이 봇물 터지듯 쏟아질 것이다. 인공지능 기반 지식 생산 시스템의 가격 또한 올라갈 것이고, 결국 인공지능에 대한 접근권과 활용도에 따라 시장에서 성공하는 자와 실패하는 자가 갈릴 것이다. 기업은 더욱 양질의 지식 생산 시스템을 개발하기 위해 진력하면서, 기업 특수적인 인공지능 기반 생산 시스템의 설계와 운영을 책임지는 서비스가 주목받을 것이다.

범용 인공지능 못지않게, 각 기업의 도메인에 특화된 인공

오픈 엑시트

지능이 더욱 중요해질 것이다. 대기업들은 '내부 노동시장'(정의와 제도의 예는 1장 67쪽 각주 참조)을 통해 자체적으로 이러한 설계와 운영에 대한 노하우를 내부화하여 기업 특수 기술로 만든 다음, 외부와의 공유를 피할 것이다. 그 기업 특수 인공지능 기술이 경쟁력의 근간이 되면 대외비가 될 것이기에, 기업은 그 기술을 개발하고 사용하는 직원들 또한 외부로 유출되는 것을 막기 위해 더욱 강력한 보상 기제들을 만들 것이다. 따라서 기업 특수적 인적 자본에 더욱 많은 임금과 복지를 보장할 것이고, 이들의 인공지능 기반 숙련을 향상시키고자 더욱 많은 훈련 비용을 지출할 것이다. 이 시나리오에서 일본과 한국, 독일 기업에서 발전해온 '내부 노동시장'은 인공지능의 도입과 함께 더욱 심화될 것이다.

토요타가 린 생산 시스템을 통해 현장 기능공이나 엔지니어를 다능공/숙련공화하여 재고와 낭비를 획기적으로 줄이는 '토요타 생산방식'을 수립했듯이, 제조 분야 대기업들은 인공지능을 통해 재료의 투입 및 최종생산물의 검수까지 아우르는 생산 공정에서 낭비와 혼선, 불량률을 혁신적으로 줄이는 노하우들을 발견할 것이다. 이러한 혁신은 기업의 생산 단가를 낮추고 이익률을 높여줄 것이다. 문제는, 이러한 혁신이 특정 대기업들에 편향적으로 발생하고 그에 대한 보상이 이들 기업 구성원들에게 불균등하게 집중될 경우, 시장에서의 불평등 또한 증대된다는 점이다. 이러한 기업 수준의 움직임은 점점 개인화되고 유연화된 노동시장을 자유로이 유영하며 자신의 몸값을 높이는, 즉 저니맨journey men들이 주도하는 '엑시트 옵션의 증대' 현상과 궤를 달리하는 정반대 현상이다.

이렇게 기술에 의해 발생하는 불평등을 시장에서 교정하기란 사실상 불가능하다. 삼성전자나 현대자동차가 세계 시장에서 선전해서 벌어오는 영업이익을 외부인이 어떻게 간섭하겠는가. 주주들과 직원들에게 얼마를 분배하고 얼마를 재투자할지의 문제는 기업 고유의 결정 영역이다. 강력한 노조가 존재하는 기업에서나 노동자들이 그 일부를 '노동자의 몫'으로 주장할 수 있을 뿐이다. 혹은 국가가 법인세라는 명목으로 일부를 거둬들여 사후적으로 재분배에 나설 수 있을 뿐이다. (몇몇 글로벌 제조 기업들이 하듯이) 하청업체 관리 비용을 통해 공급망에 재투자하는 방안 정도가 가능한데, 이 또한 기업의 결정 영역이다. 그렇게 해서 기업의 미래가 밝아진다면, 외부 세력이 강제하지 않아도 그리할 것이다.

인공지능은 벼농사 체제 소셜 케이지에
어떤 충격을 가할까 1

　인공지능의 도래는 벼농사 체제에서 유래한 동아시아의 소셜 케이지를 강화시킬 것인가, 약화시킬 것인가? 먼저 내부 노동시장부터 이야기를 시작해보자.

　나는 (1장에서) 동북아시아에서 뿌리내린 연공제와 결합된 내부 노동시장이 시장에서 작동하는 소셜 케이지의 한 양태라고 주장했다. 특히 한국과 일본에 특화된 연공제는 내부 노동시장의 승진 기제들과 어우러져 산업화 세대와 베이비부머 세대를 한 회사에 30년 이상 붙들어 두며, 기업 내 지위 상승 경쟁을 통해 개인의 성공과 축적의 욕구를 '집단의 목표'에 가두는 데 성공했다.

　그렇다면 인공지능은 내부 노동시장이라는 동아시아의 소셜 케이지에 어떤 충격을 가할까? 인공지능 시대의 도래는 동아시아의 소셜 케이지를 해체시키지는 않을까? 인공지능의 일반화와 그로 인한 자동화는 내부 노동시장의 기제들을 약화시키고, 기업 간 노동의 이동성을 더 높이지 않을까? 하지만 현실의 삶은 우리의 기대를 배반한다. 데이터는 인공지능에 대한 노출도가 이미 내부 노동시장이 발달한 기업에서 훨씬 높게 측정되고 있음을 보여준다. 실제로 〈그림2-3〉은 인공지능의 도입 가능성이 정규직 위주 내부 노동시장(성과 지향 연공급제와 복지 제도)이 발달한 대기업일수록 더 높다는 결과를 보여준다. 결국, 한국의 노동시장에서는 "AI 도입이, 기술이 노동을 대체하는 방향 RBTC보다는 기술이 노동의 숙련도를 높이는 방향SBTC을 통해 기존의 숙련을 강화reinstatement할 가능성이 높다"(이철승·안성준 2024).

한 가지 유력한 경로는 대기업들이 인공지능에 대한 투자를 늘림으로써 그와 연동된 기업 특수적 기술 역량을 육성하고, 이를 통해 내부 노동시장으로 대표되는 '한국형 소셜 케이지'의 제도들을 더욱 강화시킬 가능성이다. 이 과정에서 내부 노동시장의 최대 수혜자였던 대기업 정규직 직원의 특권 또한 강화될 것이다. 혹은 대기업 정규직을 중심으로 인공지능을 집단적으로 학습, 도입하는 노력이 가속화될 수 있다. 이 경우, "대기업 정규직이 AI에 기반한 생산성 혁명을 통해 나머지(중소기업 종사자와 비정규직) 그룹과의 격차를 더욱 벌릴 가능성이 크다"(같은 글). 기존의 내부 노동시장 메커니즘과 인공지능의 도입 및 발전이 맞물릴 경우, 한국의 이중 노동시장은 더욱 심화될 수 있다. 우리는 인공지능에 특화된 대기업과 그렇지 못한 여타 대기업 및 인공지능을 도입할 여력이 안 되는 중소기업 간의 불평등이 가속화되는 미래를 예비하고 있는 것이다.

또 다른 그림직한 경로는, 새로이 창업하는 기업들 위주로 기존 대기업의 관료제 조직을 인공지능 기반 자동화로 건너뛰고

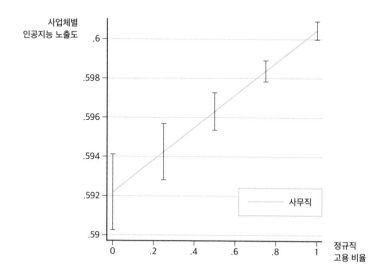

자료: 사업체 패널, 2015~2021. 이철승·안성준(2024).

그림 2-3 인공지능 노출도와 정규직 비율의 상관관계

극도로 슬림화된 소수의 개발자 위주로 구성된 수평 조직이 출현해, 마찬가지로 인공지능에 기반한 기업 특수 기술을 소규모 팀 단위로 축적할 가능성이다. 이러한 시나리오는 인공지능이 개인들의 독창적인 생산과 소비, 네트워킹의 공간을 확장하고 개인의 힘과 역량을 극대화시켜, 기존의 대기업 위주 경제 구조를 대체하거나 새로운 영역을 개척하는 다수의 대안 조직을 만개시킬 수 있다는 낙관적인 전망에 기초한다.

결국, 현실에서 우리는 당분간 두 가지 경로를 모두 확인하게 될 것이다. 한편에서는 소수의 대기업에 진입하여 인공지능과 연동된 대규모의 집단 협업 시스템의 수혜를 누리려는 자들끼리의 치열한 경쟁이 벌어진다면, 다른 한편에서는 더욱 가팔라진 사다리를 기어오르기보다 새로운 영토를 개척하려는 창업가들이 속속 출현할 것이다. 이 후자의 그룹은 자신들끼리 혹은 기존의 기업들과 끊임없이 새로운 협업 시스템을 실험하면서 인공지능에 기반한 사업 영역과 형태를 유연하게 변형시키며 생존하는, 느슨한 네트워크 연합체 형태의 기업 생태계를 만들어갈 것이다.

　　　　　　　　　　　　　　오픈 엑시트

인공지능은 벼농사 체제 소셜 케이지에
어떤 충격을 가할까 2

인공지능의 확산은 동아시아 소셜 케이지에 두 가지 다른 방향의 충격을 가할 것이다. 첫째는 앞서 이야기한 대로 기존의 대기업 중심, 내부자 중심 소셜 케이지의 강화다. 둘째는 기존 대기업들에 의해 점유되지 않은 틈새 공간의 확장과 심화다.

인공지능의 도입과 확산이 개인의 생산성을 높여주리라는 것은 여러 연구를 통해 입증되고 있다. 구미의 연구들은 인공지능을 도입한 기업들이 그렇지 않은 기업들에 비해 3~4퍼센트 정도 더 높은 생산성을 보였음을 보고한다(Alderucci et al. 2020; Damioli et al. 2021). 한국의 기업 샘플을 이용한 연구들 또한 2.8~4.2퍼센트 정도의 생산성 향상을 확인하였다(장지연 외 2024).

나는 인공지능 노하우는 동아시아 협업 시스템에서 더 빠르고 효율적으로 확산될 것이라 기대한다. 동아시아 협업 시스템은 특유의 '끈적한 네트워크'를 통해 자본주의 생산 시스템의 코어인 '협업'의 생산성을 높이는 한편, 기업 특수적 정보와 노하우를 더 빨리 공유하고 확산시켰다. 이러한 비공식적 숙련의 공동 획득과 상호 인증 시스템은 동아시아 기업들이 단기간에, (짧은 기술 주기를 갖는) 특정 산업(Lee 2013)에서 서구의 선진 산업자본주의를 따라잡는 데 결정적으로 기여했다(Lee 2025). 인공지능 노하우 또한 내부 노동시장이 발달한 대기업을 중심으로 빠르게 확산될 것이고, 개별 기업의 기업 특수 생산 시스템에 적용될 것이다.

이와는 별개로, 기존의 거대 제조 중심 대기업과 내부 노동시장이 약화되거나 애초에 발달하지 않은 네카라쿠배(네이버, 카카오, 라임, 쿠팡, 배달의민족) 같은 테크 기업들 사이에서 동아시아적 협업 시스템과는 질적으로 구별되는, 새로운 형태의 '유연한 노동시장'이 출현할 것이다. 이 노동시장은, 이제껏 내가 이야기해온 개인의 기술과 능력에 따른 평판에 근거하여 이직과 새로운 협업이 일상적으로 시도되는 공간이 될 것이다. 이 '틈새 공간interstitial space'은 기존 기업들에 의해 점유되지 않은 '잔여 공간residual space'이 아니라, 그로부터 새로운 생태학적 변종과 돌연변이가 출현하는 '배양 공간breeding ground'이 될 것이다.

챗지피티나 클로드는 아직은 범용 인공지능AGI이라 불릴 만큼의 성능을 보이지 못하고 있지만, 기존의 지식을 번역, 요약, 재가공해서 정리해주는 기능은 나날이 진보하고 있다. 번역의 경우, 언어 간 장벽을 쉽게 뛰어넘는 도구로 기능할 날이 얼마 남지 않았다. 이러한 번역 기능을 이용해 한 벤처기업(언더스코어Underscore)은 각국의 신문과 방송이 보도하는 뉴스들과 아카데믹 저널의 논문들을 한국어로 번역/요약하여 독자의 구미에 맞게 보기 좋게 분류한 후, 실시간으로 내보내는 서비스를 제공하고 있다. 물론, 이러한 서비스는 외신이나 기존 신문사에서 번역과 편집을 담당하던 대졸 전문 인력들의 신규 채용과 고용을 위협하고 있다. 그럼에도 불구하고 신문사와 기업으로서는 더 싼 값에, 실시간에 양질의 번역, 요약, 편집 결과물을 제공받기 때문에 이 서비스를 쓰지 않을 이유가 없다. 다시 강조하지만, 이 BtoB 서비스로 인해 직장을 잃은 번역자, 편집 기자들에게 우리는 미안해하지 않는다. 앞으로도 그럴 것이다.

인공지능 기반 협업 시스템의 출현

대기업들은 인공지능이 장착된 공장 시스템을 깔기 위해 분주하다. 기업들은 공장 시스템을 잘 알고 있는 기존 엔지니어들에게 인공지능을 연구하도록 해서 시스템을 바꾸는 방안과, 외부의 우수 개발자를 고용해 시스템을 바꾸는 방안을 들고 저울질 중이다(A 자동차 회사 임원과의 인터뷰). 어느 쪽이 더 효율적일까? 어느 쪽이 비용이 덜 들까? 어느 쪽이 더 빨리 시스템을 업그레이드할까?

"일단 두 트랙을 다 해보고 있지요. 내부의 똑똑한 젊은 친구들에게 코딩 공부해서 (AI) 시스템 깔아보라고 시키기도 하고요, 다른 경쟁사나 테크 기업들의 개발자들을 스카우트하기도 하고요"(A 자동차 회사 임원).

기업들은 두 방향 모두 실험하겠지만, 결국 전자(내부 인력 강화)가 승리할 확률이 높다. 개별 기업과 사업장에 특화된 상황과 조건이 존재하기에, 결국은 이러한 도메인의 서로 다른 상황을 잘 이해하고 있는 기존 엔지니어들이 더 빠르게 인공지능 기반 자동화를 실행할 것이다. 인공지능 기술의 범용화가 가속화될수록 개별 사업장의 현황을 꿰뚫고 있으면서, 그와 함께 도메

오픈 엑시트

인 지식을 가진 자들이 인공지능 기반 숙련을 자신들의 분야에 적용함으로써 기존의 해자를 오히려 더 높이게 될 것이다. 인공지능 노출도가 내부 노동시장과 강한 정(+)의 상관관계를 보이는 데는 다 이유가 있다.

인공지능은 어떻게 작업장의 효율을 높일까? 가장 효율적인 분야는 개별 인간이 광범위한 소비자의 각기 다른 요구에 맞닥뜨려 응대를 하던 대민 서비스일 것이다. 이제까지 매뉴얼로 해결되지 않던 수많은 소비자의 문의와 불평을 응대해온 고객 서비스 노동자들의 헤드셋에 인공지능 서비스가 장착되고 있다 (한 대기업 팀장과의 인터뷰). 이들은 인공지능이 실시간으로 함께 듣고 조언하는 바에 따라 고객과 상담을 진행할 것이다. 그러다가 고객이 굳이 사람과 상담하지 않아도 된다고 판단하기 시작하면? 그들은 대체될 것이다. 하지만 한동안, 이들은 대체되지 않은 채 현직에 남아 있을 것이다.

인공지능이 효율을 높일 수 있는 또 다른 작업장은 제조업이다. 앞서 이야기한 토요타의 린 생산 시스템은 끊임없이 변화하는 수요에 맞춰 여러 품종의 자동차를 적기에 생산해 소비자들에게 전달하는 방식으로, 재고를 줄이고 생산 라인의 활용성을 높이는 강점을 가졌다. 이 시스템은 적기 생산방식just-in-time 혹은 토요티즘Toyotism이라 불리며 전 세계 제조업체로 퍼져 나갔다. 인공지능은 이렇게 유동적인 생산 시스템을 한층 더 유연하게 만들 것이다. 제조 라인의 물류 공급과 제품의 출하 과정에 인공지능이 매 순간 개입하여 인간이 자의적으로 판단하던 영역들을 계량화한 다음 통계적 검증치를 실시간으로 제시함으로써, 이상 작동과 이상 품질 여부를 즉각적으로, 더 정확하게 진단해줄 것이다. 인공지능이 인간보다 뛰어난 점은, 이상 작동의 패턴들을 감지하는 능력이다. 기존의 데이터를 통한 기계 학습machine-learning은 일상적이지 않은 오작동 패턴들을 (그것이 커다란 문제를 일으키기 전에) 감지하여, 인간이 더 빠르고 신속하게 생산과정에 개입하도록 도울 수 있다.

인공지능과 인간의 협업이 두드러지는 또 다른 분야는 제조업체의 대민 서비스업이다. 예를 들어 아우디는 정비사 교육과 수리의 효율성을 극대화하기 위해 소수의 전문 기술자expert technician, 현장 정비사mechanics on the dealershops, 인공지능 기술자가 협업하는 새로운 솔루션을 개발했다. 자동차가 단순한 운송수단을 넘어 복잡한 디지털 기계로 변모함에 따라, 현장 정비사 또한 다양한 전자 및 기계 관련 문제들에 관한 고객들의 불평과 수리 요구에 직면한다. 이에 대처하기 위해 탄생한 것이 원격 지원 로봇인 아우디 로보틱 텔레프레즌스Audi Robotic Telepresence, ART다 (Daugherty & Wilson 2024).

ART는 고성능 스피커와 고해상도 디스플레이를 이용해 전국에 퍼져 있는 전문가와 현장 정비사 간의 원활한 소통을 실시간으로 지원하며, 로봇에 장착된 비전 센서를 통해 현장 정비사의 안전하고 정확한 동작을 모니터링한다. 뿐만 아니라 인공지능을 기반으로 축적된 자료 분석 시스템이 전문가-현장 정비사 간의 협업이 원활하게 이루어지도록 필요한 정보와 영상을 분석하여 지원한다. 이를 통해 정비사는 현장에서 전문가의 지식과 인공지능 기반 정비 관련 정보를 실시간으로 전수받으며, 고객이 당면한 문제를 더 빨리 보다 적확하게 해결한다. 결론적으로, 인공지능과 인간의 협업으로 고객들은 더 빠르고 정확한 차량 수리 서비스를 받을 수 있게 된 것이다.

인공지능이 이미 도입되어 활용되기 시작한 대표적 업무는 인사 평가 및 선발 과정이다. 전국에서, 전 세계에서 몰려드는 지원자들의 파일을 정리하느라 몇 달씩 소요되던 글로벌 기업들의 선발 과정이 인공지능을 이용함으로써 몇 주로 줄어들고 있다(Daugherty & Wilson 2024). 회사가 원하는 특정 요소들을 지정해 인공지능 기반 스크리닝으로 걸러낸 후, 최종 선발 인원의 몇 배수를 인사 담당자들이 직접 면접하여 선발하는 것이다. 물론 이 과정에서 인사팀이 '명문대' 출신 '남성'들을 걸러내라는 편향된biased 기준을 심을 수도 있지만, 회사에 필요한 인재의 특성에 더 큰 가중치weight를 줄 수도 있다. 사회가 부과하는 능력주의의 기준이 아니라, 회사가 필요로 하는 인재상에 맞는 새로운 능력주의를 인공지능을 이용해 세팅할 수도 있는 것이다. 이를 통해 숨겨진 인재들을 골라내는 기업 고유의 프로세스를 구현할수 있다. 결국, 인공지능 기반 인사 평가 및 선발 시스템을 활용해 기업의 생산성과 공정성이라는 두 마리 토끼를 모두 잡을 수 있을지는 인사 담당자들과 기업 리더들의 의지와 철학에 달려 있다.

인공지능 기반 협업 시스템은 인간끼리의 협업 틀에 인공지능이 끼어드는 것을 넘어 인간과 인공지능이 협력하고, 그에 기반해서 인간이 고도의 의사 결정을 내리는 데 도움을 줄 것이다. 미래에는 인공지능끼리 협업하고 의사 결정을 내리는 단계가 올지도 모른다. 이미 학계와 인공지능 산업계는 이러한 가능성을 논의하고 있다.

이 과정에서 대두되는 문제는 '보안'이다. 대기업 직원들이 챗지피티나 클로드에 문서 처리를 요청할 경우, 기업의 내부 기밀이 이 회사들로 유출될 수 있다. 기업의 생명과도 다름없는 각종 기술과 노하우가 외부로 유출되면 기업의 경쟁력에 치명타가 될 것이니, 당연히 대부분의 국내 대기업들은 직원들이 챗지피티나 클로드를 이용하는 것을 금지하고 있다. 하지만 개인적으로 이 서비스를 써본 직원들은 자신들의 업무에도 인공지능을 이용하고 싶어 한다. 결국 국내 대기업들은 자체 인공지능 서비스를 개발하기 위해 분주하다. 유사한 서비스를 개발해 내부화함으로써 기업 기밀의 외부 유출을 막고자 하는 것이다. 라마3.0 같은 오픈 소스 AI 모델의 구조가 완전히 공개되어 있으므로, 챗지피티나 클로드까지는 아니어도 그와 근사한(70~80퍼센트) 수준의 서비스를 개발하는 일은 가능할 것이다.

조금 더 심오한 문제는 '책임성'이다. 고객 상담 서비스는

'책임'을 전제로 한다. 고객의 문의가 간단한 답변으로 해결되면 다행이지만, 문제가 해결되지 않거나 잘못된 답변으로 손해를 끼치게 되었을 경우 책임 소재를 따져야 한다. 예를 들어 홍콩에서 갈아탈 비행기에 반려견 서비스가 있는지 문의해온 승객에게 엉터리로 대답해서는 안 된다. (AI를 통해) 가능하다고 대답했는데 홍콩 현지의 항공사에 해당 서비스가 없다면, 승객은 재앙과 같은 상황을 맞닥뜨리게 될 것이다(한 대기업 팀장과의 인터뷰).

이 경우, 인공지능 서비스에 맡겨둘 수만은 없는 노릇이다. 누군가 적극적으로 응대해야 한다. 확실한 정보를 알아봐주거나, 현지 항공사에 연락해보라고 권고하고 한발 물러나거나. 물론 이런 상황에 대처하고 적절히 응대하도록 인공지능을 훈련learning시켜 프로그래밍할 수 있다. 하지만 인공지능이 수많은, 알려지지 않은, 새로이 출현하는 가변적이고 유동적인 상황에 인간처럼 '적응'하기를 기대하기란 지난한 일이다. 인간은 이런 미묘한 상황에서 책임성을 의식해 '빠져나갈' 방도를 스스로 마련하며 돌발 상황에 대처한다. 기계가 잘하지 못하는 부분이다.

벼농사 체제와 인공지능 기반 협업 시스템의 충돌

이러한 인공지능 기반 협업 시스템과 벼농사 체제가 결합할 때 어떤 문제가 발생할까? 벼농사 체제의 문제는 전작들에서 지적한 대로, '위계 구조의 비효율성'에 있다. 나는 전작『불평등의 세대』에서 한국형 위계 구조의 특징을 '네트워크 위계'라고 개념화한 바 있다. 네트워크 위계란, 관료제 조직의 상층 엘리트들이 조직 안팎에 걸친 혈연·지연·학연의 네트워크를 통해 정보와 자리를 교환하고 자본을 동원하여 자신의 업적을 축적하는 자원 동원 구조를 지칭한다. 전작에서 들었던 예는, 네트워크를 동원해 외부 펀드를 끌어온 다음 대학원생 조교들을 굴려 자신은 별 기여 없이 논문을 양산해내는 교수였다.

네트워크 위계가 강력하게 작동하는 사회에서 첫번째 수행성 판단 기준은, 얼마나 새로운 아이디어를 갖고 있느냐가 아니라 네트워크를 통해 정보와 자원을 얼마나 동원할 수 있는가이다. 두번째 수행성 판단 기준은, 끌어온(혹은 끌어올) 자원을 자신의 수하들을 이용해 프로젝트로 전환하고 실행하는 능력이다. 이는 관료제의 위계 구조를 활용해 수하들이 자신을 따르고 프로젝트의 성공에 투신하도록 만드는 능력으로, 일이 돌아가도록 하급자들을 '냉철하게' 어르고 위협하고 닦달하며 구슬리는 역할이다.

한국 사회에서는 이 두 가지를 '뻔뻔하게' '가차 없이' 수행할 수 있는 자가 능력자로 추앙받는다. 학교, 기업체, 정부 관료계, 정치판까지 이 네트워크 위계는 형태만 다를 뿐, 한국 사회의 자원과 이익 분배 구조에 공통으로 작동하는 구조다. 이 구조는 벼농사 체제에서 잉태되어 개발연대를 거쳐 민주화 시대까지 살아남아, 한국 자본주의를 이 정도까지 발전시킨(?) 중요한 근간이었다. 빠르고 효율적인 프로젝트 수행을 위해서는 상층 간부의 네트워킹을 통한 자원 동원 능력과 관료제 위계를 통한 조직 장악력이 가장 중요한 요소였다.

그런데 이 네트워크 위계가 인공지능 기반 협업 시스템과 결합하면 무슨 일이 일어날까? 인공지능 기반 협업 시스템에서는 새로운 기술과 지식의 발전과 소개, 도태가 더 빠른 속도로 일어난다. 기존의 기술과 지식이 빠른 속도로 인공지능에 흡수되고 표준화되고 가공되어 확산되기 때문이다. 인공지능이 더 빠르게 정보를 처리해주기 때문에, 인간의 영역은 새로운 데이터를 모으는 인풋 사이드와 가공/분석된 데이터에 기반하여 의사 결정을 내리는 양쪽 끝 공정으로 쪼그라든다(이걸 새로운 확장이라 볼 수도 있다).

네트워크 위계 구조가 인공지능 기반 협업 시스템을 만나면 두 가지 현상이 일어날 것이다. 의사 결정 능력과 새로운 아이디어를 가진 대단히 뛰어난 리더는 네트워크 위계 구조하에서 시간과 자원을 잡아먹던 데이터 처리 및 분석 과정을 인공지능 혹은 인공지능에 능숙한 인력으로 대체하고, 새로운 데이터를 수집하는 현장 인력 양성에 자원을 더 투여할 것이다. 이러한 과정은 조직의 중간 허리가 슬림화되는 것으로 귀결될 테고, 거대한 관료제 위계 구조는 점차 현장의 데이터와 협력업체들을 직접 상대하는 수평적 팀 간의 조율 구조로 바뀌어갈 것이다(따라서 인공지능의 범용화는 대기업과 국가기구에 뿌리내린 거대 관료제 위계 구조의 해체 및 수평 조직의 확산을 이끌어낼 가능성이 높다). 결국 인공지능의 확산은 조직의 슬림화를 초래할 것이다.

문제가 되는 경우는, 네트워크 위계의 상층을 장악한 리더십이 인공지능의 발전을 따라잡지 못해 탈숙련화deskilling가 발생할 때다. 바로, 연공서열로 짜인 한국과 일본의 관료제하에서 50대와 60대의 리더들이 인공지능이 작동하는 근본 원리를 이해하지 못한 채로, 인공지능의 출현과 작동을 어린 시절부터 겪으며 자란 젊은 세대와 한 조직 안에서 의사소통과 주요한 결정을 하게 되는 경우다. 조직의 하층이 상층보다 의사 결정 구조의 근간을 더 깊이 이해하고 있고, 상층은 딥러닝과 빅데이터, 각종 통계적 분석과 추론에 기반하여 제공된 데이터를 분석할 줄도, 해석할 줄도, 적용할 줄도 모른 채로, 젊은 팀원들이 만들어 올리는 '쉽고 간결하게 쓰인 보고서'만을 읽는 경우다.

이러한 상황에서 젊은 세대는 나이 든 세대의 리더십에 '순응conform'할 뿐, 승인endorse하고 존중respect하는 데까지 나아가지 못한다. 위계 구조의 하급자로서 복종하는 것일 뿐, 마음에서

오픈 엑시트

우러나오는 협력을 할 수가 없는 것이다. 젊은 하급자는 "내가 다 한 일에 이름만 자기 것 얹어 내보내네." "내가 다 쓴 논문에 이름만 얹네"라며 불만과 분노를 켜켜이 쌓을 것이다. 결국, 인공지능의 범용화는 기업 조직 상층의 '지적 슬럼화'를 이끌 것이다. 슬럼화는 여기서 '지식의 공동화空洞化'를 의미한다. 이는 의사 결정에 필요한 제반 지식이 빠르게 시대착오적인 것이 되면서, '경험'과 '나이'에 기반한 의사 결정이 점점 동시대의 평균치로부터 멀어지는 현상이다.

　네트워크 위계의 리더가 유능한 경우, 이러한 상하층의 기술과 지식의 역전 상황은 그럭저럭 봉합된 채 굴러간다. 유능함은 경험을 통한 적절한 판단력과 아랫사람들이 올린 정보를 바탕으로 기민한 대처 방안을 만들어낼 수 있음을 의미한다. 그런데 무능한 리더는 네트워크 위계 속에서 오히려 길을 잃는다. 기업 내, 기업 간 비공식 네트워크에서 유통되는 정보를 해독할 능력이 없고, 조직의 하층에서 만들어내는 성과를 분별할 능력도 떨어진다. "내가 분석한 내용을 제대로 이해도 못 하고 엉뚱한 소리를 남발하네?" "유능한 하급자의 성과를 뭉개고 무능한 심복들에게 둘러싸여 엉뚱한 투자 결정을 내리네?"와 같은 한탄이 조직 내에서 불거지게 된다.

　나는 전작 『불평등의 세대』에서 이사진 중 50대 혹은 60대의 점유율이 높을수록 기업의 자본수익률이 더 낮고, 젊은 세대가 많이 대표될수록 수익률이 높아지는 경향을 보고한 바 있다.

최근 발표된 「OECD 국제성인역량조사PIAAC 2주기 주요 결과 발표」는 한국의 중장년 세대 노동자들의 정보처리 스킬이 이전 주기(2012년)에 비해 급락했음을 보여준다. 한국은 OECD 국가 중 연령 간 편차가 가장 심한 국가 중 하나였으며, 2012년에 비해 2023년에 이러한 경향은 더욱 심화되었다.

언어능력의 경우 27개국 평균이 2012년 269점에서 2023년 262점으로 7점 감소했지만, 한국의 경우 273점(+4 평균 상회)에서 250점으로 급감하였다(-12 평균 하회). 정보처리 능력의 경우, 1989~1996년에 태어난 한국의 청년층은 2012년에 비해 2023년에 19점 하락한 반면, 1958~1968년에 태어난 장년층은 같은 기간 동안 자그마치 평균 42점이 감소했다(직업능력평가연구원 2024). 국제 성인 역량 조사 기준을 항상 상회했던 한국의 위치를 10년 만에 바닥으로 이끈 주요 연령층은 중장년층인 것이다. 1년 동안 책 한 권도 읽지 않는 한국인이 열 명 중 여섯 명이라는 보도가 있으니 그리 놀라운 일도 아니다. 이들의 다수가 유튜브에서 자신의 정치 지향을 강화하고 확대하는 콘텐츠만을 소비하며 자신들만의 닫힌 성안의 군중으로 바뀌어가고 있는데, 그들 중 몇이 리더로 선택되어 기업과 정당과 국가를 이끈다고 해서 더 현명한 의사 결정을 하리라고 가정할 수 없다. 현실은 우매한 군중 속에서 우매한(혹은 사악한) 리더가 나온다고 보는 것이 맞다. 이러한 현상은 한국 사회의 정당, 기업 조직, 관료 조직, 학계 전반에서 일어나고 있다.

오픈 엑시트

조직 자원과 자산을 보유한 중장년층과 그렇지 못한 청년층 간의 지식 보유량 역전 현상은 한국형 위계 구조의 위기를 초래할 것이다(이미 진행 중이다). 인공지능 기반 협업 시스템으로 변모하는 새로운 시대에 조직 상층과 하층의 인공지능 기반 지식 경제에 대한 이해도가 역전되면서, 조직 내부의 리스크는 더욱 가중될 것이다. 그것은 나이에 기반한 사회 전체의 연공서열 구조가 기업 내부에 투사된 채로 장기간 지속되어온, 한국형 위계 구조의 필연적 결과다. 기술과 지식이 빠르게 업데이트되는 시대에, 기술을 업데이트하는 데 실패한 혹은 뒤처진 리더십이 네트워크 위계의 상층을 장악하는 경우, 시장의 현황과 구조를 제대로 파악하지 못하고 조직의 역량과 방향에 대한 냉철한 평가와 분석이 결여된 채, 시류에 영합하는 의사 결정을 할 수밖에 없다. 최악의 경우 시류조차 읽지 못해, 뛰어난 하급자들의 미래를 책임져줄 성과마저 외면하게 된다(2024년, 우리는 대한민국의 정치와 경제 최상층부에서 그러한 오판의 리더십을 목격하였다).

또한, 조직 자원과 자산은 보유했지만 인공지능 기반 지식 자원을 보유하지 못한 중장년층과 그와 반대 상황인 청년층 사이에 극심한 헤게모니 투쟁이 벌어질 것이다. 바로 자산계급 대 지식계급의 불일치가 증대하며 발생하는 세대 갈등이다. 이러한 갈등은 노동시장에서 가장 극심하게 벌어질 것이다. 기존의 조직 자원을 보유한 기성세대는 정년 연장을 통해 조직 자원에 대한 점유 기간을 늘리려 시도할 것이고(그렇게 하고 있고), 청년 세대는 기성세대가 점유한 조직에 진입하려고 투쟁하는 자들과 외부에서 새로운 목초지를 개발하는 자들로 이분화될 것이다. 기성세대가 장악하고 있는 대기업(혹은 기성 정당, 국가 관료제) 연공제 조직에 진입하여 장기적으로 조직을 접수(?)하는 전략과 기다리지 않고(그들의 생명줄 연장에 기여하지 않고) 새로운 조직을 건설하는 길을 택한 자들의 운명이 어떻게 될지는 시간만이 알 것이다.

이 과정에서 조직 자원과 자산은 어떻게 분배될까? 첫번째 경로는, 인공지능 기반 지식혁명의 수혜를 입는 자들과 상층 자산 계층이 대물림하는 상속의 수혜를 입는 자들이 일치하는 경우다. 이는, 상층 자산 계층이 인공지능 혁명이라는 시대의 흐름을 먼저 읽고, 자신의 자식들에 대한 인적 자본 투자를 이 방향으로 집중시키는 경우다(부르디외가 이야기한 경제 자본이 문화, 지식 자본으로 '전환'되는 경우 해당된다). 동시에 인공지능 기반 지식혁명의 수혜가 청년 세대 전반에 걸쳐 일어나지 않고, 최상층 대학 교육을 받은 자들에게 집중되는 경우다. 이 경우, 기존의 불평등 구조는 한층 더 심화되고 악화될 것이다.

두번째 경로는, 인공지능 기반 지식 자원이 세대 간 격차를 벌리는 속도 및 그 효과가 기존의 경제적 자원의 불평등한 분배와 상속의 힘을 압도하는 경우다. 인공지능 혁명에 올라탄 청년층과 그렇지 못한 중장년층 간의 지식 총량이 역전되면서, 그것이 가져오는 부의 불균등한 분배에 청년 세대는 거대한 '세대적 수혜'를, 중장년 세대는 그에 상응하는 '세대적 도태'를 경험하게 되는 것이다. 이 과정이 장기간에 걸쳐 일어나면, 청년 세대의 소득 축적 속도가 인공지능 혁명으로부터 소외된 중장년 세대의 자산 축적 속도(및 상속 효과)를 앞지르면서 향후 30년 동안 자산 계층의 조정(상층 일부의 하락 및 중하층 일부의 상승)이 이루어질 것이다.

세번째 경로는, 국가가 경제적 자원을 유지 및 상속하는 과정과 인공지능 기반 지식 자원의 축적 과정에 개입하여 앞선 두 경로에서 발생하는 불평등을 조정하는 것이다. 먼저, 국가는 청년 세대 내부에서 발생하는 인공지능 기반 지식혁명의 수혜가 어느 한쪽에 치우치지 않도록 그에 대한 교육을 초·중·고 및 대학 교육에 광범위하게 반영해야 한다. 특히 미래의 지식 불평등 격차가 어린 시절에 발생하지 않도록 잠재적 중하층에 교육 투자를 집중해야 할 것이다. 시장에 맡겨둘 경우 발생할 수밖에 없는 자산-지식 상속의 심화 과정(첫번째 경로)을, 두번째 경로인 '보편적 세대 효과'를 강화함으로써 상쇄해보자는 것이다. 동시에, 세대 간 불균등한 지식 축적 과정에서 탈락하는 이중의 탈락자들(자산은 충분히 보유하지 못한 채 조직 자원에서 밀려 일찍 은퇴하면서, 인공지능 기반 지식 경제에서도 소외되고 뒤처지는 상당수의 중장년층)에 대해 국가가 재교육과 일자리 연결을 도움으로써, 중장년층의 세대 내 불평등을 완화시켜보자는 것이다.

인공지능에 대한 규제와 통제

누가 인공지능의 무분별한 확산을 통제할 수 있을까? 정부가 할 수 있을까? 지금껏 각국의 선진 정부는 인공지능을 확산시키는 주체이지, 규제하는 주체는 아니었다. 마르크스의 냉소가 지금처럼 잘 맞는 때도 없다. 국가는 부르주아지의 집행 기구까지는 아니어도 인공지능 선도 기업의 집행 기구 역할은 아주 충실히 수행하고 있다. 게다가 국가는 방위산업 분야 인공지능 도입의 최대 발주자이자 개발자다.

일단 떠오르는 다른 주체는 노조로 대표되는 시민사회다. 실제 유럽의 노조들과 그들의 대표체인 산별 및 중앙 노조들은 진보정당들과 더불어 인공지능을 규제하는 법안과 제도를 적극적으로 입안하고 있다. 미국의 해리스 대통령 후보도 그러한 규제를 공약했다(그리고 졌다).

하지만 나는 종국에는 그럴 수 없을 것이라고 본다. 적어도 한국 사회에서는. 좀더 구체적으로 이야기하면, 그럴 수 있는 곳에서만 그렇게 할 것이다. (전작에서 이야기했듯이) 한국의 노동운동은 한국 사회 전체의 보편이익을 고려해본 지(전 국민 건강보험의 도입 및 노동시간 단축 투쟁. 이철승 2019 참조) 20년이 훌쩍 넘었다. 대기업의 대공장을 중심으로 조직된 정규직 노동조합들이 자동화 도입에 침묵하고 협조했듯이, 인공지능의 도입 또한 용인할 것이다. 단, 조직된 노동을 대체하는 것을 허락하지 않을 정도의 힘과 협상력은 아직 갖고 있기에, 몇몇 노조가 장악한 작업장에서 인공지능의 도입은 유예될 것이다. 하지만 이러한 유예는 베이비부머 세대가 주력인 대기업 정규직 노동조합이 그 힘을 유지할 때까지만이다.

이들은 이미 현역에서 은퇴하기 시작했고, 앞으로 10년 후면 그 주력군(1960년대 및 70년대 초반 출생 세대)은 은퇴를 완료할 것이다. 한국 대기업들의 경우, 노조의 영향력이 강력한 사업장이라면 노조의 동의하에 현 고용을 유지하는 수준에서 자동화를 도입하겠지만(예: 현대자동차), 그렇지 않은 사업장에서는 과격한 수준으로 인공지능 기반 자동화를 도입할 것이다(예: 현대모비스, SK하이닉스). 이들 사업장은 극소수의 기계 관리 인력만으로 이미 작동되고 있으며, 앞으로 거대한 장치산업에서 인공지능 기반 자동화의 물결은 거스를 수 없을 것이다. 작업장 규모와 구조가 너무 방대하고 복잡하여 인공지능 기반 자동화의 비용이 너무 큰 사업장(예: 조선업)이라면 도입의 속도가 훨씬 늦겠지만, 이미 컨베이어 시스템이 깔려 있는 사업장(예: 자동차 산업)에서는 노조가 힘을 잃는 속도에 비례해 인공지능 기반 자동화는 대세로 자리 잡을 것이다.

참고로 현대자동차에서는 현재 매년 2,500명이 정년으로 빠져나가고 있지만, 공장은 아무 문제 없이 돌아가고 있다. 10년 후 2만 5,000명이 빠져나간 후에도, 아무 문제 없을 것이다. 인공지능을 본격적으로 도입하지 않은 생산 라인의 자동화만으로도 인력 대체 효과가 이렇게 큰데, 인공지능이 도입되면 어떻게 될까. 그 속도가 한층 가속화되지 않을까. 이 기간 동안, 현대자동차가 2만 5,000명을 추가로 고용하지 않을 것은 명약관화하다.

전작(『불평등의 세대』)에서도 이야기했지만 국가가 할 일은, 정년 전후에 직장을 그만둔 노동자들 중 인근 산업에 재고용되지 못한 인력들이 다른 산업에서 일자리를 찾을 수 있도록 이전의 비용을 감당하고 구인 정보를 제공하는 한편, 필요한 경우 재훈련을 받을 수 있도록 노동시장 정책을 손질하는 것이다. 산업이 끊임없이 바뀌고 재구조화하고 있으므로 국가 또한 학습하지 않으면 이 일도 그렇게 쉬운 것이 아니다.

오픈 엑시트

인공지능 시대의 불평등과 혁신

　　인공지능 시대의 최상위 계층은 인공지능을 직접 개발하고 이용해서 더 빠른, 더 정확한, 더 효율적인 생산 시스템을 구비할 글로벌 혹은 내셔널 빅테크 기업들과 그들의 협력업체들, 그리고 그 고용인들이다. 이들은, 전 세계 인공지능 혁신-제조-확산 네트워크의 최정점에 자리한 기업들의 리더들과 그 고용인들이다. 우리에게 이미 익숙해진 M-7 빅테크 기업들을 비롯해, 이들 기업의 기술 발전을 가능하도록 하드웨어를 제조·공급하는 네덜란드의 ASML, 삼성전자, SK하이닉스, TSMC와 같은 동아시아의 반도체 제조 기업들 및 소재·부품·장비 기업들이 이 생산-제조 네트워크에 속한다. 인공지능을 활용하여 인간의 염기서열을 분석하고, 그에 기반해 각종 병의 치료제를 개발하는 이들도 여기 속하게 될 것이다.

　　그런데 인공지능 관련 개발업체들만 이 최상위 계층에 속하는 것은 아니다. 인공지능을 이용해 BtoB 및 BtoC 사업을 하는 기업들도 최상위 계층으로 새롭게 떠오를 것이다. 전자로는 인공지능의 기업 내 구동, 즉 기업 특수 기술의 개발을 돕는 기업들과 그 내부 인력들이 최상위 계층에 한 발을 걸치게 될 것이다. 앞서 이야기한 대로, 인공지능의 도움으로 테슬라나 현대자동차의 생산 라인을 혁신시킬 수 있는 인력들, 인공지능을 이용해 아마존과 쿠팡의 물류 체계를 더 효율적으로 디자인할 수 있는 인력들이 기업 안팎에서 각광받을 것이다. 이들은 시장을 자유롭게 부유하는 유목민적 개발자들일 수도 있고, 기업 내부의 시스템과 노하우를 암묵지 형태로 습득·체화하고 있는 내부자들일 수도 있다. 인공지능을 이용해 BtoC 사업을 하는 기업들 또한 이제 막 기지개를 켜는 중이다. 인공지능을 장착한 휴대폰, 청소기, 냉장고, 시계, 안경, 노트북 등이 소비자들의 일상생활을 더 편리하게 만들 것이고, 이러한 상품을 제조할 능력을 갖춘 기업들과 그 내부에서 인공지능을 개별 상품에 적용할 수 있는 능력자들이 최상위 계층의 일원이 될 것이다.

결국 인공지능 시대의 최상위 계층은 인공지능 그 자체가 아니라, 인공지능 자체의 혹은 그것을 이용한 기술과 상품의 혁신, 제조, 적용을 이끄는 자들이다. 이들은 사회와 시장의 발전 방향을 인공지능의 생산과 적용이 용이한 쪽으로 이끄는 한편, 그에 걸맞은 제도들을 장착시킬 것이다. 1, 2차 산업혁명 시기에 인력과 마력이 기계 동력으로 대체되고 관련 에너지와 인프라 제도들(철도와 도로, 항만)이 그러한 동력과 기계의 사용에 맞춰 새로 깔렸듯이, 인공지능 시대에도 마찬가지로 제도와 인프라의 혁신이 일어날 것이다. 그러한 세계에서는 인공지능이 인간을 통제하는 것이 아니라, 인공지능을 이용하는 인간들이 그것을 이용할 줄 모르는 인간들을 통제하게 될 것이다.

오픈 엑시트

인공지능 시대의 협업과 교육

인공지능 시대의 협업은 인공지능을 통해 대체하고 없앨 수 있는 모든 것을 없앤 후, 그에 의해 대체되지 않고 남는 부분에 집중하는 협업이 될 것이다. 또한 모두가 인공지능을 이용하고 있다는 전제 아래, 그에 기반하지 않은 새로운 아이디어와 솔루션을 만들어내는 이들에게 더 많은 인센티브를 부여하게 될 것이다.

기업 내에서는 인공지능 시대를 맞아 새로운 협업의 룰을 마련하는 것이 과제로 부상할 것이다. 누가 어떻게 인공지능을 썼고, 인공지능에 의지한 데이터와 그 근거 및 판단, 직접 모은 데이터와 그 근거 및 판단을 서로 가감 없이 드러내면서, 인공지능 사용에 관한 프로토콜을 팀 내부 및 팀 간에 합의해야 할 것이다. 인간의 협업 시스템 안에서 작동하는 긴밀한 협의와 의사소통은 최대한 살리되, 인공지능을 활용해 의사소통의 거래 비용transaction cost과 불신mis/distrust으로 인한 비용을 절감하는 길을 모색해야 할 것이다. 또한 의사소통의 병목과 무임승차, 팀원 및 팀 간 과도한 경쟁으로 발생하는 비용을 통제할 수도 있을 것이다. 인간끼리의 협의 과정에서 발생하는 갈등과 불신을 인공지능을 통해 오히려 낮출 수도 있는 것이다. 벼농사 체제의 과도한 표준화와 평준화의 비용(회의 자료 준비) 또한 급격하게 낮출 수 있을 것이다(회사 고유의 서류 및 발표 자료 프로토콜을 학습시키면 된다).

다음으로, 기업 내에서 범용 인공지능의 사용과 기업 특수 지식/기술이 충돌하는 일을 조정해야 할 것이다. 범용 인공지능의 사용을 막지 않되 기업 특수 지식/기술의 유출을 막을 방도를 마련해야 하고, 나아가 그 둘의 발전이 상호 보완적으로 병진할 수 있도록 그 방안을 모색해야 할 것이다. 이러한 과정에서 인간의 역할은 줄어드는 것이 아니라 오히려 늘어날 것이다. 인공지능은 이미 우리의 일부가 되었는지 모른다. 막느냐 마느냐, 쓰느냐 마느냐의 문제가 아니라 어떻게 잘 쓸지, 어떻게 함께 잘 살지를 고민할 단계다. 벼농사 체제의 협업 시스템은 인공지능을 장착한 채로, 진화를 거듭할 것이다.

인공지능에 기반한 자동화의 도래는 동아시아의 소셜 케이지를 무의미하게 만들지도 모른다. 동아시아 산업화의 기반이 뿌리부터 흔들리는 상황이 도래한다면, 우리는 무엇을 어떻게 해야 하는가? 동아시아의 소셜 케이지는 다음 세대의 생존 기반으로 남아 있을까? 동아시아 고유의 긴밀하게 조직된 협업 조직은 과연 기계로 대체될까? 나는 그렇지 않을 것이라는 쪽에 베팅한다. 동아시아 협업 조직은 인공지능 시대를 감내하고, 흡수하고, 스스로를 변형시켜 재구조화reconfiguration함으로써 결국 살아남을 것이다. 기계와 인공지능을 집단적인 협업 문화와 제도 안에 융합시켜 기계 기반 협업 조직machine-based collaborative labor organization을 만들어낼 것이다.

무엇이 기계 기반 협업 조직일까? 그것은 인공지능의 발전에 대한 높은 이해도literacy를 바탕으로 인공지능의 한계를 파악하는 동시에, 그 발전에 맞춰 조직의 과업을 달성하는 데 인공지능을 효율적으로 이용할 줄 아는 조직이다. 기계 기반 협업 조직은 인공지능에 의해 대체될 수 있는 인력은 과감히 대체할 것이다. 인공지능의 도움으로 경량화된 대규모 자동화를 기반으로 기민하고 유연하게 변화하는 시장의 수요에 대처하는 조직이다.

마지막으로, (인공지능 포함) 기계 기반 협업 조직은 기계와 관련된, 기계로부터 습득된, 기계를 돌리기 위한 노하우와 기술을 긴밀하고 신속하게 공유하되, 기계의 오작동과 실수를 감시하며 그 기계를 감시하는 인간들끼리도 상호 소통/감시하고 조율하는 조직이 될 것이다. 벼농사 체제의 기계 기반 협업 조직은 인간끼리의 상호 협력과 감시 시스템으로 인해, 다른 어떤 지역과 문화의 협업 조직보다 기계와 더 잘 협력할 것이다. 벼농사 체제의 소셜 케이지는 기계마저도 눈치 보게 만들 것이다. 일머리 없는 기계를 일할 줄 아는 기계로 교육learning시킬 것이다. 이 협업 조직에서는 기계를 쓸 줄 모르는 인간과 인간의 협력 조직에 적응할 줄 모르는 기계 모두 도태될 것이다.

3장

케이지 재생산

— 벼농사 체제와 저출생

J는 IT 업계에 종사하는 6년 차 마케터다. 같은 업계 개발자인 남편과는 4년 전 결혼했다. 아이는 없다. 남편은 아이를 갖고 싶어 하지만, J는 그럴 생각이 없다. 30대 초반은 커리어의 기반을 닦는 시기다. 중소기업에 다니지만, 실적이 꽤 좋아서 대기업 못지않은 연봉과 복지를 자랑한다. IT 계열 다른 대기업으로부터 스카우트 제안도 받았지만 거절하고 남았다. 대표가 연봉을 그만큼 맞춰주었기 때문이다.

　　시어머니는 언제 애 가질 거냐는 압력을 남편에게는 하는 눈치지만 직접적으로 이야기를 건네지는 않는다. 틈만 나면 다른 집 손주 이야기를 꺼내는 것이 나름의 간접적 압력이다. 아이는 30대 후반이나 40대 초반에 하나 정도 가질 수 있다고 생각하지만, 지금은 아니다. 아이를 가지는 순간 뒤처지는 친구, 선배, 동료를 여럿 보았다. 언니는 아이 둘 육아 때문에 결국 직장을 그만뒀다. 화장품 회사 IT 부서에 다니는 선배 K는 아이를 낳으면서 남편과 사이가 나빠졌다. 1년 육아휴직이 끝나고 나서도 혼자 육아를 도맡다가, 직장과 육아 스트레스로 머리가 빠지고 체중이 줄면서 병원을 드나들더니 아이를 시골 부모님 댁에 맡겨버렸다. 일흔이 다 된 부모님이 아이를 키우고, 선배는 주말마다 아이를 보러 내려간다. 전문직 종사자인 J의 부모님은 같은 지역에 살지만 아이를 맡아줄 수 없다고 선언했다. 이런저런 육아 전쟁을 접하면서 J는 결론 내렸다. 서른다섯 전에는 아이를 갖지 않을 거야. 어느 정도 커리어가 안정권에 오르면, 그때 다시 생각할 거야. 어떻게 해서 여기까지 왔는데.

P 역시 IT 업계에 종사하는 30대 초반의 개발자다. 최근 3년 사이에 세번째 여자 친구를 사귀고 있는데, 매번 같은 문제로 헤어졌다. 상대는 출산까지 염두에 두고 결혼을 제의했지만, P는 그럴 생각이 없다. 지금 만나는 상대도 마음에 들지만, 결혼 요구에 봉착하면 역시 헤어질 생각이다. 30대 초반은 커리어를 위해서도, 홀로 여행을 즐기는 자신의 취미를 위해서도 육아에 할애할 시간은 없고, 그럴 필요도 없다는 것이 P의 결론이다. 굳이 지금 결혼해서 아이를 낳지 않아도, 훗날의 선택으로 미뤄두어도 큰 문제는 없다고 생각한다.

***

겉으로 드러난 지표만 보면, 한국의 청년 여성들은 출산 파업 중이거나 거부 중이다. 온 나라가 국가가 없어질지도 모를 재생산 위기라고 들썩이는 와중에 정부는 비상대책기구와 위원회를 꾸리고, 언론은 특집을 만들어 전문가들을 동원해 이런저런 대책을 내놓고 있지만 우리는 알고 있다. 그 대책들 10년 전에도 다 나왔던 것임을.

오픈 엑시트

우리는 또한 알고 있다. 서구에서 출산율을 그나마 높게 유지하는 나라들이 어떤 대책을 쓰고 있는지. 전공이 복지국가인 나는 동료들로부터 주위들은 풍월로 그 대책들과 수치들을 하루종일 강의할 수 있다. 그런데 그럴 필요가 없는 것이, 우리는 이러한 풍월과 강의를 거의 20년 가까이 들어왔다. 몰라서 대책을 세우지 않는 것이 아니고, 없어서 정책을 집행하지 않는 것이 아니다. 그런데 왜 우리는 이 모양 이 꼴일까.

아무튼 J는 아이를 낳지 않기로 했다. J가 출산을 근본적으로 거부하는 것은 아니며, 상황이 허락한다면 출산할 수도 있다는 점에서 '출산 파업'은 적절치 않은 표현일 수 있다. 보통 J를 가리켜 "비자발적 출산 포기 여성"이라 부른다. 우리 주위에 J는 수없이 많다. J가 출산 계획을 뒤로 미룬 이유는 자신의 커리어 때문이다. 커리어에서 중요하지 않은 때가 있겠냐마는 20대 후반에서 30대 초반, 이제 막 조직 생활을 시작한 청년 여성들은 가족보다 커리어를 우선시하는 경우가 많다(김은지 외 2020). 그런데 그 중요한 30대 초반에 나와 내 윗세대는 우르르 집단적으로 결혼하고 첫아이를 낳았다. 열병이 퍼지듯이, 첫 아이를 (낳았다면) 얼추 그 무렵에 낳았다. 차이라면, 지금은 우르르 집단적으로 아이를 낳지 않는다는 것이다. 낳는 것이 사회적 규준인 세대에서, 낳지 않는 것이 규준인 세대로 바뀌었다. '나의 미래와 내 아이가 경쟁한다'라고 인식하는 세대가 출현한 것이다.

그런데 아이를 낳지 않는 세대의 출현에는 두 가지 다른 경향이 존재한다. 아이를 아예 갖지 않기로 한 비혼주의자와 커플들이 한편에 존재한다면, 아이를 낳고 싶지만 커리어와의 충돌 때문에 출산을 미루거나 포기하는 이들이 다른 한편에 존재한다. 이 두 경향이 칼로 무 썰 듯 나뉘지는 않지만, 아이를 갖지 않는 이유가 서로 상이하다는 것은 틀림없다.

오픈 엑시트

저출생* 배후의 두 가지 다른 경향

벼농사 체제에서 유래하는 낮은 출산율의 원인들을 이야기하기 앞서 〈그림3-1〉을 보자. 이 그림은 지난 반세기 한국 사회를 관통하는 가족 구조의 변동 과정을 보여준다(2015년까지는 5년 단위지만 그 이후는 1년 단위이므로, 기울기가 2015년을 기점으로 완만해지는 것은 그래프 구성상의 착시 효과임에 주의하라).

이 과정에는 세 층의 구조적 변동이 섞여 있다. 하나는 3세대가 함께 사는 전통 확대가족의 분해 과정이다. 1970년대 이전에 시작되어 2010년대까지 계속 진행되어왔다. 다른 하나는 2세대가 함께 사는, 자녀를 가진 핵가족의 분해 과정이다. 이 또한 1970년대부터 지금까지 계속해서 감소 과정에 있다. 세번째는 자식과 부모가 따로 사는 1세대 가정의 증가와 1인 가구의 증가 현상이다. 1세대 가정의 증가는 자식들을 출가시킨 노부부 가정과 아이를 낳지 않고 가구를 꾸리는 젊은 부부의 가정이 증가해왔음을 의미한다. 그런데 이 경향은 2010년을 기점으로 정체 상태다. 이후 2세대 핵가족이 감소하면서 만들어진 공백을 채운 것

---

* 이 책은 출산의 주체에게 책임을 지우는 듯한 '저출산'이라는 용어 대신 보다 중립적인 '저출생'을 사용한다. 다만, 출산율의 경우 '합계 출산율total fertility rate'[여성 한 명이 평생 동안(가임기 15~49세) 낳을 것으로 예상하는 출생아 수]을 직접적으로 의미하기 때문에 '출산율'이라는 용어를 그대로 사용한다.

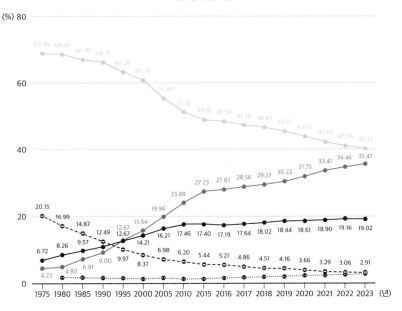

가구 형태별 비율

(%) 80

- 68.90 68.48 66.99 66.31 63.28 60.76 55.44 51.28 48.81 48.34 47.18 46.49 45.27 43.97 42.19 40.96 40.13
- 20.15 16.99 14.87 12.49 12.67 15.54 19.96 23.89 27.23 27.87 28.56 29.27 30.22 31.75 33.41 34.46 35.47
- 12.67 14.21 16.21 17.46 17.40 17.19 17.64 18.02 18.44 18.61 18.90 19.16 19.02
- 6.72 8.26 9.57 9.00 9.97 8.37 6.98 6.20 5.44 5.21 4.86 4.51 4.16 3.66 3.29 3.06 2.91
- 4.23 4.80 6.91

1975 1980 1985 1990 1995 2000 2005 2010 2015 2016 2017 2018 2019 2020 2021 2022 2023 (년)

- ● 1세대
- ● 2세대
- ⊖ 3세대 이상
- ● 1인
- ⊕ 비친족

자료: 통계청, 「인구총조사」, 1975~2023.

그림 3-1 가구 형태 비율의 변화(1975~2023): 1인 가구의 증대와 다세대(2세대 혹은 3세대) 가구의 감소

은 1인 가구다. 1인 가구 또한 사별 혹은 이혼한 노인 가구의 증가와 혼자 사는 젊은이들의 증가가 섞여 있으며, 둘 다 폭발적으로 증가해왔다. 이 수치는 1975년 약 4퍼센트에서 2023년 35퍼센트로 폭증했다. 대한민국 가구의 3분의 1을 넘는 수가 혼자 사는 사람들의 집이라는 이야기다.

나는 이 변화가 지금껏 발생한 모든 사회 변화 중 가장 근본적인, 가장 충격적인, 가장 주목해야 하는 변화라고 본다. 한국 사회는 지난 반세기 동안 아이와 부모가 함께 사는 가구가 주류인 사회에서, 아이 없이 사는 부부(19퍼센트) 혹은 혼자 사는 이(35퍼센트)가 주류인 사회로 이행한 것이다. 후자를 구성하는 이들 중 젊은이들이 계속 혼자 살면서 나머지 생을 보내지는 않을 것이다. 하지만 그중 상당수는 그렇게 살 것이다. 배우자 없이 사는 독신이 점점 늘어나는 사회, 그것이 개인의 선택인 사회가 도래한 것이다. 어떤 의미에서 저출생은 이들 비혼 독신주의자들이 늘어나면서 생겨난 단순한 부산물인 측면이 있다. 왜 비혼 독신주의자들이 늘어나는지, 그들이 왜 결혼을 거부하고 어떻게 혼자 살아가는지는 전혀 다른 설명이 필요하다(송제숙 2016 참조).* 이제부터 설명할 비교와 서열화 그리고 눈치 주는(보는) 협

---

* 한 가지 설명은 페미니스트들과 그들의 주장에 동조하는 여성들의 증대로 인한 비혼주의의 확산이고, 다른 설명은 (여성주의와 관계없이) 부부라는 공동생활체의 비용을 치르고 싶지 않은, 독신 생활 자체에 대한 선호가 강화되면서 생겨난 비혼주의의 증대다.

업의 문화에서 비롯된 또 다른 저출생의 원인들은 이러한 독신 주의자의 증가와는 전혀 다른 차원의 설명이다.

동아시아 사회의 저출생

　이제 질문을 던질 때다. 왜 동북아시아의 벼농사 체제 국가들은 예외 없이 이러한 급격한 출산율 저하를 경험하고 있는 것일까? 그중에서도 왜 유독 한국의 출산율이 더 빠르게 급전직하하는 것일까? 앞서 J의 사례를 들어 이야기했듯이, 바로 여성들의 출산 파업 때문이다. 나아가 여성들의 출산 거부 때문이다.

　질문은 꼬리를 잇는다. 그렇다면 여성들은 왜 출산 파업 혹은 거부를 강행하고 있는가? 시중 언론과 학계에서는 수많은 이유를 제시한다. (방금 이야기했듯이) 여성들의 가치관이 가정보다 커리어를 우선시하는 쪽으로 변해서, 출산 및 육아 수당이 충분하지 않아서, 육아휴직이 쉽지 않아서, 입시 경쟁이 너무 심해서, 인구밀도와 집값이 너무 높아서 등등(한국은행 2023a). 다 맞는 이야기다. 회귀식에 이 변수들을 넣고 돌리면 전부 별이 뜬다 (통계적으로 유의미하다).

　하지만 내게 이 답들은 모두 현상의 기술이다. 왜 커리어를 가정보다 우선시하는 사고가 출현했을까? 왜 한국의 기업들에서는 육아휴직을 주지 않거나 쓰지 않는가? 왜 출산을 포기할 정도로 경쟁이 심해졌는가? 이 답들은 그 답에 대해 다시 질문하도록 만든다. 충분한 답이 아닌 것이다. 더 깊은 구조가 이 모든 현상 아래 깔려 있진 않을까.

왜 여성들은 출산을 포기하고 일을 택하는가

가부장제로부터의 엑시트 옵션. 그것은 일자리다. 서구 페미니스트들이 일찍이 깨달은 진리(Pateman 1988; Orloff 1993)고, 이제 한국의 젊은 페미니스트들도 막 깨달았다. 결혼과 출산이라는 가부장제의 굴레에서 탈출할 수 있으려면 일자리가 있어야 한다. 그래야 파트너가 상호 신의라는 계약을 위반했을 경우, 주저하지 않고 계약 파기를 선언할 수 있다.

이전 세대 여성들은 가부장 남성의 벌이가 충분치 않거나 남성의 실직으로 가정을 지탱하기 힘들 때 일거리를 찾았다. 그것은 약간의 부수입일 수 있지만, 종종 집안을 홀로 지탱하는 생계 부양자/가장breadwinner의 교체일 수도 있었다. 하지만 이전 세대에서 경제적 가장의 교체는 곧장 실질적 가장의 교체로 이어지진 않았다. 셔터맨으로 변신한 장년 및 노년의 남성들은 육체적 근력/사이즈와 고성/폭력을 동원해 집 안에서라도 그 자리를 놓지 않았다. 아무튼 여성의 일자리 진출은 남성이 지배하는 가정을 지탱하기 위해서가 그 목적이었다.

오늘날 여성들은 가정의 존속/지속이 일자리를 갖는 궁극적 목표가 아니다. 그것은 엑시트 옵션의 일환이다. 가부장제로부터의 엑시트 옵션. 남편과 시댁으로부터의 엑시트 옵션, 심지어는 자기 가족으로부터의 엑시트 옵션 말이다. 예를 들어 한강의 소설『채식주의자』의 영혜는 가족과 가정으로부터 독립된 곳에서 홀로 채식주의자가 되기로 했더라면, 정신병원에 보내지지 않고 평온하게 채식주의자의 삶을 영위할 수 있었을 것이다. 일자리는 내 존엄과 존재의 물질적 기초다.

개인으로서의 여성에게 출산율 저하라는 공동체의 위기는—미안하지만—남의 일, 조금 좋게 이야기해도 이웃집 일이다. 출산율이 저하하건 말건, 자본주의라는 정글에서 스스로 먹고살 방도를 마련해야 한다. 결혼이니 출산이니 하는 것은 사치재다. 필수재 마련이 먼저다. 그 필수재는 내가 (조선과 대한민국을 걸쳐 수립된 '역사적 가부장제'까지는 아니어도) (잠재적) 남편과 시댁으로부터 나의 존엄을 지켜야 할 때 필요한 경제적 기반을 제공해줄 것이다. 남편 없이 혼자 살더라도, 가족 가부장제(아버지)에 의지하지 않으려면 여전히 직장은 필요하다. 마지막으로, 남편 없는 출산을 택하더라도 여전히 직장은 필요하다. 시장경제에 직접 참여하지 않고 나의 존엄을 지킬 수는 없다. 오늘날 청년 여성에게 직장은 필수재이고 가족은 사치재다.

동아시아 국가들의 급격한 인구 축소

동북아시아 국가들은 예외 없이, 21세기 들어 급격한 생산 연령 인구의 축소를 경험하고 있다. 인구 대국인 중국은 한 자녀 정책을 인구 폭증기에 시행하여, 그렇지 않아도 경험할 인구 축소를 제도적으로 앞당겨 시행한 꼴이 되었다. 한국은 2000년을 기점으로 2차 베이비부머(1970년대 초반 출생자)의 출산율이 급감하기 시작하면서 오늘날 세계 최저 출산율 국가가 되었다. 중국 또한 앞서 언급했듯이 한 자녀 정책의 여파로 출산율이 급전 직하하였다. 하지만 2016년 두 자녀 정책으로 전환한 후 잠시 오름세를 보이다가 최근 들어 다시 하락하면서 한국과 마찬가지로 출산율이 급감하고 있다. 일본은 1980년대 이래로 꾸준히 1.5 내외의 출산율을 유지해왔지만, 최근(2022년) 1.26으로 감소하면서 비상등이 켜진 상태다(〈그림3-2〉).

공교롭게도 동북아시아 국가들은 (아직 국민소득이 낮은 중국을 제외하고는) 모두 세계 최장수 국가군에 속한다. 이 지역은 상대적으로 낮은 육류 소비, 빠른 경제성장과 결부된 의료 체계의 발달, 거기에 건강 관련 지식의 대중적 확산이 맞물리면서 평균수명 또한 전 세계에서 가장 빠르게 늘어났다. 중국 전체(75.4세. UN 2018)로는 아직 한국(83세)과 일본(84.7세)에 조금 처지지만, 경제가 발전한 홍콩(81.7세)과 대만(81.2세)의 평균수명은 한국,

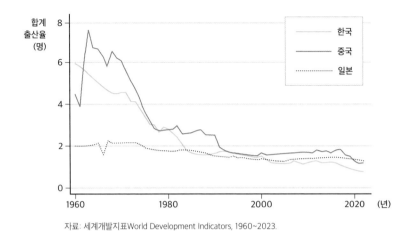

자료: 세계개발지표World Development Indicators, 1960~2023.

그림 3-2 동아시아 3국의 출산율 추이

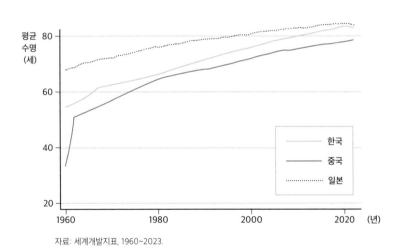

자료: 세계개발지표, 1960~2023.

그림 3-3 동아시아 3국의 평균수명 추이

일본과 큰 차이가 없다(〈그림3-3〉).

동아시아 국가들은 예외 없이 빠른 경제 성장과 인구 증가를 겪은 후, 급격한 인구 축소와 고령화를 경험하고 있다. 어느 나라가 먼저 시작됐는지에서 차이가 있고, 어느 나라가 더 급격한 성장과 축소를 겪고 있는지 정도의 차이가 있을 뿐, 동북아시아 3국은 서로 약속한 것처럼 예정된 수순을 밟고 있는 것이다.

왜 유독 동북아시아 국가들만 이러한 급격한 인구 성장과 축소를 경험하는 것일까? 자본주의의 발전으로 인한 일자리 증대와 의료 체계의 발전이 인구 성장을 추동하는 것은 세계 공통의 메커니즘이다. 따라서 자본주의 발전의 신화를 이루어낸 동북아시아 국가들이 빠른 인구 성장을 경험한 것은 쉽게 납득할 수 있다. 그런데 왜 이 지역은 서유럽이나 북미와 달리, 이토록 급격한 인구 축소를 경험하는 것일까?

여러 이유 중 내가 첫번째로 꼽는 것은, 이 지역에 공존하는 여성 배제의 사회문화적 기제들이다. 특히 경제 참여를 가로막는 여성 배제의 기제가 유교 때문인지(한국과 중국), 무사도(일본) 때문인지는 명확하지 않다[나는 벼농사가 적합하지 않은 지형에서 벼농사를 고집했기 때문이라는 논문(2025)을 썼으나 미출간 상태라 이 책에서 자세히 다루지는 않는다]. 다만, 빠른 경제 발전을 이끈 남성 가부장제 위주의 경제체제와 제도가 여성의 교육 수준 상승과 더불어 진행된 커리어 개발 욕구에 대응하는 데 실패한 것은 명확하다. 동아시아의 많은 젊은 여성들이 일을 택

오픈 엑시트

하고 가정 구성을 유예시키는 와중에 기업, 사회, 국가가 이들의 욕구에 걸맞은 제도를 발전시키지 못한 것이다. 그 결과가 극심한 저출생이며, 그 정도가 가장 심한 나라가 한국이다.

자본주의의 발전과 지체된 여성권
: 우리가 이미 알고 있는 것들

J와 같은 청년 여성들은 결혼, 출산을 이유로 노동시장에서 잠시 혹은 영원히 이탈하는 결정을 내리는 것을 거부한다. 재생산을 위한 역할(어머니)과 남성으로부터 독립된 생계 영위자로서의 역할이 충돌할 경우, 후자를 우위에 놓는 이들이 점점 늘어나고 있다는 이야기다.

여성의 보다 적극적인 노동시장 참여 경향은 선진 자본주의 국가에서 공통적으로 관찰되는 현상이다(Esping-Andersen 2009). 경제가 발전할수록, 소득이 높아질수록 여성의 출산율은 낮아진다(Becker 1960). 여성이 더 교육받을수록 노동시장에 참여할 가능성이 커지고, 동시에 보다 높은 소득을 올릴 가능성이 커진다. 높은 소득은, 이들이 현재의 직업과 지위를 포기하고 자녀의 출산과 양육에 시간을 쓸 유인을 줄인다. 또한 자녀를 가지더라도 수를 줄여 소수에게 더욱 많은 투자를 하려는 경향이 생긴다. 서유럽과 북미, 한·중·일 모두 경제 발전과 함께 이러한 패턴을 동일하게 밟았다. 단, 나라마다 차이가 있다.

북유럽(스웨덴, 핀란드, 노르웨이, 덴마크)과 북미에서는 출산율이 1보다는 2에 가까운 수준에서 유지가 된다. (이조차도 최근에는 하향 추세이긴 하지만) 가구당 둘 정도는 아이를 낳는 것

오픈 엑시트

이다. 이들은 여성의 경제활동 참여율이 가장 높은 나라들이기도 하다. 남유럽과 동아시아에서는 출산율이 1에 가깝거나(스페인, 이탈리아, 일본, 중국) 1 이하로 떨어지고 있다(한국, 홍콩, 대만, 싱가포르). 여성의 경제활동이 북유럽이나 북미보다는 더디게 상승했지만, 최근 상당한 진전을 보이는 나라들이다. 하지만 여성의 늘어난 경제활동이 이 나라들에서는 낮은 출산율로 귀결되고 있다. 이들 문화권의 차이는 무엇인가?

첫째는 문화적 차이다. 프로테스탄티즘의 개인주의가 지배적인 나라들에서 여성들은 일찍부터 교육받았고, 문자를 깨치고 학교교육에 노출되면서 가톨릭이나 유교 국가들에 비해 노동시장 진출이 훨씬 빨랐다. 둘째는 제도의 차이다. 여성들의 노동시장 진출에 맞춰 국가와 기업, 시장의 복지 시스템 또한 부부의 듀얼 커리어와 출산, 양육의 동시 수행을 더 용이하게 하는 방향으로 발전해왔다(Sainsbury 1994). 반면 남유럽과 동아시아는 이러한 시스템의 발전이 훨씬 늦었고, 결혼/출산/양육과 여성의 커리어 추구는 제로섬 관계로 남는 경우가 많았다(Esping-Andersen 2009). 후자의 사회에서 출산율이 낮은 것은 결국 제도의 탓이다.

다시 질문은 한국으로 돌아온다. 이들 그룹 중 남유럽/동아시아에 속하는 것까지는 받아들일 수 있는데, 도대체 왜 동아시아에서도 한국(과 대만)만——홍콩과 싱가포르는 도시(국가)이므로 제외하고——그토록 낮은 출산율을 보이냐는 것이다.

결혼을 위한 경쟁과 경쟁하기 위한 비혼

가장 손쉬운 설명은 '경쟁의 격화'다(한국은행 2023a). 한국의 청년들은 이전 세대에 비해 훨씬 격심한 경쟁에 노출된 채 자랐고, 따라서 경쟁에서 살아남기 위한 경주에 몰입한 나머지(혹은 그로부터 낙오되어) 결혼이라는 제도적 부담을 지려고 하지 않는다는 것이다.

20대 후반에서 30대 초반 청년들이 직면하는 (이전 세대와 구별되는) 세 가지 사회경제적 조건은, ① 비정규직의 증대와 정규직의 감소, ② 대기업과 중소기업 간의 임금격차 확대, ③ 대기업의 대졸 신입 공채 폐지 및 축소 경향이다(모두 잘 알려진 요인들이다). 이 모든 사회경제적 조건은 한국 경제의 구조적 성장 잠재력 저하와 맞물려 있다. 한국 기업들이 양질의 새로운 일자리를 만들어내는 데 실패하고 있는 것이다. 이러한 사회경제적 조건하에서 청년들이 결혼과 출산을 거부, 포기하거나 연기하는 것은 어찌 보면 당연한 일이다. 그런데 이러한 와중에도 청년 남성과 청년 여성 사이에 전혀 다른 추세가 발견된다.

2023년 한 조사에서 20~39세에 해당하는 미혼 청년 남성의 36.4퍼센트, 청년 여성의 50.2퍼센트가 결혼을 원하지 않는다고 응답했다(『우먼타임스』 2023. 원조사는 한반도미래인구연구원 & 엠브레인 주관). 비혼을 선호하는 청년 남성들은 그 이유에 대해

'경제적으로 불안정해서'(42.6퍼센트)와 '결혼 조건을 맞추기 어려울 것 같아서'(40.8퍼센트)라고 응답했지만, 청년 여성들은 '혼자 사는 삶이 더 행복할 것 같아서'(46.3퍼센트)와 '다른 사람에게 맞춰 살고 싶지 않아서'(34.9퍼센트)라고 응답했다. 비혼 의사의 남성 대다수가 경제적 불안정성 혹은 경제적 능력 부족을 이유로 꼽았다면(따라서 조건이 맞는다면 결혼 의사가 있는 것으로 간주할 수 있는 반면), 비혼 의사의 여성 대다수는 타인과의 가구 결합union이라는 제도와 생활양식 자체를 거부하고 있는 것이다.

또 다른 연구 보고서(김은지 외 2020)도 이와 유사한 경향을 지적한다. 청년 남성은 결혼에 긍정적이지만, 경제적 기반 마련에 대한 압박감 때문에 결혼을 유보하거나 자신 없어 한다. 반면 청년 여성은 가족을 꾸리는 것보다 커리어, 즉 노동 경력을 우선시하는 태도를 보이며, 그에 따라 결혼을 부차적인 것으로 간주한다. 앞의 조사와 동일한 경향이다.

사회경제적 조건이 악화된 현 상황에서 청년 남성과 여성의 서로 다른 대응 전략 및 그와 관련된 가설들은 일련의 연쇄 과정을 형성한다. 청년 남성의 경우 남성 특유의 지위와 서열 경쟁에 집착한 나머지, 결혼 시장에서의 자신의 위치를 취업 성공 여부에서 찾게 된다. 먼저 동아시아 특유의 비교, 질시, 따라잡기, 모방의 문화(Lee et al. 2023)는 연애와 결혼 시장의 메이팅(짝 찾기) 과정에서 극심한 서열화를 초래했다. 청년 노동시장에서 글로벌 대기업 직원과 중소기업 및 비정규직 간의 소득 격차 증대는 이러한 서열화의 물적 기반이다.

　두번째는 이러한 서열화로 인해 메이팅 경쟁이 서열 내에서 주로 이루어지다 보니 그 범위의 축소와 더불어 낮은 성공(성사)률을 초래했을 것이다. 여성의 절반이 결혼에 큰 관심이 없는 세태는 그렇지 않아도 낮은 성공률을 더욱 악화시켰을 것이다. 심지어는 서열 내에서 메이팅을 추구하는 것이 아니라 현재보다 높은 서열로 진입한 다음 메이팅하려는 시도가 일반화되면, 서열 투쟁에 올인하기 위해 메이팅을 연기할 수도 있다. 대기업 입사가 먼저고 메이팅은 나중이 되는 것이다. 서열화가 고착화된 사회에서 경제적 상층으로 진입을 달성하면, 메이팅은 저절로 따라올 것이라는 가정이다. 대기업 위에 의사를 올려놓으면, 서열 투쟁을 통해 메이팅을 보장받으려는 현상은 저절로 설명이 될 것이다.

　세번째는 SNS를 통한 스펙 비교와 내면화가 일반화되면서 앞의 두 과정이 더욱 가속화되고 심화되었다는 점이다. 모든 것을 갖춘 자들의 SNS 자랑질〔폭력─부르디외가 '상징 폭력 symbolic violence'(Bourdieu 1984)이라 부르는 것〕에 세대 전체가 노출되면서, 이들 중 상당수는 은연중에 상층/중상층 사회의 결혼 기준을 내면화하고, 줄어든 대기업 정규직 자리를 쟁취하지 못한 자들은 열패감에 시달리게 된다. 열 명 중 세 명에 가까운 청년 남성이 경제적 불안정성과 경제적 능력 부족을 비혼의 이유로 들게 되는 메커니즘이다(『우먼타임스』 2023). "'결혼·출산을 하려면 경제적으로 이 정도는 갖춰야 한다'는 사회 통념의 기준을 내면화하는 것이죠. 그 기준을 충족 못 한다고 생각하면, 결혼·출산을 미루거나 심지어는 포기할 수도 있고요"(한 청년 남성과의 인터뷰). 이러한 경향은 경제성장과 함께 어느 정도 사회경제적 지위를 갖춘 파트너의 부모들에 의해서도 더욱 강화될 것이며, 청년 남성들은 (심지어 파트너가 없어도) 이러한 가상의 부모들의 요구까지 충족시키려 발버둥을 칠 것이다.

반면, 청년 여성들은 동일한 사회경제적 조건과 현상에 대해 청년 남성들과는 전혀 다른 반응을 보인다. 이 경쟁에서 승리하기 위해서는 결혼(잇따르는 출산)이라는 제도가 동반하는, 여성에게 부과되는 짐을 벗어던져야 한다고 인식한다. 절반이 넘는 여성이 비혼을 선언하고, 그 절반의 3분의 2가 넘는 여성이 (69.1퍼센트) 결혼은 직업적 성취에 방해가 된다고 응답하는 것을 보면, 열 명 중 네 명에 가까운 여성들은 결혼/출산보다 커리어를 우선시한다고 볼 수 있다. 결론적으로 청년 남성들은 결혼을 위해 경쟁하지만, 청년 여성들은 경쟁하기 위해 결혼하지 않는다(따라서 이들은 '경쟁의 장'에서는 만나지만, '결혼의 장'에서는 만날 수 없다).

결국, 점점 더 많은 젊은이들이 이러한 서열 투쟁과 결합된 메이팅 시장에서 이탈하게 된다. 그것은 메이팅의 포기로 나타날 수도, 거부로 나타날 수도 있다. 동시대 급진 페미니스트들의 연애, 결혼, 출산에 대한 거부 운동이 후자라면, 경제활동 자체를 포기하는 청년들, 메이팅 시장으로의 진입 자체를 거부하는 싱글들, 연애와 동거/결혼까지는 하지만 출산은 거부하는 딩크족들 모두 이러한 스펙트럼 어딘가에 속하고, 모두 각자 조금씩 다른 이유로 출산율의 저하에 기여한다.

이들에게 돈 더 줄 테니 애 좀 낳으라고 백날 소리 질러 보고 애원도 해보라. 앞의 청년 남성과 청년 여성의 상이한 연쇄고리에 변화가 오지 않는 한, 아무 일도 일어나지 않을 것이다.

　　　　　　　　　　　　　오픈 엑시트

결혼과 출산의 계층화
: 출산 기회의 불평등한 배분

아프리카와 아시아의 가난한 나라들일수록 출산율이 높다. 교육받지 못한 빈곤 계층에서 출산율이 높은 탓이다. 미국과 같은 선진국에서도 가난한 계층일수록 출산율이 더 높은 경향이 있다. 최근에 정착한 빈국 출신의 이주자들이 아이를 더 많이 낳기 때문이다. 2019년 이주자 여성 한 명당 합계 출산율이 EU에서는 2.02, 미국에서는 2.46이었다. 내국인 여성의 합계 출산율 1.44(EU)와 1.58(미국)보다 월등히 높다(OECD 2023).

그런데 인류 사회의 오랜 경향이었던 가난과 높은 출산율의 관계가 동아시아에서, 특히 한국 사회에서 뒤집히고 있다. 가난한 청년일수록 아이를 더 낳지 않는다. 가난한 청년일수록 연애도, 결혼도, 출산도 거부하거나 연기한다. 우리는 이러한 시류가 놀랍지 않다. 왜 그런지 자세히 설명하지 않아도 동시대 한국인이면 다 안다. 벌써 한국 사회는 급격하게 이 경향을 받아들이고 있다. 제 몸 부지하기도 벅찬데, 그럴 만도 하다.

최근 연구들은 (고소득 대비) 저소득 계층 여성일수록, (고학력 대비) 저학력 계층 여성일수록, (전문직 대비) 서비스 판매직 여성일수록, 출산율이 더 빠르고 급격하게 감소했음을 보여준다(신윤정 2020; 정재훈 2024). 낮은 임금을 받으며 서비스 분야에 고용된 여성들이 제조업을 포함해 비슷한 조건의 남성들과 메이팅을 하고 결혼, 출산까지 이르는 확률이 급격히 축소하고 있다. 저소득층은 중층과 상층에 비해 결혼도 덜 할뿐더러, 결혼의 문턱을 넘어서더라도 출산의 문턱에서 높은 육아 비용 및 직장과 국가의 지원 부족으로(이들은 비정규직 프리케리아트일 가능성이 높다) 좌절을 겪고 있다. 내 세대와 부모 세대 시절, 결혼과 출산을 책임지던 계층이 메이팅에 실패하고 있는 것이다.

또 다른 보고서도 유사한 경향을 발견했다. 2010~2019년 사이, 저소득층에서 출산율이 급격하게 줄었음을 보고한다. 가구주 연령 15~49세 기준, 소득 하위층의 2019년 100가구당 출산 가구는 1.3가구로, 2010년 대비 51퍼센트 줄었다. 반면, 소득 중위층의 경우 100가구당 출산 가구 수가 3.6, 상위층의 경우 5.8이었다. 중위층은 2010년 대비 45.3퍼센트, 상위층은 24.2퍼센트 감소하였다(유진성 2022a). 100가구를 모두 출산 가구로 다시 환산하면, 2019년 출산한 100가구 중 저소득층(전체의 3분의 1)이 차지하는 가구 수는 8.5가구였고, 중산층(전체의 3분의 1)은 37가구, 고소득층(전체의 3분의 1)은 54.5가구였다(정재훈 2024). 이러한 경향은 정규직 대비 비정규직의 결혼 및 출산율에서도 그대로 반복된다. 15~49세 임금 노동자의 경우, 정규직은 우리의 예상대로 비정규직에 비해 1.65배 더 높은 결혼율, 1.89배 더 높은 출산율을 기록했다(유진성 2022b). 동일 연구는 기혼자만을 대상으로 하더라도 정규직은 비정규직에 비해 1.2배 더 높은 출

오픈 엑시트

산율을 기록했음을 보여준다. 결혼까지 가는 험난한 길을 거치고도(기혼자끼리의 비교에서도) 정규직의 출산율 우위는 사라지지 않는 것이다.

저소득층과 프리케리아트들은 사실상 아이 낳기를 포기하고 있다고 해도 과언이 아니다. 중층도 상층에 비하면 저소득층에 더 가깝다. 다 같이 저출생을 향해 가고 있지만, 상층에 비해 불안정 고용 계층을 포함한 나머지 계층에서 훨씬 급격하게 출산을 포기하고 있는 것이다. 그 결과, 한국 사회는 상층과 정규직만 그럭저럭 재생산을 해나가는 나라로 변하고 있다. 우리는 소득, 학력, 집안 배경으로 엮인 상층끼리의 교배를 통해 우성 유전자들을 추려내는 우생학을—직접 의도하지는 않았더라도—사회적으로 실험하고 있는 것이다. 근현대 인류 사회에서 이 실험을 했던 것은 주지하는 바대로, 나치였다. 나치는 의도한 실험이었기에 죄악이라고 단죄할 수 있지만, 우리의 실험은 의

＊ 비정규직 지위가 육아를 저해한다고만 보기에는 다른 여러 경로의 설명이 존재한다. 무엇보다 육아를 위해서 정규직 지위를 버리고 비정규직을 택하는 경우도 있을 수 있다. 또 다른 경우는, 정규직과 비정규직 간에 출산을 향한 선택 편향selection bias이 발생하는 경우다. 비정규직 여성의 경우, 정규직에 비해 잃을 것이 더 적기 때문에 일과 출산 중에서 출산을 택할 확률이 더 높다. 특히 배우자의 소득이 안정적일 경우, 여성은 이러한 선택을 할 가능성이 더욱 높다. 커리어 중심 사고를 할 가능성이 더 낮아지는 것이다. 두 경우 모두 정규직이 비정규직에 비해 출산율이 높을 것이라는 애초의 가설과 배치되는 메커니즘들이다. 당연히 두 경우 모두, 정규직과 비정규직의 출산율 차이는 실제보다 저평가될 수 있다.

도한 생존 전략이 충돌하면서 나타난 의도치 않은 결과라는 점에서 단죄할 수도 없다.

한국보건사회연구원 보고서는 한층 충격적인 디테일을 제시한다. 고소득, 고학력, 전문직 여성들의 합계 출산율은 항상 저소득, 저학력, 비전문직 여성들보다 낮았으나, 1971~1975년 출생 세대 여성들부터는 두 집단 간에 역전 현상이 벌어졌다(신윤정 2020). 또한 1997~2017년에 이르는 기간 동안 모든 학력 집단에서 합계 출산율이 하락했지만, 고등학교 졸업 이하 학력의 여성 출산율은 1.75명에서 1.08명으로 0.67명이 하락하면서, 동일 기간 대졸 이상 학력 여성의 출산율이 0.27명(1.34→1.07명) 하락한 것에 비해 2.5배 더 하락하였다. 특히, 이 기간 출산율 하락은 취업 여성(0.48→0.71)에 비해 비취업 여성(2.34→1.50)에 의해 주도되었음을 볼 때(같은 글), 하락을 일으킨 요인으로 여성의 취업 못지않게 여성 전반의 출산 기피 또한 주목해야 한다.

왜 저소득층의 출산율이 더욱 빠르게 줄었을까? 여러 가지 설명이 있을 수 있다. 아마도 삶이 좀더 안정될 때까지 결혼과 출산을 '연기'했거나, 일찌감치 '포기'했을 것이다(물론, 아예 출산을 거부한 여성들도 있을 것이다). 왜 과거에 비해 오늘의 저소득층은 중산층이나 고소득층보다 더욱 급격하게 출산을 연기/포기/거부하는 것일까?

그것은 결혼과 출산에 대한 고소득층 모델이 사회의 표준으로 등극하여, 다른 계층의 결혼과 출산 욕구를 좌절시키기 때문이다. 그 표준은, 물론 고소득층 내부의 결혼과 출산 의지 또한 연기시킨다. 하지만 고소득층 내부에서의 압력으로 인한 '연기 효과'보다, 상층의 결혼/출산/육아 모델이 다른 계층으로 확산되면서 생긴 '좌절 효과'가 더욱 큰 것으로 보인다. 결혼과 출산, 육아 모델의 상향 표준화는 평범한 대한민국의 젊은이들은 다다를 수 없는, 혹은 도달하기엔 너무나 지난한 기준을 세대 전체에 부과하고 있다.

가난할수록 아이를 낳지 않고, 그럴듯한 정규직 직장을 가진 청년일수록 결혼과 출산의 확률이 더 높은 이 체제가 과연 정의로운가,라고 물으면 그렇다고 답할 사람은 거의 없을 것이다. 비정규직일수록, 세 들어 살수록, 지방에 살수록 연애나 결혼 상대를 만나지 못하는 이 현실은 그저 냉정하고 잔인한 자본주의 체제의 숙명인가? 결혼과 출산의 이 '우생학' 현상이 가져올 '출산 불평등 사회'는 우리를 어디로 데려가고 있는가?

저출생도 문제지만, 출산의 계급화는 그에 못지않은 사회문제다. 상층과 정규직은 더 적은 수의 자식에게 교육 자본과 자산을 몰아주기 위해 출산을 자제한다면, 중하층과 비정규직은 아이들을 키울 경제적 능력이 부족해서 출산을 자제한다. 이러한 경향은 경제적 불평등이 경제활동의 궁극적 목적인 개인과 가구의 생물학적 재생산을 충족시키지 못할 정도로 심화되었다는 점에서 심각한 문제라고 할 수 있다. 더구나 결혼과 출산이 상층과 정규직의 전유물이 되어가는 사회는 장기적으로 도태될 수밖에 없다. 그 도태를 강제하는 힘은 내부가 아니라, 외부에서 올 것이다.(누가, 어떻게 이 공동체를 외부의 위협으로부터 지키겠는가? 상층의 아들딸들만으로 동아시아의 지정학적 위협을 견뎌낼 수 있을까?)

저출생의 원인
:협력 네트워크 속의 눈치 보기

　노동시장에서의 경쟁 격화가 저출생의 한 원인이라면, 육아에 대한 제도적 지원의 부재는 저출생의 또 다른 중요한 원인으로 지목된다. 국가가 (마땅히) 투자해야 할 육아의 제도적 기반 마련을 등한시했기 때문에 저출생 위기를 막지 못했다는 것이다. 국가가 공공 보육 시설과 출산지원금을 충분히 지원했더라면, 출산율의 급전직하를 어느 정도 통제할 수 있었으리라는 가설이다(한국은행 2023a).

　마땅한 대책은, 여성들이 일하면서도 결혼하여 가정을 꾸리고 애를 낳아 키우는 과정을 어렵지 않게 만드는 것이다. 여성들이 출산휴가/육아휴직을 쉽게 쓸 수 있고, 육아와 일을 동시에 감당할 수 있도록 국가는 정책을 통해, 남성(남편)은 육아와 가사 분담을 함께 책임지면(Orloff 1993; Sainsbury 1994; 최새은 외 2019a, 2019b) 인간은 재생산이라는 본능을 포기할 이유가 없다(물론 이것들이 다 갖추어져도, 출산이 가져오는 육체적 고통과 불편은 오롯이 여성의 몫으로 남는다). 이 둘 중 하나 혹은 둘 다 제대로 갖춰지지 않아서 여성들이 출산을 포기하는 것이다.

　그런데 이 대책을 모르는 정책 입안자는 없다. 국가는 지난 20년 동안 돈을 쏟아붓고 직장마다 육아휴직을 쓸 수 있게 만들어놓았는데, 왜 아이들 울음소리는 잘 들리지 않는 것일까. 직장을 가진 여성들은 출산 의사가 있어도, 육아휴직 제도를 만들어 놓아도 왜 아이를 갖지 않는 것일까.

벼농사 체제와 육아휴직의 충돌

아이 울음소리 듣기 힘든 세상에서 다행히 아이가 생겼다 치자. 젊은 맞벌이 부부는 이 아이를 어떻게 낳아 기를까. 예전에는 이 경우 육아는 할머니 할아버지 몫이었다. 다행히, 요즘 웬만한 직장에는 육아휴직제가 있다. 그런데 한국의 많은 직장에서 육아휴직은 그림의 떡이다. 왜 여성들은(그리고 남성들은) 육아휴직을 쓰지 않는 것일까? 아니, 쓰지 못하는 것일까?

비밀은 바로 벼농사 체제의 협업 문화에 있다. 동시대 한국 사회의 직장은 보통 일을 함께한다. 마치 전근대 한국 사회에서 모내기와 김매기를 함께했듯이, 도시의 공장과 사무실에서도 프로젝트는 팀 단위로 굴러간다. 팀원들은 팀장의 지휘하에 여러 가지 일을 함께, 분업을 통해, 하지만 상호 조율하에 처리한다. 어느 일이 누구의 것인지 특정할 수 없는 이러한 협업 문화는 동아시아 사회에서 특징적으로 확인된다. 연공제와 결합되면 팀 문화는 더욱더 공동 협업 시스템으로 굴러가게 되어 있다.

직무급을 하려면 직무별로 그 가치를 평가하고, 개인별로 그 직무를 얼마나 잘 능숙하게 완수하는지 평가해야 한다. 그런데 팀원들이 다 같이 달려들어 밤새워 일하는 한국의 협업 문화에서 직무를 판별해 숙련급을 주기란 지난한 일이다. 직무급과 직능급(능력급)은 일이 개인 단위로 쪼개진 사회에서 정착하기

쉬운 임금제도이고, 연공제는 일이 분리되지 않은 채 오랜 기간 협업을 통해 굴러가는 사회에 잘 맞는 시스템이다.

이러한 동아시아 쌀 문화권 협업 조직의 특징은 무엇일까? 첫째는 팀원들끼리 눈치를 많이 본다. 둘째는 상명하복의 위계 구조가 발달했다. 셋째는 강력한 평등주의적 보상 기제가 지배한다. 눈치를 많이 보는 이유는, 벼농사 체제의 협업 조직이 기술 수준의 표준화와 평준화를 의무적으로 요구하기 때문이다(이철승 2021). 서로 제대로 일하는지 격려하고, 감시하고, 채근하며, 싫은 소리 하다 달래주면서 협업 조직이 무리 없이 굴러가도록 조율한다. 일도 다 같이 시작하고 다 같이 마치는 것이 불문율이다. 일을 마친 후 모든 팀원이 해산하며 서로에게 '수고하셨습니다' '욕보셨습니다'라는 덕담을 주고받는 문화는, 서구에는 존재하지 않는, 한국 혹은 동아시아에만 있는 것이다. 본인 일도 아닌데 다른 사람 일 거드느라 (원하지 않았음에도) 오래 남아서 일했으니 '욕봤다'라며 서로 달래주는 것이다. 따라서 나이(연차)가 같으면 똑같은 연봉 받는 호봉제와 벼농사 체제 협업 조직은 선택적으로 친화적이다. 연공 기반 호봉제가 어디서 유래했건, 개인을 무시하고 위계를 중시하며 집단에 보상하는 동아시아 협업 조직과 잘 어울리는 것은 한국과 일본 기업의 역사가 실증한다.

이 세 가지 특징이 만들어내는 효율성은 명확하다. 긴밀하게 조율된 협업 조직은 동아시아와 한국의 기업들을 단시간 안

오픈 엑시트

에 세계 일류 기업으로 만드는 데 결정적 역할을 했다. 하지만 우리는 이 세 가지 특징이 만들어내는 부작용을 오늘날 목도하고 있다. 그중 하나가 협업에서 빠져야 하는 자가 치르는 비용이다. 눈치 보고 눈치 주는 이 조율된 협업 시스템은, 개인들이 가족을 챙겨야 하는 순간에 조직을 우선시하도록 강제한다. "저, 팀장님 오늘 아이가 열이 많이 나서 조퇴했는데 일찍 퇴근해도 될까요"라고 말할 수 있는 한국의 직장이 얼마나 될까?(미국에서는 가능하다.) 엄마들이 직장에서 이 이야기를 꺼낼 수 없는데 아빠들은 꺼낼 수 있을까? 40~50대 남성 팀장의 응답은 여러 가지일 것이다. "그걸 왜 김 대리가 합니까?" "여기서 당신만 애 키웁니까?" 존댓말이라도 써주면 다행일 것이다. 가장 확률이 높은 반응은, "애 아프다고 다 너처럼 조퇴해버리면 회사가 어떻게 굴러가냐?" 정도가 아닐까.

그런데 이러한 한국의 협업 조직에서 1년짜리 육아휴직*을 쓰면 어떤 일이 벌어질까? 만삭의 몸을 이끌고 출근하던 조 대리가 아웃되면, 일은 나머지 네 명이 감당해야 한다. 세 명이 하던 일이면 두 명이 감당해야 한다. 삼성이나 현대같이 인사 체계가 잘 다듬어진 대기업이라면 대체인력을 투입해주겠지만, 대부분의 직장에서는 당연히 팀에 과부하가 걸릴 것이고 한두 달은 버

---

* 직장마다 규칙과 관행은 조금씩 다르지만, 보통의 경우 출산을 앞둔 직원들은 출산휴가 3개월에, 육아휴직을 최대 1년까지 붙여서 9개월, 12개월, 15개월을 만들어 장기 휴직을 한다. 이 글에서는 1년이라 통칭하기로 한다.

티겠지만 나머지 팀원들의 과부하가 감당하지 못할 지경에 이를 것이다.

팀의 생산성에 문제가 생기자, 팀장은 인사팀에 파견을 요청한다. 다른 팀에서 유사한 업무를 하던 사람이 있으면 다행이지만, 그 팀도 인력을 빼앗기고 싶어 하지 않을 것이다. 놀고 있던 사람이 아니면, 내부에서 조 대리의 대타로 그 일을 1년 남짓 해줄 사람을 구하긴 쉽지 않다. 팀장은 얼마 후 가까스로 파트타임 직원을 신규 채용해서 조 대리 자리를 채웠다. 어라, 그런데 이 직원이 조 대리가 하던 일뿐만 아니라 다른 일까지 순식간에 해치우네. 팀장은 입이 벌어진다. 조 대리는 이 소식을 다른 팀원을 통해 듣는다. 육아휴직은 아직 한 달이 남아 있고 몸은 정상이 아니지만, 조 대리는 아이를 할머니 손에 던지고 출근한다. 그런데 팀장이 이상하다. 내 자리를 차고앉은 파트타임 직원을 내보낼 생각을 하지 않는다. 조 대리는 다음 정기 인사에서 다른 부서로 발령이 났다(배치 전환). 원래 팀으로 돌아가고 싶지만 그 자리는 다른 사람 차지가 되었다. 이런 상황에서 조 대리는 2년이나 3년 후 둘째를 낳을까?

팀장이 새 직원을 고용하지 않고, 조 대리의 빈자리를 남은 팀원의 격무로 때우기로 했다고 쳐보자. 세 달이 지나고 나니 조 대리 없이도 일이 굴러가기 시작한다. 나머지 팀원들의 생산성이 올라간 것이다. 조 대리 없이도 일이 문제없이 굴러가자, 인사팀과 상무님은 '그냥 그대로 가지'라고 이야기한다. 조 대리가

오픈 엑시트

1년 후 휴직을 끝내고 돌아왔을 때 자리는 남아 있더라도, 다음 인사에서 다른 석연찮은 이유로 배치 전환될 수 있다. 조 대리가 정규직이라 바로 해고가 가능하지 않더라도, 조 대리는 자신의 자리를 잃을 수 있는 것이다. 뭘 돌아와, 안 와도 돼,라는 말을 안 들은 것만으로도 고마워해야 할지 모른다. 이 경우에도 조 대리는 둘째를 낳고자 하지 않을 것이다.

세번째 경우는, 1년이 지나고 나서도 팀장과 팀원들이 조 대리의 자리를 남겨놓았을 경우다. 조 대리 없이도 일은 굴러갔지만, 조 대리가 쌓아놓았던 평판 때문에 회사에서 여전히 (배치 전환하지 않고) 조 대리의 자리를 지켜주는 경우다. 그런데 1년이라는 시간이 문제다. 그동안 조 대리의 팀이 맡았던 프로젝트는 일단락되고, 6개월 넘게 완전히 새로운 작업이 시작되었다. 조 대리는 6개월가량 조직의 일정표에서 뒤처진 것이다. 조 대리는 그 후 몇 달을 눈칫밥 먹으며 간신히 일에 적응할 것이다. 팀 입장에서 조 대리는 1년 휴직이 아니라 사실상 1년 반짜리 휴직인 셈이다. 조 대리의 인사고과는 휴직 이전에는 팀에서 탑이었지만 이제는 바닥을 친다. 팀장과 팀원들은 육아휴직이라는 말만 들어도 진저리를 친다. 이 1년과 그 후 적응기의 기억은 조 대리에게도 악몽으로 남는다. 조 대리는 과연 둘째를 낳을까?

문제는 조 대리로 끝나지 않는다. 같은 팀과 옆 팀의 30대 초반 대리급 여성 직원들은 어떤 반응을 보일까? 조 대리 스토리는 조직의 다른 구성원들에게 지워지지 않을 학습 효과를 남길 것이다. 조 대리 육아휴직 썼다가 인생 꼬였대,라는 말이 퍼진다. 육아휴직은 영원한 휴가가 될 수 있다. 육아휴직 한번 잘못 썼다가는 조직에서 영원히 혹은 상당 기간 뒤처질 수 있다. 출산은 나의 경쟁력을 갉아먹는다. 아이와 커리어는 공존이 아니라, 대체 내지는 반비례 관계다. 나의 미래와 아이가 경쟁한다면, 나의 미래가 먼저다. 태어나지 않은 아이에게 미안한 일이지만 일단 내가 살아야 하니까. 이러한 경향은 고연봉의 내부 경쟁이 치열한 대기업에서 만연할 것이다. 아니, 한 명의 사원이 여러 가지 역할을 동시에 수행해야만 하는 영세업체를 비롯한 스타트업 기업에서는 더욱 심할 것이다. 아니, 그러한 경향은 스케줄 변동이 심하고 근무 일정 변경이 불가능한 경우가 많은 대면 서비스업 종사자나 프리케리아트들에게서 가장 심할 것이다. 이들은 실직을 무릅써야 하기 때문이다.

이 모성 페널티 이슈를 잘 드러내는 다른 사례를 보자. 박모 씨는 촉망받는 바이올린 연주자로, 수도권의 유명 심포니 오케스트라의 단원이다. 육아휴직을 신청해서 일을 쉬고 있는데, 세계적인 지휘자 K씨가 귀국해 지휘를 맡더니, 스타 피아니스트로 떠오른 J씨와 함께 전국 순회공연을 기획했다. K 지휘자가 이제까지와는 전혀 다른 수준의 훈련을 통해 오케스트라를 세계적 수준으로 올려놓고, J씨와의 협연 또한 전례 없는 대히트를 기록했다. 1년 후 돌아왔더니, 지휘자는 상임이 되어 있는 데다 오케스트라는 전 세계로 순회공연을 다니기 시작했다. 박모 씨는 과

오픈 엑시트

연 이 차이를 메울 수 있을까? 이미 다른 단원들은 지휘자의 손끝과 미간만 봐도 그 뜻을 읽을 줄 아는데, 박모 씨만 어리바리 눈치를 봐야 한다. 게다가 바이올린 올릴 어깨와 현을 잡을 팔은 아이 떠메고 씨름하느라 만성 근육통에 시달리던 차다. 육아가 산업재해로 기능하는 것이다(어떤 의미에서 직장 여성에게 출산/육아는 육체적 노동능력 저하를 겪고 장기 요양과 휴직 후 복귀해야 한다는 점에서 재해와 다름이 없기도 하다). 1년 동안 바이올린은 잡아보지도 못해 소리가 예전만 못함을 스스로도 인정할 정도다. 지휘자는 박모 씨를 그대로 둘까, 아니면 다른 이로 교체할까.

한국 사회에서 여성이 육아휴직을 맘 놓고 쓸 수 있는 직장은 교사와 공무원 정도다(그래서 그 두 직군만 출산율이 높다). 엘리트 여성들은 이를 간파하고, 이 직군으로 들어오기 위해 미리부터 준비한다. 따라서 이 두 직군은 전통적으로 여성의 비율이 높다. 게다가 직무 또한 명확히 규정되어 있다. 다른 인력으로 대체가 쉽다는 이야기다. 영어 선생님이 육아휴직을 신청하면, 임용 고시 준비하는 젊은 영어 교사들이 1년짜리 단기직이라도 얻으려고 줄을 선다. 이렇듯 교사의 경우, 해당 시험을 준비하는 예비 인력 풀이 광범위하게 존재하여 대체인력을 고용할 수 있는 비정규직 노동시장이 발달해 있다. 나는 이러한 식의 6개월 혹은 1년짜리 비정규직 임용이 바람직하지 않다고 보지만(따라서 4대 보험에 덧붙여 단기 고용에 대한 보상으로 20~30퍼센트 더 높은 임금을 줘야 한다), 현직 정규직의 출산권을 보장하기 위해 궁여지책으로 존재할 수밖에 없는 노동시장이기도 하다. 마지막으로, 교사나 공무원은 고용이 보장되어 있다. 해고가 불가능하다. 육아휴직을 쓰고 돌아와도 책상이 없어지지 않는다.

하지만 문제는, 중소기업이다. 대기업은 내부 인력 조정을 통해 출산휴가/육아휴직으로 발생하는 공백을 메울 수 있지만, 직원이 열 명 남짓한 소규모 출판사의 편집자가 육아휴직을 1년 쓰고 돌아오면 사장은 그 공백을 어떻게 메울까? 소규모 영세 출판사에서 직원을 추가로 고용하기는 쉽지 않다. 나머지 직원들이 그 결원의 몫까지 도맡는 경우가 대부분이다. 이 상황에서 육아휴직을 쓰겠다고 고집하는 직원은, 사장은 물론 동료들에게 '눈치 없는 직원'으로 찍히기 십상이다.

실제로 한 보고서(한국여성정책연구원 연구보고서 2023)에 따르면, 300인 이상 대규모 사업체 종사자의 95.1퍼센트가 육아휴직 제도에 대해 "필요한 사람은 모두 사용 가능하다"라고 답한 반면, 5~9인의 소규모 사업체 종사자는 동일 질문에 47.8퍼센트만이 동일하게 응답했다. 임신기 근로시간 단축제나 출산 전후 휴가제에 대해서도 기업 규모별로 유사한 비율의 응답 차이가 발생했다. 이 연구는 출산 관련 휴가/휴직 제도들을 사용할 수 없는 이유 또한 응답자들에게 물었다. 응답자들은 첫번째로 '동료 및 관리자의 업무 가중'을 42.6~53.8퍼센트로 꼽았고, 다음으로 '사용할 수 없는 직장 분위기나 문화'를 20.1~24.2퍼센트로 꼽

오픈 엑시트

왔다. 나아가 중소기업에 종사하는 남성 노동자들은 (정부지원금은 20일 동안 지급되지만) 출산휴가를 1주일도 쓰기가 쉽지 않은 것이 현실이다(최슬기 2023). 그래도 대기업의 95퍼센트가 육아휴직을 보장해주니 우리나라 좋은 나라라고? 한국의 노동자 열에 여덟아홉은 중소기업에 고용되어 있다.

벼농사 지대의 장시간 노동 체제

더구나 벼농사 체제 국가들은 장시간 노동의 관행으로 악명
이 높다. 벼농사 체제의 장시간 노동 관행은 인간의 자연적인 출
산 의지와 충돌한다. 농업 사회와 개발연대에 이것이 가능했던
이유는, 여성들이 전업주부로 집에서 가사와 육아를 도맡아 했
기 때문이다. 남성과 똑같이 경쟁하며 교육받은 오늘날의 청년
여성들은 할머니처럼 집에 머물거나, 어머니처럼 직장을 그만두
고 집으로 돌아가기를 거부한다. 82년생 김지영이 그 중간에서
머뭇거리며 좌절했다면, 92년생과 2002년생들은 그런 전통적인
여성의 역할 자체를 받아들이지 않는다.

그런데 한 무리의 페미니스트 청년 여성들이 결혼과 출산
의 굴레를 받아들이지 않는다면, 다른 무리의 청년 여성들은 기
꺼이 결혼해서 아이를 낳아 키우고 싶어 한다. 그럼에도 불구하
고 이들은 왜 아이를 낳지 않는가? 첫째 요인은 짝을 볼 틈이 없
어서다. 장시간 노동에 시달린 여성들은 출산 의사에도 불구하
고 아이를 가질 확률이 낮다. 심지어 짝을 보더라도 장시간 노동
에 시달린 남녀의 출산율은 낮다. 젊은 맞벌이 부부들이 부부의
시간을 충분히 갖지 못하고, 시간이 생기더라도 노동에 지친 몸
이 아이를 가지는 데 실패하는 것이다.

벼농사 체제가 자본주의에 적응할 때, 가장 우선적으로 동

오픈 엑시트

원하는 수단이 장시간 노동이었다. 이미 논바닥에서부터 장시간 노동에 적응해 있었기 때문에, 벼농사 체제의 농군들은 공장의 장시간 노동에도 군소리 없이 적응했다. 〈그림3-4〉는 1960년의 쌀농사 비율이 2012~2016년의 주당 노동시간을 강력하게 예측하고 있음을 보여준다. 한국의 주당 노동시간은 현재 45시간 밑으로 내려와 동남아시아의 벼농사 체제 국가들에 못 미치지만, 1980년대에는 세계 최고 수준을 기록했다. 노동시간 평균치는 중위권으로 내려왔지만, 산업화 세대의 장시간 노동 관행은 아직도 기업 곳곳에 남아 있다.

　잔업과 초과근무는 벼농사 지대 노동자들에게 당연한 일상이다. 고용주들은 당연히 강제하고, 노동자들은 강제하지 않아도 자발적으로 남는다. 정확히 이야기하면, 자발적으로 남는 자들 때문에 (눈치 보는) 나도 남아야 한다. 오늘날 중장년층까지도 시간외 근무 수당을 벌기 위해 초과근무를 마다하지 않는 것이 관행이었다. 법으로 강제해서 억누르지 않는 한, 벼농사 지대 노동자들은 더 많은 시간을 논밭과 작업장에 투여하며 경쟁적으로 달린다(돌봄노동으로부터 유리된 혹은 면제된 남성들이 많은 작업장일수록 초과근무의 정도는 더하다). 그렇다면 지난 20년간 노동시간은 축소되어왔는데, 출산율은 왜 급전직하했는가? 반대 경향이 확인되어야 하는 것 아닌가? 답은, 노동시간 축소 경향과 맞물려 일어난 여성의 노동시장 참여 증가 때문이다. 보다 정확히는, 여성들이 일과 가정을 양립시킬 수 있도록 돕는 제도는 만

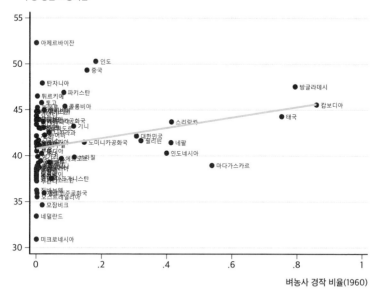

주당 평균 노동시간

벼농사 경작 비율(1960)

그림에서 인도와 중국은 밀농사 지대와의 평균치로 x축 값이 저평가되었다.
중국 양쯔강 이남과 인도 갠지스강 유역의 경우 방글라데시, 태국, 캄보디아
수준의 경작 비율을 보인다.

자료: 벼농사 경작 비율. UNFAO, GAEZ 3.0.
주당 평균 노동시간. Global Jobs Indicators(2023), Average Weekly Working Hours,
aged 25~64.

그림 3-4 벼농사 체제와 주당 평균 노동시간(2012~2016년 평균값).

들어지지 못한 아노미적 상황에서 여성들의 노동시장 진출과 커리어 유지 경향이 증대되었기 때문이다. 이러한 장시간(52시간은 여전히 장시간이다) 협업의 노동 관행이 유지되는 사회에서 여성의 노동시장 진출이 가속화되면, 여성은 (모성 페널티를 우려한 나머지) 장시간 노동을 감당하기 위해 출산을 포기할 수밖에 없다. 장시간 노동으로 인한 생리학적 임신 실패와는 또 다른 메커니즘이다.

혹자는 이러한 장시간 노동 관행이 제조업으로 대표되는 육체노동자들의 이야기 아니냐고 되물을지 모른다. 〈그림3-5〉는 벼농사 지대의 장시간 노동 관행이 직업을 가리지 않음을 보여준다. 중국의 밀농사 지대(그림의 삼각형 선)의 경우 의사, 변호사, 대기업 임원, 교수와 같은 직업을 가진 사람일수록 노동시간이 급격히 줄어든다. 하지만 중국의 벼농사 지대(그림의 사각형 초록 선)에서는 직업 위세 점수가 높건 낮건 상관없이, 밀농사 지대의 가장 낮은 3D 업종 종사자 수준의 노동시간을 유지한다.

한국의 경우는 이와 다를까? 다르지 않을 것이다. 1980년대와 90년대, 한국은 전 세계에서 가장 긴 노동시간을 자랑했다. 지금도 주당 52시간이라는 제약이 존재하지 않는 사업장에서는 납기에 맞추기 위한 초과근무가 일상의 일부다. 결국, 격무와 협업이 일상화된 조직에서 육아휴직은 제도만 달랑 던져놓는다고 작동되는 것이 아니다. 제도적으로 상호 보완적인institutionally complimentary 또 다른 시스템이 완비되어야 작동할 수 있다.

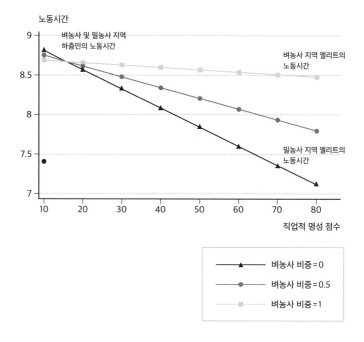

노동시간

벼농사 및 밀농사 지역
하층민의 노동시간

벼농사 지역 엘리트의
노동시간

밀농사 지역 엘리트의
노동시간

직업적 명성 점수

벼농사 비중=0

벼농사 비중=0.5

벼농사 비중=1

인구학적 변수를 통제한 회귀분석 결과. 상호작용항은 p=0.001 수준에서 유의.

자료: 중국 가족 패널 조사Chinese Family Panel Study 2010.

그림 3-5 중국 벼농사 지대와 밀농사 지대에서의 직업(위세)에 따른
　　　　　 노동시간 차이

그렇다면 상호 보완적인 총체로서의 시스템은 어떤 것일까? 출산휴가/육아휴직의 경우 대체 노동력에 대한 팀 단위, 기업 단위 플랜이 서 있어야 하고, 내부나 외부의 임시 인력을 통해 빈자리에 대한 수요를 버텨내야 한다. 고용주는 육아휴직에서 돌아온 이들을 해고하거나 배치 전환하면 안 된다는 법령을 지키는 것은 물론, 미래에도 인사상의 불이익을 줘서는 안 된다. 그렇지 않을 경우 남성이건 여성이건 육아휴직을 쓰는 것은 영원히 대체되거나, 아니면 다른 잠재적 경쟁 상대인 동료들에게 영원히 뒤처지게 되는, 너무 '위험한 휴가'가 되어버린다. 이런 대체의 공포가 없더라도, 동료들에게 장기간 일거리를 맡겨야 하는 심리적 부담은 결코 가볍지 않다. 더구나 그들이 미래에 출산휴가/육아휴직을 쓸 계획이 없는 비혼주의자라거나 딩크족일 경우에는 더욱 그렇다.

이런 복잡한 내막을 모른 채, 정부는 국민연금 출산휴가 크레디트를 늘리고, 지원금을 지급하고, 육아휴직을 쓰게 하라고 기업을 닦달한다. 이러한 제도들이 어느 정도 도움은 될 것이다. 하지만 돈 문제가 다는 아니다. 벼농사 체제에서 유래하는 팀 단위 협업 조직의 '눈치'가 근본 원인이다. 제도 만들고 돈 준다고 덜컥 아이를 낳지 않는다. 팀 분위기가, 직장 분위기가 '허락'해야 그 결정을 할 수 있는 것이다. 속도 모르고 돈 더 줄 테니 애 낳으라고 떠들어대는 정책 당국자를 보는 n년차 청년 노동자들은 답답할 것이다(하지만 돈(출산지원금)은 더 주면 좋다).

동료 간 부정적 동조 압력

한국은 기업에 육아휴직 제도가 있어도 쓰지 않는 사회다. 눈치가 보여 안 쓰기도 하고, 스스로 뒤떨어질까 봐 안 쓰기도 한다. 이런 긴밀한 협업 조직에서 육아휴직은 배부른 소리다. 내가 당장 생존해야 하는데 애 돌볼 틈이 어디 있겠는가. 아이는 누군가 대신 봐주거나, 아예 안 가지거나. 둘 중 하나의 선택만 남는다.

문제는 이미 출산을 지향하는 청년의 수가 그렇지 않은 청년의 수보다 적어졌다는 점이다. 결혼과 출산이 필수 사항이 아니라 인구의 절반 이하 혹은 3분의 1 정도만 선택하는, 곧 다수의 인생 경로가 아닌 사회에서, 육아휴직 이야기를 꺼내기란 눈치 보이는 일일 수밖에 없다. 왜 너만 특별 대우받아야 하는데, 라는 다수 싱글과 딩크족의 눈치를 봐야 한다. 이전 세대 여성들이 육아를 해본 적 없는 가부장이신 부장님 및 남성 동료들 눈치 때문에 육아휴직을 쓰지 못했다면, 이제는 아이가 아직 없거나 낳을 생각이 없는 동기나 선후배 동료들 때문에 쓰지 못한다. 한국 사회는 육아휴직에 관한 한 부정적인 방향으로 동료 간 압력 negative peer pressure이 작동하는 사회였고, 앞으로는 더욱 그럴 것이다. 이 악순환을 어떻게 끊을 것인가?

보편 안식/육아 휴직제

가장 시급한 해결책은 남성도 적극적으로 육아휴직을 쓰도록 하는 것이다. 북유럽식 해결 방안이다. 여성이 1년 육아휴직을 쓰면, 남성도 최소한 3개월은 육아휴직을 쓰도록 제도적으로 유인 혹은 강제하는 것이다. 남성도 육아휴직을 함께 쓰는 문화를 정착시키면, 모성 페널티로 인한 '직장에서의 기술 자산 습득의 지체'라는 비용을 같이 지게 되어 여성들이 더 기꺼이 육아휴직을 쓰고, 따라서 출산 결정을 내릴 가능성이 높아지리라는 것이다(최새은 외 2019a, 2019b). 육아 초기 아이와 시간을 많이 보낸 남성들은 이후에도 더 적극적으로 육아에 참여할 것이다(최슬기 2023).

나는 다른 어떤 곳에서도 이야기해본 적 없는 대안을 하나 제시한다. 바로 '보편 안식/육아 휴직' 제도다('기본'이 아닌 '사회보험'임에 유의하라).⁎ 간단히 이야기하면 누구나, **출산/육아를 하지 않는** 싱글과 딩크족도 출산휴가나 육아휴직(이하 육아휴직)에 해당하는 기간 동안 휴가를 쓸 수 있도록 하는 것이다. 20대에

⁎ '기본 휴가'는 모든 노동자가 안식/육아 휴직 제도를 누리도록 하는 것이고, '사회보험 휴가'는 보험료를 낸 노동자들만 안식/육아 휴직 제도를 누리도록 하는 것이다. 전자는 장기적으로 지속 불가능하다. 보험료를 내지 않은 자들을 위해 자신의 보험료를 쓰는 것을 허락할 노동자는 그리 많지 않을 것이다.

서 40대 출산 적령기 여성/남성이 맘 편히 눈치 안 보고, 뒤처질 걱정하지 않고 육아휴직을 쓸 수 있으려면 이 방법밖에 없다. 모두가 육아휴직을 쓰면, 그 누구도 눈치 볼 필요가 없다. 출산하지 않는데 굳이 출산/육아라는 레터르를 붙일 필요는 없다. 그러면 그들에게는 안식 휴가라 하자. 25세에서 45세(혹은 50세) 사이, 누구나 1년씩(혹은 6개월씩 두 번) 안식년(달)을 쓸 수 있도록 하자(장기적으로, 세 번이나 네 번까지 쪼개서 쓸 수도 있다). 그 시간을 육아에 쓰건, 여행에 쓰건, 자기계발에 쓰건 그것은 자유다. 단, 조건은 누구에게나 다 같이 주어지는 유급휴가 시간이다.

교수 사회와 국책 연구원 사회에는 안식년(6년에 한 번 1년씩 혹은 3년에 한 번 6개월씩)이라는 이름으로 이미 존재하는 제도다. 왜 다른 직군에는 없는가. 장기적인 연구와 충전의 필요성이 적었기 때문일 것이다. 혹은 고용주 입장에서 이러한 안식년까지 보장해줄 필요가 없었기 때문이기도 하다. 하지만 인공지능과 눈부신 기술혁명 시대에 연구가 필요하지 않은 직업은 별로 없다. 지금 하는 일이 10년, 20년 후에도 남아 있다는 보장이 없으니 엔지니어, 전문직을 비롯한 많은 노동자가 연구와 훈련의 시간을 필요로 한다. 안식/육아 휴직을 그 준비에 쓸지, 육아에 쓸지는 개인에게 맡기자. 단, 팀에서 빠지는 시간은 모두가 동일하게 세팅하자.

여전히 반대의 목소리가 여기저기서 들린다. 이렇게 모두에게 '유급' 장기 안식/육아 휴직을 줘버리면 그 비용은 누가 감당하냐. 이렇게 줬는데 출산에 쓰지 않고 다 여행 가버리면 어떡할 거냐. 그 시간에 자기 충전 안 하고 주식 투자할 거다.

아마 그럴 것이다. 여행 가는 사람도 있고, 주식 투자하는 사람도 있을 것이다. 그런데, 그러면서도 자기 충전을 할 것이다. 쉬는 동안 인생 계획도 차분히 짜고 건강도 챙길 것이다. 6년에 1년 안식년 받은 교수들이 여행하고 주식 투자도 하지만, 대부분은 그간 하지 못했던 장기 연구, 거대 연구를 기획한다. 회사에서도 마찬가지일 것이다. 단기 프로젝트에 빠져 있다가 잠시 거리를 두는 시간을 가질 때, 자기 일의 한계와 돌파구, 방향성이 더 명확하게 보이기도 한다. 충분한 휴식은 장기적으로 생산성을 증대시킨다. 비용은 고용보험에서 지급하도록 하고, 고용보험료는 그만큼 올려야 할 것이다. 아니면, 안식/육아 휴직 보험이라는 별개의 제도를 만들 수도 있다.

또 다른 반대의 목소리는, 아이를 낳으면 재충전의 기회가 없어지니 아이를 낳기보다 쉬고 노는 걸 택할 거라는 예측이다. 그럴 수도 있다. 하지만 출산과 육아는 힘들지만, 인간의 본능이기도 하다. 아이를 낳으면, (청년들은 안 믿겠지만) 부모는 그 아이를 키우기 위해 더 책임감 있는 인간으로 거듭난다. 담배와 술을 끊는가 하면 불필요한 지출을 줄이고, 두 번 옮겼을 직장을 한 번만 옮기거나 주저앉고〔따라서 그 직장에 좀더 몰입하게 되고―베커(1964)의 표현을 빌리면 기업 특수 숙련을 쌓을 기회가 더 커지게 되고〕, 아이가 좀더 나은 세상에서 살 수 있도록 개인적/집단적 기획에 더욱 관심을 갖는다.

결국, 모두가 받는 장기 휴가를 마다할 노동자는 없다. 따라서 이 제도의 도입을 반대할 주체는 고용주들일 것이다. 내가 왜 일 안 하고 쉬는 직원들까지 돈(고용보험료 혹은 안식/육아 휴직 보험료)을 줘?라고 하며 반발하는 고용주를 설득하는 일은 국가와 정치권의 몫이다. 기업 수준에서는 그에 따르는 인센티브가 별로 없기 때문이다. 그렇게 해서라도 출산율을 높여야 하는 필요성을 고민할 주체는 국가다. 거시경제와 국가 공동체 전체의 노동력과 국방 인력의 재생산은 국가의 몫이기 때문이다. 이 임무를 방기하는 국가는 장기적으로 뒤처질 것이고, 잘 수행하는 국가들만이 존속할 것이다.

안식/육아 휴직의 사회보험화

이 제도의 실행이 정말 가능할까? 고용주가 "그래, 좋은 생각이야" 하며 바로 시행할 리 만무하다. 고용주는 주판알을 튕겨보고는 난색을 표할 것이 뻔하다. 따라서 (앞서 이야기했듯이) 고용주의 부담을 낮춰줄 방안이 필요하다. 안식 휴가를 위해 월급의 일정 부분을 적립하고, 고용주와 국가가 일정액을 매칭함으로써 안식 휴가의 비용(급여)을 사회보험화하는 것이 하나의 방안이다. 육아휴직은 이미 사회보험(고용보험)화되어 고용보험 펀드에서 수당이 지급된다. 과연 안식 휴가를 사회보험화할 수 있을까?

사회보험이 전체 생애 경로에서 발생하기 마련인 개인의 잠재적 리스크(질병, 상해, 실업, 노령화)에 집합적으로 대비하는 것이라면, 출산/육아 또한 리스크로 간주함으로써 이에 집단적으로 대비하는 것은 충분히 합리적이다. 다만 출산이 다수의 생애 경로 리스크가 아닌 지금의 사회에서, 소수(0.7의 출산율로는 다수라 하기 힘들다)의 출산권을 보장하기 위해 다수가 그와 동등한 휴가를 다른 형태(안식 휴가)로 부여받도록 하고, 나아가 이를 공동의 사회보험의 틀로 묶어 출산/육아의 리스크를 '안식'이라는 더 큰 틀 안에서 보편화하는 동시에 사회화하자는 것이다. 출산/육아의 리스크는 아이를 갖기로 한 자들만 감당하지만, '과로' 또한 리스크로 간주하면 아이를 갖지 않기로 한 이들도 이 장기 휴가를 공유할 수 있다. 이렇게 출산/육아와 안식을 더 큰 틀로 묶을 경우, 출산을 선택하지 않아 고용보험에서 잠재적으로 차별받는 싱글 혹은 무자녀 커플의 이익 또한 보호된다(실제, 내 미국 동료 중 자녀가 없는 이들은 대학의 출산휴가 및 자녀 지원책에 대해 역차별이라고 불평하곤 했다).

안식/육아 휴직 비용의 사회보험화는 자본의 저항을 무마시키고, 장기 휴가를 통한 재생산 혹은 재충전 활동을 권리화함으로써 출산/육아 활동에 새겨지는 일터에서의 낙인을 없애는 한편, 아이를 갖지 않는 다른 직원들의 휴식과 복지까지 확보할 수 있는 방안이다. 뿐만 아니라 장기 휴가는 고령화 시대를 맞아 노인(부모)을 돌보는 시간으로도 사용할 수도 있다. 나아가 병가가 아니어도 장기 휴식할 권리를 보험을 통해 노동자에게 보장함으로써, 노동의 끝없는 일상에서 벗어날 수 있는 보편적 휴식과 충전의 기회를 자본주의 체제 안에서 누리자는 것이다. 궁극적으로 보편적 휴식과 충전의 기회는 이 체제를 살아가는 인간에게 다른 직장과 직종을 꿈꿀 기회까지도 제공할 것이다. 바로, 엑시트 옵션을 예비하는 시간이다. 일찍이 마르크스는 인간이 스스로의 생존을 위해 필요한 노동으로부터 자유로워지는 상황을 꿈꾼 바 있다.

마르크스의 꿈대로 아침에 사냥하고, 오후에는 어부가 되고, 저녁에 가축을 기르는 것까지는 이 체제 안에서 가능하지 않을 것이다. 하지만 내 보험료를 통해, 몇 년에 한 번 몇 달이라도 일에서 벗어나 다른 누군가가 되어볼 수는 있을 것이다. 그것이 누구에게는 출산과 육아고, 다른 누군가에게는 여행이고, 또 다른 이에게는 글 쓰는 일일 수 있다.

소셜 케이지에 대한 저항과 재구축

벼농사 체제 소셜 케이지의 특징 중 여성들과 관련된 것들을 나열해보자. 정확히는 벼농사 체제하 자본주의가 장기간 정착하여, 노동시장이 어느 정도 시장의 수요와 공급에 의해 제도화된 사회의 특징 말이다.

벼농사 체제의 노동시장은 상층에 각종 혜택을 집중시킨다. 노조로 조직화되어 특권화된 대기업 정규직은 상층 10퍼센트를 신분화하여 진입 장벽을 만든다. 각종 전문직 자격증과 학력, 부모의 연줄과 문화 자본으로 참호와 해자를 파, 여타 계층의 자유로운 진·출입을 제한한다. 전통적으로 이 직종, 직군은 남성들의 전유물이었으나, 2010년대 중반 이후 여성들이 남성들 못지않은 경쟁력으로 절반 가까운 자리를 점유하기 시작했다(이철승 2019).

벼농사 체제의 노동시장은 내부 노동시장을 발달시킨다. 기업 간 이동을 제한하고, 기업 내 이동과 경쟁을 북돋운다. 기업 내에서 승진 경쟁을 통해 커리어 사다리를 기어오르도록 개별 직원을 채근하며, 기업 특수 기술 전수와 개발을 통해 인적 자본을 축적시킨다. 이러한 기업 내 승진 및 기술 전수 시스템 또한 남성들의 전유물이었으나, 하위 직군을 중심으로 여성들의 상층 이동 투쟁이 가열하게 진행되고 있다. 1980년대 중·후반 출생 세대부터 이 경향은 취업 여성들의 출산율 저하와 맞물렸다. 나의 미래와 내 잠재적 자식이 경쟁할 때, 나의 미래가 먼저다. 그래야 잠재적인 자식이 하나라도 태어날 때 그 아이의 경쟁력도 보장되니까.

벼농사 체제의 노동시장은 긴밀한 협업 시스템을 구축하였다. 연공제와 내부 노동시장하에서 협력의 날줄과 씨줄이 직조되었다. 날줄이 세대 내부의 네트워크라면, 씨줄은 세대 간 위계의 네트워크다. 날줄을 통해 같은 세대끼리 협력과 경쟁이 일상화되었다면 씨줄을 통해서는 기술이 전수되고, 그 둘이 결합해 기술이 확산되었다. 이 과정에서 새로운 세대에 의해 새로운 정보와 에너지가 기업에 유입되고, 씨줄의 위계 네트워크는 이 정보와 에너지를 위아래로 유통시켰다.

이 날줄과 씨줄의 네트워크에 여성들이 진입하여 자신들만의 네트워크를 꾸리기 시작했다. 전작(이철승 2021)에서 나는 표준화와 평준화, 상호 감시 및 기술 전수, 집단적 숙련의 심화가 벼농사 체제 남성들뿐만 아니라, 여성들의 삼두레 조직을 통해서도 전승되었다(도선자 2019)고 지적한 바 있다(여성들이 다수인 간호사 조직의 규율이 제조업 남성 노동자들 간의 규율보다 더 세면 세지 덜하지 않다). 여성들은 기업 내에서 남성들의 네트워크 안팎으로 여성들의 네트워크를 짜 넣고 있으며, 한 세대가 더 지나면 벼농사 체제의 마을 안에서 분리되었던 남녀 네트워크는 기업 안에서 다시 합쳐질 것이다. 우리는 이 거대한 변혁의 한가

운데를 통과하고 있다. 이 남녀 네트워크가 통합될 때까지, 여성이 기업 조직에서 살아남아 모성 페널티를 더는 감내하지 않아도 되는 날까지, 출산율은 회복되지 않을 것이다.

출산율 회복이 국가의 최우선 과제라면 이러한 남녀 네트워크의 통합이 하루빨리 이루어질수록, 그리하여 여성들이 출산과 커리어 추구를 더 이상 제로섬게임으로 인식하지 않게 될 때에야 출산율은 회복될 것이다. 남성들은(정확히는 일부 남성들은) 이렇게 육아와 일을 병행하고자 하는 직장 여성들에게 적응할 것이고, 그렇게 적응한 남성들만이 재생산의 호사를 누릴 수 있을 것이다. 출산이라는 재생산의 궁극적 결정 주체는――현대자본주의/자유민주주의 사회에서는――여성이기 때문이다.

물론, 이러한 가장 근대화된 서구적 일-가정 양립 시스템의 반대편 극단에는 봉건의 잔재도 계속 잔존할 것이다. 동아시아의 벼농사 체제에서 오랫동안 존속/강화되어왔고, 서구에서도 1970년대까지 잔존했던 남성-일, 여성-가정이라는 이분 체제는 여전히 살아남을 것이다. 단, 혼자 벌어도 충분히 가족을 부양할 수 있는 최상층 남성-여성 사이에서만 그러할 것이다. 전문직, 대기업 직원, 고위 공무원, 상층 자영업 남성과 아이 한두 명을 낳아 키우는 전업주부 여성으로 이루어진 '상층 홑벌이 가족 모델'(Becker 1985)은 오랜 기간 생존할 것이다. 이 경쟁하는 두 가지 가족 모델 주위로 다양한 소수의 가족 모델들이 새롭게 떠오르며 시민권을 주장할 것이다.

이 새로이 부상하는 가족 모델들로 인해 우리가 알던 벼농사 체제의 소셜 케이지는 어떤 변화를 겪게 될까. 확실한 것은, 우리는 그 변화의 한복판에 서 있고 그 변화의 주체는 여성들이라는 점이다. 그리고 이 여성들은 벼농사 체제의 가부장제에 갇힐 바에는, 가족이라는 케이지 안에 발을 들여놓는 것부터 거부하는 이들이라는 점이다.

4장

케이지 열기

— 이민과 불평등

동남아시아 A국 출신인 K씨는 소위 미등록 이주 노동자다. 내 표현으로는 A국의 노동시장을, 자신의 전 직장을 엑시트하고 바다를 건너온 사람이다. 관광 비자로 입국하여 이미 정착해 일하고 있던 친구를 통해 한국인 사장님 P씨를 소개받고, 농업 노동자로 일하고 있다. 월급은 일당 11만 원, 한 달 250~280만 원 정도 번다. 고국에서 대학 졸업자로 받던 월급보다 얼추 세 배 높은 수준이다. 숙소는 첫해 비닐하우스에서 머물다가, 사장이 최근 마련한 한 농가로 옮겼다.

또 다른 동남아시아 B국 출신인 L씨는 한국에 오기 전 웹사이트에서 알게 된 브로커를 통해 P씨에 대한 정보를 얻었다. K씨와 마찬가지로 '좋은 사장님'이라는 소개를 받고 한국의 시골 마을까지 찾아온 경우다. 좋은 사장님이란, '열악한 노동환경'에서 일하게 하고 '임금 체불'을 밥 먹듯 하며 욕설과 고성을 일삼는 데다 '일을 잘 따오지 못하는' 나쁜 사장님의 반대 유형으로, 적당히 머물 곳을 마련해주고 인간적으로 대해주며 일거리를 계속 가져와 꼬박꼬박 임금 제때 주는 사장님을 뜻한다.

사장님 P씨는 동네 토박이로, 소농부터 대농까지 섞여 있는 인근 시골 마을의 농부들과 다른 한국인 브로커들과의 촘촘한 인적 네트워크를 통해 이들에게 매일 일거리를 물어온다. 한

주는 쪽파, 다음 주는 고구마, 그다음 주는 두 시간 거리 시도 경계를 넘어가 상추, 이런 식이다. 갖고 있는 승합차 두 대를 이용해 10여 명의 미등록 외국인 노동자를 두세 시간 거리의 인근 시골 농작물 재배 일터로 부지런히 나르면서, 브로커 수입을 챙긴다(한나현 외 2025).

한국 땅 곳곳의 시골 마을과 중소 공장들은 이런 식으로 중국, 동남아시아, 중앙아시아, 러시아와 몽골의 합법 혹은 불법 이주자들과 연결된다. 합법으로 들어오는 노동자들과 학생들도 더 좋은 일자리에 대한 정보력이 생기면 불법으로 전환한다. 이들이 얻는 일자리들은 한국인들(심지어 오래전에 정착한 조선족들도)은 너무 보수가 낮아 더 이상 쳐다보지 않는, 저임금 장시간 노동을 요구하는 것들이다. 건설업 정도를 제외하곤, 급속한 인구 축소로 인해 한국의 사업장과 일터 곳곳이 노동력 부족으로 신음하고 있기에, 이들이 한국인 노동자들과 경쟁하는 일은 드물다. 이들의 일손이 없으면 한국의 농촌은 농작물 재배를 멈춰야 하고, 중소 제조업체는 문을 닫아야 한다. 합법 혹은 불법 외국인 노동자들은, 한국 경제의 주요 플레이어들이다. 우리는 이들의 노동력 없이는 살아갈 수 없게 되었다. 이들은 이미 우리의 일부다.

이주의 이유

　우리는 이주민의 후손이다. 시민이란 더 일찍 그 땅에 정착한 이주민 혹은 그 후손들일 뿐이다. 정착해서 잊었을 뿐, 우리에게는 '엑시트 옵션'을 고민하고 실행했던 선조의 디엔에이 또한 남아 있다.

　무엇이 이주를 추동하는가? 지역 간 불균형이다. 이웃 나라에서 천재지변이나 전쟁이 일어나면 더 안전한 곳을 찾아 이주자들이 몰려든다. 홍수나 가뭄, 지진, 역병 같은 극심한 자연재해로 지역의 생산 시스템이 붕괴된 경우에도 이주민(유민)이 발생한다. 중국 전국시대에 삼한으로 이주해온 이들이 그러하다. "……중국 사람들이 진秦의 난리에 고통을 겪다가 동쪽으로 온 자들이 많았는데, 다수가 마한의 동쪽에 거처를 정하고 진한과 더불어 섞여 살다가 이때에 이르러 점차 강성해졌다……"〔물론, 같은 시기 『삼국사기』에는 일본에서 건너온 이주민에 대한 기록도 남아 있다. "호공은 그 족성族姓을 자세히 알 수 없는데, 본래 왜인으로 처음에 박을 허리에 차고 바다를 건너왔기에 호공이라고 칭하였다"(『삼국사기』 신라 본기 38년)〕. 신라뿐만 아니라 고구려 또한 한나라와 현도, 낙랑, 거란, 돌궐, 수나라에서 전쟁 포로나 귀화의 형태로 많은 이주민을 받았으며, 백제도 말갈에서 전쟁 포로 형태로, 일본에서는 거주 이주 형태로 이주민을 받은 기록들이 남아 있다(이춘양·조지형 2019).

국가가 멸망하거나 전쟁을 벌여 영토를 확장하면, 그 국가의 경영자들이나 유민들이 이주해오기도 한다. 발해 멸망 후 수만 명의 이주민이 고려로 유입되었다는 기록이 있고(정일교 2019), 몽골제국의 확장기에 지배 계층 신분으로 이주해온 몽골인들 또한 고려 여성과 결혼을 통해 정착하였다(이바른 2021). 충렬왕(재위 1274~1308년)의 왕비가 황제 칸의 딸이었고 몽골군이 고려 곳곳에 진을 쳤음을 감안할 때, 돌아가지 않고 남은 자들이 있었으리라 추정할 수 있다.

『조선왕조실록』에도 여진족을 흡수·통합의 대상으로 간주하여, 추장이 부족과 함께 귀화할 경우 벼슬을 내려 적극적으로 포섭하였다. 일본에 대해서도 친조선적인 왜인의 경우는 임진왜란 후 상당수가 정착하도록 허용하였다(이동규 2023). 이 외에도 임진왜란 파병 중 탈영해 정착한 명나라 출신 중국인들이 다수 있었을 것으로 추정하며, 명나라 멸망과 함께 이주한 유민들 또한 존재했다(이동규 2023; 최선혜 2007). 개항기 한국으로 이주한 일본인은 69만 명, 중국인은 6만 5,000명으로 추정된다(권경선 2024). 이들 중 상당수는 조선인과 결혼하여 혹은 사업체 때문에 그대로 눌러앉았을 것이다.

심지어는 강제로 이주당한 북미의 흑인 노예들도 절대다수는—노예해방이 이루어진 다음에도—고향으로 돌아가지 않았다. 한두 세대만 지나면 고향의 기억은 사라지고 참혹한 이주의 기억도 사라지기 때문이다. 다음 세대부터는 새 땅이 자기 땅이 된다. 버락 오바마와 카멜라 해리스와 스티브 잡스는 그렇게 이주한 사람들의 자손이다. 구글(세르게이 브린), 테슬라(일론 머스크), 엔비디아(젠슨 황)의 창업자들은 이민 1세대들이다. 더 살기 좋은 곳, 더 기회가 많은 땅을 찾아 정주지를 바꾸는 결정은 인간의 디엔에이에 각인된 것이다. 우리는 평화로운 정주를 꿈꾸지만, 바로 그 꿈 때문에 끊임없이 이주한다(따라서 이주의 목적은 정주다). 인간이 가득 찬 곳에서 평화란 연목구어일 뿐일 테니까. 호모사피엔스는 그렇게 아프리카에서 유럽으로, 중동으로, 동북아시아로, 베링해협을 건너 북미를 거쳐 남아메리카 최남단까지 이주했다. 영화 「인터스텔라」나 「듄」 「미키 17」에서처럼 다른 행성으로의 이주도 언젠가는 실현될 것이다.

　　가장 흔한 이주의 이유는 경제적인 것이다. 자본주의경제에서는 자본과 노동의 불균형이 이주를 촉진하는 주요 동력이다. 경제가 발전할수록 자본은 풍부해지는데, 그에 따른 노동 공급은 부족해진다. 출산율이 낮아질 뿐 아니라, 고등교육을 받은 노동력은 허드렛일하기를 거부한다. 저임금 분야에 노동력이 부족해지면서 노동의 가격이 올라가고, 생산성이 낮은 분야 또한 주변의 생산성이 높은 분야를 따라 노동의 가격이 올라간다(Baumol 1967). 이러한 사회나 나라에서는 값싼 노동력이 합법과 불법의 통로를 통해 국경을 넘어 흘러들어올 수밖에 없다. 같은 노동을 하고 몇 배, 몇십 배의 소득을 올릴 수 있는데 왜 이주를 마다하겠는가.

노동은 풍부한데 자본이 부족해 일자리가 없는 곳에서, 한국과 같이 필요노동이 점점 부족해지는 나라로 노동은 자연스럽게 이동한다(Borjas et al. 1992; Borjas et al. 1997). 이러한 자본을 찾아 나서는 노동의 행렬은 비단 우리만의 문제는 아니다. 미국은 국경을 공유한 멕시코나 남미에서 유입되는 불법 이민으로 골머리를 앓고 있으며, EU는 중동과 아프리카에서 밀려드는 끝없는 난민과 이민 행렬을 두고 멤버들끼리 서로를 비난하며 국경 장벽을 강화하고 있다.

이웃 나라(한국)가 세 배, 다섯 배, 열 배 더 높은 임금을 주면, 경제 발전의 수준이 낮은 나라의 저소득층들은 강력한 이주의 유인을 갖게 된다. 한 달에 30만 원 받던 임금을 300만 원 받을 수 있는데, 하는 일의 종류는 비슷한데, 관광 비자로 입국해 지인의 소개로 농촌이나 공장, 호텔에서 일할 수 있는데 왜 안 그러겠는가. 자식이 공부도 꽤 잘하면, 그 자식 대학 보내고 싶어서 5년, 10년 미등록 이주자로 고생하지 않겠는가. 부모 마음은 어느 사회건 다 똑같다. 하물며 그 나라가 동시대를 풍미하는 온갖 드라마와 영화, 팝뮤직을 만들어내는 나라라면 더욱 끌리지 않겠는가. 21세기 대한민국은 여타 저소득 아시아 국가의 이민 희망자들의 상상에서는 15~16세기 황금을 발견할 수 있다는 소문이 돈 신대륙이나, 19세기 (실제 금광이 성행했던) 미국의 캘리포니아 같은 곳일지도 모른다(물론 아니다).

이들 때문에 국내 일자리가 없어진다고 혹자는 우려할 것이다. 다른 이는 이들 때문에 서비스와 상품의 질이 떨어진다고 걱정할 것이다. 또 다른 이는 이들 때문에 범죄가 급증해 치안이 불안해질 거라고 염려할 것이다. 이들 모두 이주자들 때문에 한국의 고유한 문화와 혈통이 오염될 거라고 근심할 것이다. 이들 때문에 경쟁이 격화되고, 이들과 내국인들의 갈등이 정치적으로 감당하기 힘든 비용을 일으켜 국가 경쟁력을 후퇴시킬 것이라고 말이다.

나는 한국인들이 기피하는 저임금의 힘들고 위험한 일자리를 이들이 채우고 있다고 이야기한다. 심지어는 이들이 돈을 모아 에스닉 레스토랑을 열면 일자리가 창출될뿐더러, 한국에 더 다양한 먹거리와 즐길 거리를 제공할 것이라고 이야기한다. 이들 덕분에 천정부지로 값이 올랐을 서비스들이 적정한 가격에 계속 제공될 수 있다고 이야기한다(단 이들의 가혹한 노동조건은 개선되어야 하고, 최저임금이 보장되어야 한다). 마지막으로 이들은 자신들과 함께 우리가 알지 못하던 새로운 문화를 가지고 들어올 것이기에, 우리가 할 일은 담과 벽을 쌓는 것이 아니라 그들의 음식과 문화와 새로운 아이디어를 향유할 준비를 하면 된다고 이야기한다. 이렇게 이주자들과 섞이고 어울리면서 한국 사회는 더욱 다채롭고 풍성해질 것이다(물론, 한국 사회의 합의된 관행과 문화적 규범을 그들에게 알려주고 적응할 기회를 줘야 할 것이다).

그런데 이러한 규범적politically-correct, PC 수준의 이야기가 이미 필요 없게 되었는지도 모른다. 한국의 지역 경제와 비숙련 단순노동, 3D 업종, 농업과 어업은 이미 이주 노동자들 없이는 굴러가지 않는다. 그것도 한국인들이 기피하는 힘들고 어려운 일을 도맡아 해주는, 우리의 중요한 동료들이다. 우리는 너무 임금이 낮아 하지 않는 일이지만 그들에겐 그 일이 기꺼이 할 만한 일인 것이다. 따라서 노동력이 부족한 2025년 대한민국에서 이주자들이 그 부족한 자리를 채우는 것은, 물이 위에서 아래로 흘러 내려가는 것만큼 자연스러운 현상이다.

다만, 트럼피즘이 창궐할 정도로 이주자가 늘어나는 상황에 이르는 것을 걱정하는 이들이 있음을 알고 있다. 하지만 건설 분야를 제외하고는 이주자와 국내 노동자가 경쟁하는 분야가 드물며, 이주자의 수 또한 아직 그러한 상황에 이를 정도는 아니다. 무엇보다도, 노동력 부족을 해결할 다른 방도가 존재하지 않는다.

왜 우리는 (아직은) 이주자의 나라가 아닌가

벼농사 체제는 유례없이 강력한 '정주 시스템,' 즉 동아시아의 '소셜 케이지'를 발달시켰다. 그것은 쌀의 강력한 인구 부양력 때문이기도 하고, 쌀과 함께 공진화한 종족들이 쌀 재배 환경과 상호작용하며 만들어낸 사회 시스템 때문이기도 하다. 앞서 이야기했듯이, 벼농사 지대는 마을 단위 공동/집단 노동 교환과 노동 동원 시스템을 구축한다. 이 노동 교환/노동 동원 시스템하에서 세대 네트워크와 세대 간 위계 조직을 통해 기술을 축적, 확산, 전수시킨다.

더구나 벼농사 체제는 자기 완결성으로 인해 이웃 마을, 이웃 나라와 교역할 필요성이 크지 않았다. 쌀의 거의 완벽한 영양소는 채소와 과일을 섭취해 약간의 미네랄과 비타민을 보충하기만 하면, 벼농사 지역의 정주민들이 평생 고기 없이도 삶을 영위할 수 있도록 해주었다(브로델 1995; 이철승 2021). 19세기 말에서 20세기 초반까지도, 대부분의 한국 마을은 다른 지역과 대규모 상품 교환을 하지 않았고, 마을 안에서 모든 것을 생산하고 소비하는 자급자족 시스템을 영위하고 있었다. 오일장을 열어 약간의 물품을 내다 팔고 사 오기만 하면, 농촌 생산 경제는 큰 문제 없이 그럭저럭 굴러갔다.

중국과 일본 또한 서구 열강이 무력으로 문호를 개방시키기

전까지는 특정 지역의 항구 한두 개(광저우와 나가사키)로 무역을 제한했고, 그 또한 황제(왕)의 외교적 은혜 차원이었지 내부적 필요에 의한 것이 아니었다. 벼농사 체제하의 인구 폭발로 값싼 노동력이 풍부했기에, 굳이 기계로 짠 서구의 면직물이나 모직물을 소비하지 않아도 되었던 것이다(Pomeranz 2000). 자본주의적 상품경제의 순환과 생산 시스템이 소개되기 전까지 동아시아는 자급자족 마을 단위 생산 시스템하에서 수천 년을 살아온 것이다. 경제학자들은 이러한 시스템을 '저발전'이라 폄하하지만(특히 마르크스는 이를 전제정과 결부시켜 계급 관계를 결여하고 역사 발전의 법칙을 따르지 않는, 정체된 '아시아적 생산양식'이라고 폄하하였다), 외부의 압력과 경쟁이 없는, 즉 전쟁과 타민족에 의한 지배 위협이 없는 세계에서 이러한 농업 기반 자급자족 시스템은 가장 평화롭고 자기 완결적이었다(단, 국가와 지배계급의 과도한 수취가 없다는 전제하에서만 그러했다).

이러한 벼농사 체제의 한 가지 문제는, 오랜 세월 자기 완결적인 마을 단위 생산 시스템을 유지해온 덕분에 너무 강력한 소셜 케이지를 만들어버렸다는 데 있다. 그 특징은 무엇일까? 케이징이 강력하다는 것은 내부인의 입장에서 외부로의 탈출이 어렵다는 뜻이기도 하지만, 탈출할 이유가 별로 없다는 이야기이기도 하다. 오랜 세월 가족과 씨족 단위 자급자족 재생산 시스템을 만들어온 나머지, 외부 세계로 나갈 필요도 교류할 필요도 없었다는 이야기다. 내부인끼리의 강한 멤버십과 내부자 정체성이 수립되면, 외부인이 그 네트워크에 진입할 여지는 줄어들 수밖에 없다. 내부인은 외부인의 진입 시도를 '텃세'와 '배제'를 통해 좌절시킨다.

　　한국과 일본 사회가 외국인에 대한 벽이 높은 것은 우연이 아니다. 두 사회 모두 강력한 벼농사 체제를—산악 지형에서— 발달시켜왔다. 그만큼 강력한 소셜 케이지를 마을 단위로 발달시켰기 때문에 타 지역이나 타 문화권의 외부인들이 진입하는 데 많은 시간과 노력을 필요로 한다. 마을 전체가 확대가족과 다름없는 씨족사회이기에 타 성씨가 마을 사람으로 인정받는 통로는 결혼과 땅을 새로 개간하는 방법 정도였다. 한국인들끼리도 이러한 배제의 벽이 높은데 다른 언어, 종교, 피부색을 가진 이민족이 한국인들의 친교 네트워크에 진입하기는 얼마나 힘들겠는가.

　　실제로 한국인과 일본인은 비슷한 수준의 경제력을 가진 서구 선진국에 비해 이주자들에게 호의적이지 않다. 〈그림4-1〉은 이주자들을 이웃으로 두고 살지에 대한 한국인들과 일본인들의 태도가 여타 서구 선진국에 비해 훨씬 덜 우호적임을 보여준다. 한국은 일본보다도 낮아서, 열 명 중 네 명꼴로 이주자와는 이웃으로 살고 싶지 않다고 응답했다. 유럽이나 미국은 겨우 한 명 남짓 그렇게 대답했다.

　　〈그림4-2〉는 벼농사 문화권의 나라들이 공통적으로 이주자에 대해 호의적이지 않은 경향을 보여준다. 이주자들에게 호

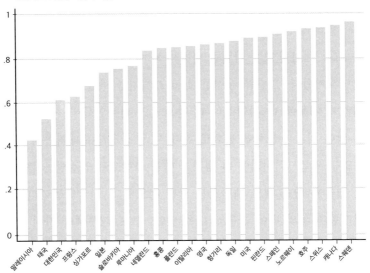

이주자와 이웃으로 사는 것에 대해
긍정적으로 답한 시민의 비율

인구 50만 이상, 1인당 GDP(Purchasing Power Parity)
1만 불 이상 국가들.

자료: World Values Survey 1990~2018.

그림 4-1 이주자에 대한 국가별 수용 태도 비교

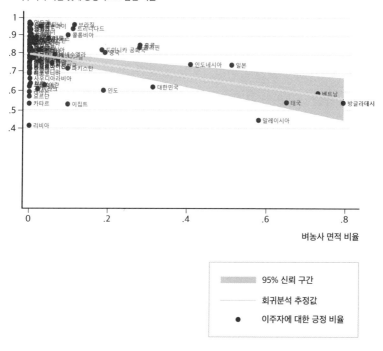

이주자와 사는 것에 긍정적으로 답한 비율

범례	
▨	95% 신뢰 구간
──	회귀분석 추정값
●	이주자에 대한 긍정 비율

t=-5.58(P>|t|=0.000). 1인당 국민소득과 벼농사 적합도를 통제한 수치.

자료: 벼농사 면적 비율. UNFAO, GAEZ 3.0.
　　　이주자와 사는 것에 대한 태도. World Values Survey Waves 4~7.

그림 4-2 벼농사 문화권의 이주자에 대한 낮은 수용성

의적이지 않은 또 다른 지역은 이슬람 문화권(그림의 왼편 아래)
인데, 두 문화권 모두 가족/친족을 중심으로 한 끈끈하고 배타적
규준을 가진 사회들이다. 멤버십을 얻기 위해 치러야 하는 비용
이 높고, 일단 멤버십을 획득하고 나면(대개는 태어날 때부터 정
해져 있는) 그것을 놓아버리기에는 가족과 친족 혹은 종교 공동
체가 만들어놓은 의무와 혜택의 그물망이 너무 촘촘하다. 동아
시아는 그것이 '논바닥'의 협업 공동체에서 기원하고, 이슬람은
종교 공동체에서 기원한다는 점이 다를 뿐이다.

오픈 엑시트

이주자의 엑시트 옵션
: 합법에서 불법으로

이주자들은 자신들의 정주 마을에서 엑시트한 자들이다. 그곳에 마땅한 일자리가 없었거나, 한국의 노동시장이 제공하는 임금이 고국의 것에 비해 몇 배 높기 때문에 이주 노동을 결행한 이들이다. 그들은 한국 사회에서 어둠을 뚫는 가느다란 빛을 발견한 것이다. 그런데 합법적으로 계약을 체결해 한국에 정착한 이주 노동자들은 금세 자신들이 (합법의) 케이지에 갇힌 것을 깨닫게 된다. 그들은 법으로 정해져 있는 지역과 사업장에서만 일할 수 있기 때문이다. 고국에 비해 임금이 훨씬 높으니 처음에는 멋모르고 버티지만, 시간이 지나고 나면 주위의 친구나 동료를 통해 다른 곳에서 (불법으로 일하지만) 더 높은 임금을 받을 수 있다는 이야기를 듣게 된다. 하지만 이들의 노동계약은 (윤석열 정부 들어) 지역과 사업장에 속박되어 있는, 노예 계약에 가까운 것이다.

더 높은 임금을 받을 수 있는(친구나 브로커가 소개해주는) 직장으로 옮기고 고국을 방문할 기회를 일정 기간 포기하겠는가, 아니면 현 직장에 남겠는가. 전자는 당국의 단속에 걸리면 본국으로 이송당하고, 아마도 영원히 혹은 상당 기간 재입국이 불허될 것이다. 걸리지 않고 장기간 생존하더라도, 고국의 그리운 가족들을 보지 못한 채 몇 년이고 외로운 세월을 견뎌야 한다. 많은 이주 노동자들은 단속에 걸릴 위험을 무릅쓰고, 자유로운 출입국을 포기하면서 불법의 길을 택한다. 심지어는 고국에서 배우자를 데리고 와, 부부가 함께 미등록 이주 노동자가 되기도 한다. 그만큼 한국 노동시장의 높은 임금이 주는 흡인력은 크다. 아이러니하게도 미등록 이주 노동자가 되는 순간, 전국의 수많은 사업장의 고용주가 그들의 엑시트 옵션에 포함된다. 단속 당국에 걸리지만 않으면 그는 "불법 속의 자유"를 누릴 수 있게 된다. 당신이라면 어떤 선택을 하겠는가.

오픈 엑시트

한국은 어떻게 이주자의 나라가 되어가는가

이제 다른 질문을 해보자. 당신이 미등록 이주자를 단속하는 당국의 책임자다. 혹은 미등록 이주자들이 몰려드는 것이 눈에 뻔히 보이는 동네의 경찰서에 근무하고 있다. 담당 공무원들은 수도권과 지방 중소 도시의 중소 규모 호텔, 음식점, 제조업체, 농가 곳곳에 미등록 이주 노동자들이 고용되어 있음을 알고 있다. 그들을 고용하고 있는 업체에 대한 제보도 심심치 않게 들어온다. 아마 경쟁업체이거나 이웃 주민일 것이다. 마음만 먹으면 상당수를 적발해서 본국으로 돌려보낼 수 있다.

하지만 여러 관계 기관과 고용주협회 관계자들에게서 다른 이야기도 듣게 된다. 이들이 없으면 공장이 돌아가지 않고, 농작물을 재배할 수 없으며, 호텔을 청소할 수 없다는 것이다. 이미 오랜 시간 그 업체에서 잔뼈가 굵어, 이들을 차라리 합법화할 통로를 마련해달라는 민원 아닌 민원도 들어온다. 동네 젊은이들이 다 도시로 빠져나가고, '소멸 위기 지역'으로 보도된 지 10년 만에 그 꼬리표도 떼었다. 동네 공장도 이들 덕분에 돌아가고, 이들이 주변에서 먹고 마시니 세수도 더 늘어난 데다 상권도 살아 움직인다. 당신은 그들을 단속하여 추방할 것인가? 이주자가 많은 지방의 공무원들이 이들을 단속하는 문제에 대해 애매한 태도를 보이는 것은 놀랄 일이 아니다. "단속해서 내쫓으면, 그 일은 누가 하죠? 누가 이 동네에서 돈을 쓰지요? 지역 경제는 어떻게 하죠?"라고 직접적으로 말은 안 해도, 그 눈빛과 태도에서 그들의 마음을 읽기란 어려운 일이 아니다.

중앙 부처에 근무하는 고위 당국자에게는 이들을 너무 심하게 단속할 경우, 단기간 노동 공급에 차질이 생겨 서비스나 제품의 가격이 올라갈 수 있다는 보고도 올라올 것이다. 합법 이주자들을 공급하는 통로로는 이 모든 노동 수요를 만족시킬 수 없기 때문이다. 또한, 아무리 많이 잡아들여도 관광 비자나 학생 비자로 입국한 외국인들이 불법으로 노동시장에 진출하는 경로와, 합법으로 들어왔으나 불법으로 전환하는 경로를 전부 차단하기란 현실적으로 쉽지 않다.

이주 노동자들은 내국인들이 꺼리는 3D 업종을 중심으로 산업과 서비스 현장의 육체노동을 담당하면서 ① 단기간 임금을 챙겨 고국으로 돌아가는 단기 체류 노동자들, ② 내국인 고용주 및 동료들과 깊은 관계를 맺고 숙련공이 되어 장기 체류자로 전환하는 이들, ③ 내국인과 결혼해 시민권을 획득하여 영구 정착하는 이들로 구분된다.

한국의 제조업은 이제 단순 조립 가공업을 하던 1960~70년대와는 질적으로 다르다. 글로벌 대기업의 하청이건 글로벌 시장에서 직접 바이어를 접촉하는 강소 기업이건, 상당 수준의 기술을 축적한 숙련공들을 필요로 하고, 실제로 그들 없이는 아무 일도 하지 못한다. 숙련공의 존재는 고용주에게 무엇일까? 숙련

오픈 엑시트

공이란 그 기업 특유의 상품을 만들어내는, 그 기업만 갖고 있는 노하우와 공정을 몸과 머리에 오랜 세월 새긴 존재들이다. 베커 (1964)의 표현을 빌리면 '기업 특수 기술'을 체화하고 있는 존재들이다. 그 기업에 특수한 기술이란, 그 기업을 떠나서는 별 효용이 없다는 뜻이기도 하다.

우리는 오늘날 이러한 기업의 숙련공들을 '인적 자본human capital'(같은 책)이라 부른다. 기업 특수 기술을 체화한 숙련공은 회사의 일부를 넘어, 그 회사 자체다. 넥센이나 넷마블의 게임 개발자들을 떠올려보라. 그들이 일시에 그만둔다면? 단기적으로는 이미 존재하는 자산으로 버티겠지만, 시간이 지나고 대체자를 구하지 못하면 이 회사들은 문을 닫아야 한다. 숙련공은 회사의 과거이자 현재이며 미래다. 이들을 키워내기 위해 삼성전자와 같은 기업들은 천문학적인 돈을 직원 교육에 쏟아붓는다.

이주와 관련해 기업 특수 기술이 중요한 이유는, 한국의 중소 제조업이 오랜 인력난을 극복하고자 외국인 노동자들을 고용하기 시작하면서 이들 중 상당수가 숙련공이 되어가고 있다는 점이다. 경기도의 한 가구 공단의 합법 혹은 불법 이주 노동자들의 삶을 다룬 이야기에서도 이러한 숙련공들의 출현을 확인할수 있다(고영란·이영 2016). 앞의 세 가지 이주 노동자들의 유형 중 두번째에 해당하는 이들이 급속히 늘어나고 있는 것이다.

숙련공이 되어간다는 것은 이들 없이는 고용주가 상품을 만들 수 없으며, 이들을 어떻게든 계속 데리고 있어야 한다는 뜻이다. 중소 조선업 납품업체들의 고용주들 또한 자신들이 고용하고 있는 이주 숙련 노동자들의 비자 문제를 해결해달라고 호소한다(김현미 외 2020). 이들의 이탈은, 고용주 입장에서 자신들의 업을 수행하는 데 막대한 지장을 가져온다. 숙련공이 사라지면 그를 대체할 인력을 다시 훈련시켜야 하는데, 단기간에는 불가능하기 때문이다. 최장 4년 10개월의 취업 비자를 두 번, 세 번 갱신하며 이들과 계속 함께하는 이유다(결국, 최근 정부는 이들이 출국 후 재입국할 필요 없이 서류로 갱신할 수 있도록 관련법을 개정했다).

숙련공이 비자를 몇 번씩 갱신하며 회사의 일부가 되어가면 무슨 일이 벌어질까? 회사 숙소에서 집단으로 살던 젊은 이주 노동자는 가족을 꾸리거나 본국에서 데리고 온다(남수연 2023). 가족이 왔는데 회사가 마련해준 집단 거주지에 계속 머물까? 10년 차, 15년 차 직원이면 연봉도 한국인 직원 못지않을 것이다. 주변의 아파트를 알아보고 세 들어 살다가 결국 구입을 결정한다. 10년 살면 한국의 부동산 시장에도 눈이 뜨일 것 아닌가. 이때 구입 결정에 결정적 도움을 주는 이는 같은 직장의 한국 동료, 상사, 심지어는 고용주다(같은 글).

숙련공 이주 노동자는 시민인가 아닌가

시민이란 무엇인가? 서울 시민은 서울에 살면서 삶을 영위하는 사람들이다. 물론 국가가, 시가 등록증을 나누어 준다. 사진을 붙인 주민등록증 뒤에 거주지 주소가 찍혀야 한다. 외국인 또한 마찬가지다. 국가와 시에 등록되어야 한다. 하지만 광의의 시민은 그러한 등록증을 넘어 존재한다. 광의의 시민은 그 지역 경제체제의 일원으로, 생산과 소비의 순환 고리에 노동자와 소비자로서 참여하고 기여해온 사람을 뜻한다.

어떤 사람이 오토바이 한 대를 빌려 한 지역에서 다른 지역으로 물품을 옮기는 서비스(택배나 배달)를 제공하고 그 품삯으로 방을 임대해 생필품을 구입해 먹고산다면, 그 사람은 그 지역의 시민이다. 자신의 노동을 특정한 가격에 시장에 제공함으로써 그 지역의 경제체제가 작동하는 데 기여했으므로, 참여 자체가 시민의 첫번째 자격 요건을 채운 것이다. 그가 그 지역의 공권력에 의해 '인식recognize'되고 '인준approve'되었는지는 그다음 문제다. 이 두번째 요건을 갖추지 못한 시민들을 (중국에서는) 불법 거주자(혹은 농민공)라 이름 붙인다. 이 시민이 한국인이 아니라 외국인이라면, 우리는 불법 이주자라는 딱지를 붙인다.

국가 입장에서는 이들이 어디 살고 있는지를 파악하고 관리해야 한다. 왜? 그래야 이들에게 세금을 부과하고, 유사시 국가의 사업을 위해 동원(요역)할 수 있다. 국가의 존재 이유이자 국가가 기능할 수 있는 전제 조건이기 때문에 이 기능에 토를 달 필요는 없다(푸코를 숭배하는 많은 사회과학자는 이러한 국가의 '분류'와 '낙인'(레이블링)을 통한 통치 행위에 이의를 제기하기도 하지만. Burchell et al. 1991). 국가는 국가의 일을 할 따름이다(그게 국가의 존재 이유다).

하지만 생산을 조직하는 자(고용주)의 입장에서, 그리고 그 생산물이나 서비스를 구입하는 자(소비자)의 입장에서 이들이 그 지역 공권력의 인준을 받았는지 말았는지는 큰 관심 사항이 아니다. 생산물이나 서비스에 투여되는 노동력의 가격과 질이 생산자의 요구 수준을 충족하면 그만이고, 그로부터 만들어지는 상품과 서비스의 가격과 질이 소비자의 만족도를 충족시키면 족하다. 당신은 배달받는 치킨을 어느 나라 사람이 가져왔는지 따지는가? 치킨이 식지 않았으면 된다. 사장님 입장에서 가구 조립하는 노동자가 어느 나라 사람인지가 중요한가? 가구 조립만 잘하면 충분하다. 경제적 시민이 되기 위해 국가의 인준이 꼭 필요한 것은 아니다. 경제적 시민과 법적 시민이 일치해야 한다는 것은 국가, 그것도 법무부 출입국의 입장일 뿐이다.

여기에 한 가지 가정을 추가해보자. 가구 조립을 하던 미등록 이주 노동자가 10년이 지나니 그 회사 고유의 스타일을 체현해내는 숙련공이 되었다는 매우 그럼직한 가정을. 고용주 입장에서 이 노동자는 불법과 합법을 떠나 회사에 없어서는 안 되는

276   오픈 엑시트

존재다. 만약 10년이라는 고용 기간 동안 고용주가 이 노동자의 영주권이나 시민권을 해결하지 않고 있었다면, 그는 시장 임금보다 낮은 가격에 이 노동자를 '착취'하고 있었을 가능성이 높다(손인서 2024). 노동자는 고용주에게 고용허가서 발급을 요구할 위치에 있고, 그럴 경우 사장님은 발급해주었어야 한다. 이 경우, 불법과 합법의 경계는 그 이주 노동자가 노동시장에 참여한 기간과 숙련 수준에 의해 전환될 수 있는 가변적인 것이 된다.

미등록 이주자들은 한국 노동시장에 참여함으로써 시민이 '되어가는' 것이지 애초부터 시민이었을 수 없고, 영원히 시민이 될 수 없는 것도 아니다. 시민이란 케이지는 가변적이다. 그 첫 번째 기준은, 이들이 국내 생산 시스템에 일정 기간 이상 기여했는지다. 그 기여의 내용이, 고용주와 '합자 투자co-investment'(Hall & Soskice 2001)를 통한 특정 법인의 성장이라면, 그들은 국민경제의 필수적 참여자가 되었다는 뜻이다. 나는 이들을 잠재적 '시민'이라 규정하지 않을 이유를 모르겠다.

혹자는 이러한 '고용'에 기반한 이주 노동자에 대한 시민권 규정이 그들을 '인간'으로 보는 것이 아니라 '사용 가능한 노동력'으로 보는 도구주의적·자본가적 시각이라 비판한다. 미안하지만 이러한 시민권의 규정은 동시대의 이주민뿐만 아니라, 모든 시대와 장소의 인간 공동체에 공통으로 적용되는 것이다. 애초에 근대의 시민권은 시장에서의 생산과 교환 과정에 대한 참여를 전제로 형성되어, 그 기반 위에 정치적 시민권과 사회적 시민권이 없던 것이다(Marshall & Bottomore 1950).

바꿔 이야기하면, 한 사회에서 장기간에 걸쳐 적극적으로 생산 활동에 참여하고 기여해온 외국인에게 시민권 부여 절차를 마련하는 것은 정당하고 합당한 프로세스다. 이러한 '생산주의적' 시민권은 근대 사회민주주의 시민권의 근간을 이루는 것으로, —도구주의적이라는 비판과는 달리—이주 노동자들에 대한 '포용적 제도' 수립의 근간이 될 수 있다. 소수자들의 권리 증진에 가장 강력한 무기는 '생산주의'일 수도 있는 것이다. '탈상품화decommodification'(Esping-Andersen 1990)가 아니라 '상품화commodification'가 권리 주장의 근본이 될 때(Gorz 1980), 노동계급이나 소수자 입장에서는 얻을 수 있는 것이 훨씬 많을 수 있다. 일하지 않을 권리를 주장하기보다 일할 권리, 일하는 자의 권리를 주장할 때, 소수자와 노동계급의 연결 고리 또한 살아 있게 된다. 이주 노동자가 시민권을 획득하는 통로는, 생산현장에의 기여를 통하는 것이 가장 보편적인 길이 될 것이다(다른 길은 앞서 이야기한 세번째 경우로, 결혼과 출산이다).

이주 노동력은 이미 여기에

노동력이 부족한 제조업 사업장들은 이미 이주 노동자들을 사용하고 있다. 〈그림4-3〉은 행정안전부 자료로 '잡힌' '공식적으로 승인된' 이주 노동자들의 지역별 분포를 보여준다. 수도권과 그 주변에 이주 노동자들이 많이 분포하는 것은 뉴스가 아니다. 경기도 안산, 포천, 광주에는 다양한 이주자 공동체가 형성되어 있으며, 전남 영광에도 거대한 농업 및 결혼 이주 노동자 공동체가 자리 잡고 있다. 동남권의 경우 마산과 창원의 공업단지, 경주의 호텔/숙박업소들에 외국인 노동자들이 많이 고용되어 있다.

충북 음성은 수도권과 경상·전라를 잇는 교통의 요지인 데다 수도권에 비해 상대적으로 땅값이 싸기 때문에 공장이 밀집해 있다. 이 공장에서 만들어내는 일자리를 따라 외국인 노동자들이 밀려들었다. 2018년 통계청 수치상으로는 12.5퍼센트지만, 미등록 이주자들까지 더하면 20퍼센트가 넘을 것으로 추정된다(『한겨레』 2023년 11월 14일). 앞서 이야기했듯이, 이들의 다수는 점점 더 장기 체류자로 변해가고 있다. 예전에는 3년 이내의 단기 체류자들이 다수였다면, 이제는 3년 이상 장기 체류자의 비율과 수가 급속히 늘고 있는 것이다(〈그림4-4〉).

이들은 주로 어디에 고용되어 있을까. 〈그림4-5〉는 외국인

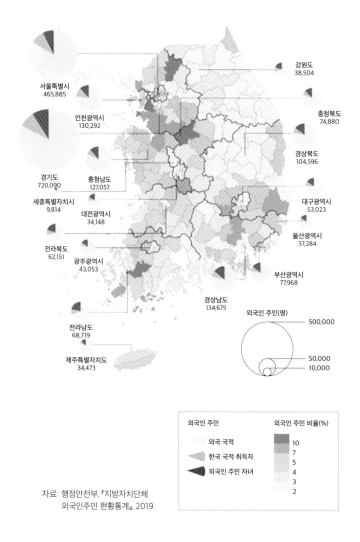

강원도
38,504

서울특별시
465,885

인천광역시
130,292

충청북도
74,880

경상북도
104,596

경기도
720,090

충청남도
127,057

세종특별자치시
9,814

대전광역시
34,148

대구광역시
53,023

울산광역시
37,284

전라북도
62,151

광주광역시
43,053

부산광역시
77,968

경상남도
134,675

전라남도
68,719

제주특별자치도
34,473

외국인 주민(명)

500,000

50,000

10,000

외국인 주민

외국 국적

한국 국적 취득자

외국인 주민 자녀

외국인 주민 비율(%)

10
7
5
4
3
2

자료: 행정안전부, 『지방자치단체
외국인주민 현황통계』, 2019.

그림 4-3 지역별 외국인 주민 구성 비율

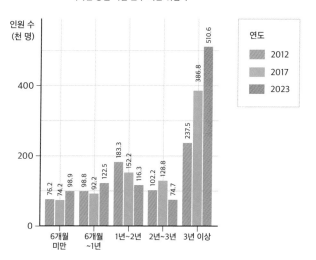

외국인 동일 직업 근무 기간 취업자

자료: 통계청·법무부, 「2023년 이민자체류실태및고용조사 결과
: 동일 직업 근무기간별 취업자(이민자)」 2024. 3. 12.

그림 4-4 체류 기간별 외국인 수

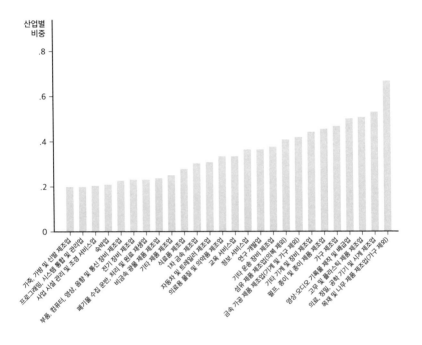

외국인을 고용한 기업이 전체의 20% 이상인 산업만을 보여줌.

자료: 사업체 패널 2021.

그림 4-5 외국인 고용(1인 이상) 기업의 산업별 비중(2021)

노동자가 한 명이라도 고용되어 있는 업체의 산업별 비중을 그래프로 보여준다. 외국인 노동자를 고용하는 업체의 비중이 가장 높은 산업은 목재 및 나무 제품 제조업, 의료용 물질 제조업, 화학물질 제조업과 같이 내국인들이 꺼리는, 육체적으로 힘들거나 건강을 해칠 위험이 있는 분야다. 나아가 그래프의 중간 부분을 볼 때, 외국인들은 연구 개발업이나 교육 서비스업(외국어 교육)에까지 발을 뻗어 전문직과 숙련직에 가까운 분야에도 진출하고 있음을 알 수 있다. 다시 말해서 어떤 산업은 내국인들이 기피해서 외국인 노동자 없이 돌아가지 않는 상황이라면, 다른 산업은 내국인들의 역량이 부족해 외국인들의 기술을 이용할 수밖에 없는 상황이다. 둘 다, 노동 수요에 비해 공급이 부족한 상황이다. 국내에 들어와 있는 외국인 노동자들 덕분에 이 산업들은 그나마 유지되거나 발전하고 있는 것이다.

이주민은 어떻게 도시의 인구구성과
정치 지형을 변화시키는가

미국은 이주자들이 세우고 발전시킨 국가다. 이주자의 수가 가장 많고, 따라서 가장 다양한 인구구성으로 가장 앞서서 발전하는 나라다. 미국 사회를 잘 들여다보면, 이주자가 늘어나는 한국 사회의 미래를 짚어보는 바로미터가 되어줄 수도 있다.

미국의 이주자들은 세계 각국에서 모여들었기 때문에 ── 당연히 ── 서로 말이 통하지 않을뿐더러 문화도 달랐다(이주자 공동체별로 편차가 있지만 상당수는 여전히 그렇다). 따라서 초기 이주자들은 예외 없이 배타적인 민족 공동체ethnic enclave를 구성해, 그 안에서 생존에 필요한 정보를 공유하고 호혜적인 상호부조 네트워크를 만들었다(Portes 1998). 미국의 토착(먼저 온) 백인들과 (나중에 온) 이주자들은 일터에서는 섞여 일하지만, 일이 끝난 후에는 각자의 민족 공동체로 돌아간다. 인종/민족 공동체들은 지역적으로도 분리되어 있을뿐더러, 교회나 축구 클럽 같은 종교·문화 단체를 통해 서로에게 사회적 장벽을 쌓는다.

백인과 비백인 소수 인종 간의 거주지 분리residential segregation는 두 가지 힘을 통해 형성된다. 하나는, 소수 인종의 백인 위주 마을로의 '이주 욕구'다. 소수 인종은 주류 백인 사회에서 일자리를 얻거나 장사를 하기 위해 이주한다. 또한 자신들이, 자

오픈 엑시트

녀들이 백인 사회에 적응해 백인들의 문화권 안에서 '실질적 시민권'을 얻기를 열망한다. 이 이주 욕구만 존재한다면, 백인과 비백인 소수 인종이 분리될 이유가 없다. 오히려 섞이는 것이 정상이다. 하지만 마을에 흑인이나 히스패닉과 같은 비백인 유색인종의 수가 늘기 시작하면, 어느 순간tipping point부터 백인들이 마을을 떠나기 시작한다. '백인들의 탈출white flight'이라 불리는 이 현상은 1950년대 이래로 미국 인종 및 이주 학계의 주요 관심 대상이었다. 합의된 티핑포인트는 대략 유색인종이 30퍼센트를 넘어설 때다(Schelling 1971). 그 이전까지 조용히 진행되던 백인들의 탈출은 유색인종이 30퍼센트를 넘으면서 가속화되어, 결국에는 유색인종의 마을로 바뀐다는 것이다. 엑시트 옵션이 인종주의와 결합되어 행사될 때, 그 결과는 커뮤니티의 종족 분리ethnic segregation다.

1930년대 대공황과 함께 발생한 남부의 실업자들(주로 흑인들)이 북부로 대거 이주했고, 이들은 시카고, 디트로이트, 뉴욕과 같은 대도시 내부에 정착해 제조업과 서비스업의 저숙련 일자리를 차지하면서 도시 빈민층을 형성하기 시작했다. 이러한 추이는 1970년대까지 계속되어, 시카고 남부 및 남동부와 서부에 대규모 흑인 밀집 거주지를 형성했다(〈그림4-6〉의 파란색 지역들). 정확히는 이들이 이주하면서 이곳에 거주하던 백인들이 흑인들을 피해, 그다음에는 히스패닉을 피해 교외로 이주하기 시작했다. 〈그림4-6〉은 대부분 백인 거주지였던 시카고가 어떻

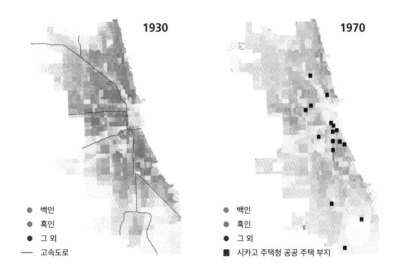

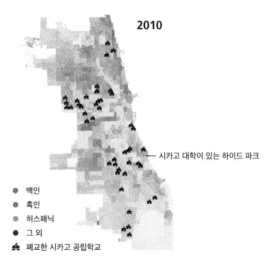

그림 4-6 미국 시카고의 인종 간 거주 지역 분리의 시대별 추이

게 흑인과 히스패닉 거주지로 바뀌어가는지를 보여준다. 1970년대까지 시카고 남부와 서부는 백인에서 흑인 거주지로 바뀌었으며, 2010년에 이르면 백인들은 대부분 교외로 빠져나간다(한인들도 이들을 따라 교외로 빠져나갔다).

시카고 당국은 흑인 밀집 지역을 중심으로 공공 주거 시설 프로젝트를 진행했는데(1970년대 그림의 까만 점들), 복지 진증을 위해 추진한 이 프로젝트가 오히려 거대한 슬럼화를 가속화하는 결과를 낳고 말았다(Hunt 2009). 2010년대에 이르면 1980년대부터 진행된 세계화의 압력이 중남미 경제를 뒤흔들면서, 이로 인해 발생한 거대한 이민 행렬이 미국 전체로 향하게 되었다. 미국 남부 지역을 중심으로 확산되던 이민 행렬은 2000년대 들어 북부의 대도시까지 진출했으며, 2010년대에 이르면 시카고 도심 남서부에 새로운 히스패닉 거주지를 형성하게 된다. 이들 히스패닉 인구는 흑인과 백인 거주지 바로 인근에 형성되어, 백인 거주지에 각종 서비스를 제공하던 흑인 계층과 경쟁 관계에 놓이게 되었다. 값싼 노동력을 무기로, 이들은 기존의 흑인들보다 훨씬 싼 값에 서비스를 제공하기 시작했다. 예를 들면, 시카고 대학이 있는 하이드 파크(2010년대 그림 참조)에서 흑인 자동차 수리공이라면 200불에 받을 서비스를, 조금 더 서쪽의 히스패닉 거주지에 가면 100불 이하에 받을 수 있다.

더구나, 2010년대 들어서는 도시 서비스 산업에 뿌리내린 히스패닉 인구가 흑인 거주지의 경계 및 백인 거주지에 진출해 직접 숍을 열고 서비스를 개시하면서, 흑인들과 저소득층 백인들의 실업률에 직접적 영향을 끼치기 시작했다(〈그림4-6〉의 초록색 지역들). 저소득층 흑인과 백인이 몰려 사는 지역의 실업률이 오르고, 마약 거래와 범죄가 늘어나면서 이 지역들의 슬럼화는 더욱 가속화되었다. 네이버후드 공동체neighborhood community 연구들은 이러한 슬럼 지역에서 자라는 아이들은 학교를 그만둘 확률이 높고, 마약과 총기 문화에 더 쉽게 노출되고, 갱단에 가입할 확률이 높아지며, 결국 범죄를 저지를 가능성이 더욱 높아짐을 보고하고 있다(Harding 2003, 2009).

〈그림4-6〉의 세번째 그림에 표시된 주택 모양 심벌들은 2010년대 들어 문을 닫은 공립학교를 표시한 것이다. 대부분 1970년대부터 흑인 거주지였던 곳들로, 지역이 슬럼화되며 학부모들이 그곳을 탈출exit해 교육 환경이 더 나은 곳으로 이주한 결과 취학 아동 수 부족으로 학교가 문을 닫게 된 경우다. 이러한 집단적 탈출exodus은 그 지역의 집값을 떨어뜨리고, 실업자와 마약에 찌든 인구만을 남기면서 상점들의 추가 이탈을 불러오게 된다. 구매력이 떨어지는 인구 때문에 장사가 안되면 상점들도 더 이상 그곳에 머무를 유인이 없어지는 것이다. 결국 이 지역들은 시카고라는 거대 도시에 행정구역으로는 존재하지만, 다른 곳으로 이주할 능력이 없는 하층 및 극빈층 이외에는 거주는 물론 방문조차 꺼리는 고립된 슬럼으로 전락한 채 최소한의 도시 기능(거주, 생산, 유통, 소비)조차 수행하지 못하게 되었다.

이러한 사회경제적 구조 변동은 미국의 정치 지형 또한 급격히 변동시키고 있다. 한 연구에 따르면, 급속하게 늘어난 히스패닉 인구는 흑인들에 대한 기존 주류 백인들의 인종적 혐오를 누그러뜨린 반면, 히스패닉에 대한 혐오(및 관련 범죄)는 증대시켰다(Fouka & Tabellini 2022). 백인과 흑인 간의 갈등과 혐오는 줄어들고, 오히려 히스패닉에 대한 혐오와 공포가 증대되고 있는 것이다. 그 결과, 2024년 미국 대선에서 흑인들의 해리스 지지율은 이전의 힐러리 클린턴이나 조 바이든의 90~92퍼센트에 훨씬 못 미치는 78퍼센트밖에 되지 않았다(『조선일보』 2024년 10월 13일). 그만큼이 트럼프 지지로 이동한 것인데, 하층 백인들뿐만 아니라 점점 더 많은 하층 흑인들이 이주자의 유입을 막고, 기존의 미등록 이주자는 추방하겠다는 트럼프의 신고립주의를 지지하기 시작했기 때문이다(결국 이들은 2024년 미국 대선에서 트럼프의 재선에 결정적 역할을 했다).

물론, 이 경계에서 이중 멤버십을 가진 채 인종/민족/종교의 경계를 가로지르는 수많은 조직과 네트워크 또한 존재한다(Putnam & Campbell 2012). 이들은 동시대 미국의 시민사회와 시장의 하부 구조를 이루면서 미국 사회를 발전시켰다. 하지만 최근 들어 미국 사회에 존재하는 다양한 인종/민족 공동체들을 통합하고 연결하는 힘들보다, 이들을 나누고 서로 증오하도록 부추기는 힘들이 점점 커지고 있다. 역사적으로도 대공황과 같은 경제적 충격이 엄습했을 때 이러한 분리의 힘들이 강해졌다. 이와 같이 신자유주의적 세계화의 영향으로 무역 시장이 통합되고 금융화financialization 및 외국의 직접투자가 증대되며 자동화로 인한 일자리 감소로 노동시장에서의 경쟁이 격화되면, 이 모든 현상은 이러한 분리의 힘(포퓰리즘의 발흥으로 확인되는)의 물질적 기초로 작용한다(Broz et al. 2021). 이러한 힘들이 강해질 때 인종/민족 간의 차별과 계층화 현상 또한 두드러지기 마련이다.

미국 사회의 이러한 대변환은 이주민이 가져오는 정치경제적 변화가 꼭 긍정적인 것만은 아님을 보여준다. 과연, 한국 사회에서 이주민의 증가는 이와 유사한 사회적 갈등과 정치적 충격을 가져올까? 아마도 그럴 것이다. 최근의 서부지법 난입 사태에서 우리는 그 단초를 목격했다. 민간인 시위자들이 중국인인지 아닌지 확인하기 위해 주민등록증을 요구했다는 소식은, 한국도 이주민에 대한 차별과 배제가 혐오 범죄로 이어질 수 있음을 예고한다.

노동조합과 이주 노동자들

내국인 기반 노동조합은 이주 노동자들을 반기지 않는다. 내국인 노동자들, 특히 저임금 분야 블루칼라 조합원들이 이들을 잠재적 경쟁자라 여기기 때문이다. 더 낮은 임금에도 기꺼이 궂은일을 도맡아 하니, 조직적으로 임금 상승 및 노동조건 개선 투쟁을 벌여야 하는 노조와 노조원 입장에서는 눈엣가시가 아닐 수 없다. 물론, 노동조합 안에서 이들을 적극적으로 조직화하려는 이들도 존재한다(Milkman 2000). 문제는, 언어와 문화의 차이 때문에 그들을 한데 묶어 조직화하기가 힘들뿐더러, 이주 노동자들끼리의 서로 다른 민족적 배경을 화해시키기도 쉽지 않다(Stephens & Wallerstein 1991; Lee 2005)는 점이다.

게다가 역사적으로 (미국에서) 이주자들은 노조가 파업할 때 파업을 망치는 자들strike breakers 역할을 해오기도 했다. 즉 파업 시 대체 고용인력으로 사용되었던 것이다(Lipset & Marks 2000). 이런 일이 한국에서 벌어지지 말라는 법도 없다. 현대자동차 생산직 평균임금이 1억을 넘은 지는 오래되었다. 이들이 일하는 작업장은 고도로 자동화되어 있어서, 보통교육을 받았다면 수 주일 정도 훈련 기간이 지난 후 바로 현장 투입이 가능하다. 노조가 장기 파업에 돌입했다고 쳐보자. 파업 중에도 임금은 지급된다. 하지만 공장은 돌려서 생산 물량의 납기를 맞춰야 한다. 그렇다면 고용주 입장에서는 외부 파견업체에 소속된 이주 노동자들을 고용해 교육한 후 현장에 투입하고 싶지 않겠는가?(노조 간부가 고용주라도 똑같이 할 것이다.) 노조가 파업하며 작업장을 점거하니 불가능할 뿐이지, 다른 곳에 똑같은 유휴 생산 시설이 있다면 고용주는 당연히 이주 노동자들을 고용해 똑같은 일을 시킬 것이다.

만일 노조가 없다면? 경제 위기 시에 불황을 핑계로 1억 이상 받는 노동자들을 대거 해고하고(1998~1999년에 그랬던 것처럼), 저임금의 외부 비정규직으로 라인을 채울 것이다. 따라서 이주 노동력은 그 존재만으로도 잠재적 파업 브레이커 역할을 한다. 그러니 정규직 노동조합은 이들의 존재를 꺼릴 수밖에 없다. 하지만 노동조합 간부와 이론가들 또한 안다. 이들도 노동자이고, 이들의 인권 또한 소중하다는 것을.

더구나 한국의 정규직 노동조합들은 지난 20여 년간 비정규직과 사내 하청의 존재를 알면서도 묵인해왔다. 자신들의 고용과 높은 임금을 보장해주는 버퍼buffer와 같은 존재들이었기 때문에, 같은 라인에서 똑같은 일을 하면서도 낮은 임금과 불안정 고용에 시달리는 그들의 처지를 모른 채 해왔다. "자본과 결탁해 비정규직의 등짝에 함께 빨대를 꽂고 착취해온 것"(전직 민주노총 간부)이 정규직 노조였음은 전작에서도 여러 번 밝혔다.

사실은, 비정규직 또한 정규직 노조 입장에서는 버퍼일 뿐만 아니라 파업 브레이커일 수 있다. 정규직 노조의 힘이 빠지면

오픈 엑시트

언제든 그들의 일을 즉시 대체할 수 있는 현장 예비군들이기 때문이다. 따라서 정규직 노조는 비정규직에 대해 두 가지 모순된 감정을 갖고 있다. 우리의 힘이 강할 때는 불황과 경제 위기 시나 대신 해고되어 내 밥통을 지켜줄 버퍼지만, 우리의 힘이 약해지면 언제건 내 일자리를 대체할 수 있는 자들이다. 이제 이 후자의 예비군 목록에 이주 노동자들이 추가된 것이다. 언어 장벽이 있다지만 한국에 오래 머물렀다면 기본적인 의사소통이 가능하고, 내국인 정규직이나 이주자 중 통역 역할을 해줄 인력이 소수만 있으면 웬만한 제조업 작업장에서 협업은 큰 문제가 아니다.

실제로 이주 노동이 급격히 증가한 국가들에서 노동조합 조직률은 하락을 감수할 수밖에 없었다(Lee 2005). 대체 노동력 역할을 하기 때문에 노조의 파업이 힘을 발휘하기가 어려워지고, 이들이 공장 안으로 고용되어 들어오면 언어와 문화의 차이로 인해 노동조합의 구호와 전략에 잘 동참하지 못하기도 한다. 결국 고용주 입장에서 이주 노동자들은 내국인 노동자들에 비해 낮은 임금을 감내하고, (불안정한 지위로 인해) 말도 더 잘 들을뿐더러 노조를 조직할 능력도 떨어지는, 통제가 훨씬 용이한 집단이다.

고용주들은, 소통이 필수적이지 않은 사업장의 고용주들은, 이주 노동자들을 고용하지 않을 이유가 없고, 그렇게 그들은 한국 경제의 일부가 되어왔다. 소통이 필수적인 사업장의 고용주들마저도 출산율의 급격한 저하와 청년 노동층의 육체노동 기피 경향으로 인해, 직접 비용을 들여 한국어를 교육해서라도 이주 노동자들을 고용하는 쪽으로 방향을 틀고 있다. 극심한 인력난을 겪고 있는 조선업의 대형 제조업체들은 동남아 현지에서 한국어를 가르쳐 이들을 한국의 작업장으로 이주시키려는 노력을 시작했다.*

한국 사회는 정규직과 비정규직으로 이중화된 노동시장에서, 정규직–비정규직–이주 노동자로 삼중화된 노동시장으로 이행하고 있다고 보아도 무리가 없다. 나아가, 이미 정착한 지 20년 가까이 되는 조선족을 필두로 이주 노동자 중 일부는 합법적인 정규직 노동시장으로 편입되면서, 그들 내부에서도 불평등이 급속히 증대되고 있다(조혜란 2025).

---

* 경남대 양승훈 교수의 콜로퀴엄 발표(서강대 사회학과 2024).

정당과 이주자들

정당은 이주 노동자들을 어떻게 생각할까? 답은 단순하다. 이들이 시민권(투표권)을 보유했을 때만 그들의 선호에 반응한다. 한국의 이주 노동자들은 (합법 체류자인 경우에도) 단기 체류 비자를 갖고 있을 뿐, 투표권과 같은 시민권은 갖고 있지 못하다. 프랑스나 미국과 같은 속지주의 국가들은 일정 기간이 지나면 이주자들에게 시민권을 부여해 자국민으로 대우할 뿐만 아니라, 그 자식들이 자국령 안에서 태어나기만 하면 예외 없이 시민권을 부여한다. 한국 사회에서 한때 원정 출산 붐이 일었던 이유다.

하지만 한국은 이주자의 자녀가 한국에서 태어났다고 시민권을 부여하지 않는다. 내국인과의 결혼이 전제되어야 한다. 이런 제도하에서는 이주자들이 시민권과 투표권을 얻기가 쉽지 않다. 3년 이상 체류한 영주권자에게만 지방선거 투표권을 부여했을 뿐이다(이 정도 수준의 시민권조차도 없는 일본보다는 낫다). 아무리 이민 인구가 늘어도, 이들의 정치적 힘에 별다른 변화가 없는 이유다. 이들에게 투표권을 부여하는 문제에 대해 정치 정

＊ 지난 2022년 제8회 지방선거에서 투표한 외국인은 12만 7,000명으로 투표권이 있는 외국인 중 13.3퍼센트만이 투표하였다(중앙선거관리위원회).

당들은 (아직은) 별다른 입장이 없다. 한때 이민에 호의적이었던 정치인들이 청년층의 강력한 혐중 정서 및 여타 이주자들에 대한 혐오 수준에 놀라 이민 관련 정책을 서랍 속에 묵혀두고 있다는 이야기만 들린다.

합법 혹은 불법 지위로 일정 기간 노동시장에 참여해 고용주로부터 안정적으로 임금을 받고 있다면, 이미 어느 정도 경제적 시민권이 생긴 셈이다. 하지만 이들에게 투표권을 부여하는 문제는, 경제적 시민권의 문제를 넘어서는 일이다. 예를 들어 경기도 특정 지역에 10년 이상 집단 거주하며, 해당 지역의 산업단지에 고용되어 일해온 남아시아 출신 노동자 밀집 지역 거주민들에게 지방선거와 총선에서의 투표권을 부여했다고 쳐보자. 무슨 일이 일어날까?

그들은 지역의 열악한 환경에 관한 문제들, 예를 들면 교통과 식수부터 공해, 교육 문제에 대한 즉각적인 해결책을 요구할 것이다. 보다 정확히는, 그러한 문제의 해결을 공약하고 실행에 옮기는 후보자에게 표를 몰아줄 것이다. 그러한 문제가 내국인 후보에 의해 해결되지 않으면, 자신들과 유사한 정체성을 가진 후보자를 내거나 단체를 조직해 각 정당에 압력을 행사하고 로비 활동을 벌일 것이다. 이들의 조직화에 자극받은 내국인들은 가만히 있을까? 당연히 이들을 끌어안아 당선 확률을 높이려는 세력과, 외국인/타 인종에 대한 공포를 조장하여 내국인들의 표를 모으려는 세력 모두 자신들의 목소리를 드높일 것이다.

오픈 엑시트

그런데 이러한 정치의 도래를 우리는 두려워해야만 하는 것일까? 뒤집어 생각해보자. 한 지역에 10년 이상 거주하며 그 지역의 생산과 소비에 기여해온 외국인들이 자신들의 열악한 거주 환경과 자녀 교육 문제를 해결하기 위해 목소리를 낼 통로가 있어야 하지 않을까? (그래서 3년 이상 영주권을 보유한 외국인들에게 지방선거 투표권이 부여된 것이다.)

이러한 투표권의 부여를 통한 이주자 정치는 국내 정치 지형에 어떤 파급효과를 가져올까? 아직 국내 정치 세력들이 이에 대한 입장을 구체적으로 밝히지 않았지만, 서구의 사례를 들어 그들이 어떤 입장을 취할지 유추해볼 수는 있다. 진보 진영 혹은 좌파는 노동권에 기반한 보편주의를 추구한다. 다시 말해, 노동자라면 인종과 출신지에 상관없이 노동자로서의 이해를 공유한다고 본다. 일종의 노동자 국제주의다. 또한 인류는 인종과 출신지에 상관없이 모두 신의 자식이라는 휴머니즘 또한 그들이 이주 노동자들을 환대하는 이유다. 좌파는 이주 노동자를 끌어안음으로써 자신들의 노동 기반 정치의 외연을 확장하고 싶어 한다.

하지만 앞서 이야기했듯이, 노조의 이해는 다르다. 이주 노동자들의 존재가 임금에 대한 하방 압력을 늘리고, 노조의 운영을 힘들게 하며, 파업 시 대체인력으로 기능할 가능성이 크기 때문에 좌파정당의 이해와는 다른 입장을 취하게 된다. 전미 트럭노조나 자동차노조가 이주 노동력을 막으려는 트럼프에 대해 명

시적인 반대 의사를 천명하지 않은 이유다.

반면, 각종 소수자를 끌어안으려는 신좌파 노선은 이주 노동자들에 대해서도 관대한 입장을 견지한다. 그들을 소위 '(페미니스트들과 성소수자들을 포용하는) 무지개 연대'의 일원으로 간주하는 경향이 있는 것이다. 한국의 정의당이 최근 힘을 잃고 있는 배경에는 (연동형 비례대표제에 대한 오판도 존재하지만) 구노동 세력과 신좌파 세력 간의 갈등도 주요한 역할을 한 것이 사실이다. 결국 이주 노동자에 대한 투표권 부여 문제는 좌파정당과 노조의 전통적 연대에 균열을 일으킬 가능성이 높다.

이런 점에서 이주 노동자 이슈는 우파 입장에서 꽃놀이패에 해당한다. 이주 노동이 늘어날수록, 좌파는 이를 지지하는 세력과 반대하는 세력으로 나뉜다. 좌파 내부의 보편주의자들은 이주 노동을 끌어안음으로써 좌파 정치의 외연을 확장하려고 할 테고, 그럴수록 좌파 내부에서 전통 노동 대 소수자 정치의 대립각은 첨예해진다. 특히 전통 노동 세력이 저임금 분야 위주로 조직화되어 있을수록, 그 기술의 성격이 외국인이 금세 습득할 수 있는 도구적인 것low tool skills일수록, 가장 커다란 장벽인 언어를 통한 의사소통의 개입이 덜한 것low interpersonal skills일수록(Lee & Lee 2015), 이들은 이주 노동자들과의 더 심한 경쟁에 노출되기에(대표적인 산업이 건설 분야다) 이주자를 옹호하는 새로운 소수자 정치와의 파열음은 더욱 커지기 마련이다.

하지만 우파정당 또한 이주 노동자 이슈 앞에서 내부적 균

열을 감수해야만 한다. 자본가의 이해를 대변하여 자본의 자유
로운 이동과 축적을 지지할 수밖에 없는 (전통) 우파정당(미국의
부시 행정부까지의 공화당이 이에 해당한다)에게 이주 노동자들
은 꼭 필요한 존재다. 좌파정당에게 노동자의 국적이 별로 중요
하지 않다면, 우파정당에게는 자본의 재생산을 위한 결합 파트
너인 노동자들의 국적 또한 중요하지 않다. 하지만 민족 정체성,
민족의 고유한 영토와 문화, 혈통을 중시하는 문화주의 우파(예
를 들면 미국 남부의 보수 기독교층)에게 이주 노동자들은 자신들
의 고유한 정체성을 더럽히고 위협하는 "외부인outsiders"들이다.

　MAGA(Make America Great Again)를 외치며 중하층 백인
을 결집하는 트럼프의 정치도 이러한 문화주의 우파를 자양분으
로 성장했다. 따라서 이민 이슈는 좌파정당뿐만 아니라, 우파정
당 내부에도 균열을 만들어낸다. 이러한 균열은 미국과 유럽에
서 국제주의와 세계화를 추진해온 전통 우파가 사그라들고, 신
극우파가 출현하여 우파정당을 장악하게 된 구조적 배경이기도
하다. 서구에서 2000년대 이후 극우정당에 의한 의회와 행정부
의 장악은 한두 나라에 국한된 현상이 아니며, 그 궁극적 원인은
세계화와 이민이다(Podobnik et al. 2017).

소수자 공격의 정치적 이득

트럼프는 2016년 대선 시카고 랠리에서 맨 앞줄에 서 있던 한 동양인 이주자(자신을 지지해서 그 자리에 참석했던)를 가리키며 "바로 저 사람 때문에 당신들의 인생이 불행해진 것이다"라고 백인이 다수인 지지층을 선동했다(그 동양인 지지자가 끝까지 자리를 지켰는지는 알지 못한다). 이주자에 대한 트럼프의 공격은 인간의 어두운 내면을 자극한다. 인간은 태초부터(혹은 정착 시절부터) 자신의 수렵/채취/경작의 영역을 지키기 위해 스스로를 방어하는 장벽을 쌓고, 때로는 타 집단을 공격하고 위협하며 자신들의 통제 영역을 넓혀가면서 문명을 이루었다. 문명화 과정 자체가 외부자의 폭력으로부터의 방어 혹은 외부자에 대한 폭력의 행사 과정이었다.

이렇게 생존하고 번영한 인류의 마음 깊은 곳에는 내부자끼리 뭉치고 외부자를 배제하려는 욕구가 존재한다. 가족은 그 최소 단위이며 국가는 그 최대 단위다. 그 사이에서 수많은 시민사회와 시장의 조직들이 다양한 형태의 '배타적' 멤버십을 유지해가며 이 세계에서 생존을 도모한다. 트럼프는 이 인류의 생존 방식에서 가장 약한 고리를 건드렸다. 바로 미 제국의 경영을 위해 19~20세기에 걸쳐 낮춰놓은 장벽을 다시 높임으로써, 이미 성벽 안에 들어온 자들의 특권을 보호하고 아직 들어오지 못한 자들을 배제하며, 더 나아가 공격하는 전략이다. 트럼프 이후에도 밴스와 같은 정치인들을 통해 이주자 배제의 정치는 더욱 활개를 칠 것이다.

이러한 소수자를 공격해서 편을 가르는 선동의 정치가 이 땅에서도 일어날까? 물론이다. 그럴 것이다. 세상에는 도덕적으로 해도 될 일과 안 될 일이 있지만, 그것을 함으로써 얻는 이득이 아주 크다고 판단될 때 서슴없이 그 일을 저지르는 사람들이 항상 있다. 이미 한국의 2024년 총선에서 한 극우파 정당의 후보자가 미등록 이주자들을 추적, 적발해 이들을 선거판으로 소환하는 작업을 시작한 바 있다. 그리고 대중들은—특정 시점에, 특정한 정치경제적 환경이 도래하면—이런 정치 지도자들에게 환호한다. 인간의 어두운 내면에는 자신이 쉽게 입 밖으로 내뱉지 못하는 말들을 대신 해주는 정치 지도자들에게 열광하는 자아가 존재하기 때문이다. 히틀러와 트럼프가 선거를 통해 집권할 수 있었던 배경이다. 정치 지도자의 이해와 대중의 이해가 유대인과 이주민이라는 희생양을 두고 일치하는 순간이다. 소수자를 언술로 공격하는 일은 정치인이 맡고, 이들을 일상에서 위협하는 일은 대중이 맡는다. 종국에는 정당을 통해, 이들은 이주자들의 권리를 제한하는 법을 통과시킬 것이다.

진보와 보수의 소수자 정치

그런데 언제 이주자를 공격할 유인이 커지는가? 바로 불경기에 접어들면서 불평등이 커질 때다. 일자리 사정이 좋지 않을 때다. 밀려드는 외국인들이(혹은 외국에서 만들어진 값싼 상품이) 나와 내 자식의 일자리를 위협한다고 느끼거나, 실제 자신들이 일자리를 잃었을 때다.

이들은 자동화로 인해, 회사가 경쟁력을 잃어서, 아니면 자신이 나이 들어서 일자리를 잃었을 수 있다. 실업수당으로 연명하며 다른 일자리를 알아보지만, 전만큼 좋은 일자리를 찾지 못하는 중하층 노동자들이 광범위하게 존재하는 곳에서 트럼피즘은 창궐한다. 자신의 불행한 처지를 탓할 대상이 내집단이 아니라 외부인, 그것도 언어와 피부색이 다른 외국인일 때 그 공격성과 증오심은 극대화된다. 경제적 자유주의와 세계화, 불평등에 대한 분노의 물결이 솟아오를 때, 이러한 물결에 올라타 그 방향을 외국과 외국인에 대한 분노로 틀어버리는 정치가 출현한다. 100년 전 유럽에서 그것은 유대인 혐오였고, 오늘날 미국에서 그것은 중국인(과 동아시아인)에 대한 혐오다.

발전된 민주주의 국가의 정치에서 지난 반세기는 두 시기로 나누어볼 수 있다. 1990년대까지의 전반기가 자본의 자유로운 이동을 위해 국경 허물기 작업을 주도한 경제주의 우파의 시대였다면, 2000년대 이후 후반기는 민족의 고유한 영토와 피를 수호하고자 하는 문화주의 우파의 시대다. 경제주의 우파 시기, 선진국의 다국적 자본이 전 세계를 누비며 지구촌을 하나의 시장으로 묶어내려고 했다면, 국내의 중소 자본들은 노동조합을 피해 더 값싼 이주 노동력을 활용하여 자본의 재생산을 유지하고자 했다. 문화주의 우파는 바로 이 중소 자본과 이주 노동이 결합되는, 선진국의 하층 노동시장에서 발흥하기 시작했다. 불안정한 고용과 실업을 오가며 이주 노동자들과 경쟁해온 하층 노동자들(프리케리아트)은 노조와 결합한 진보정당이 아니라, 문화적 정체성의 방어와 국내시장의 방어를 결합시키는 우파 민족주의에 귀를 기울이기 시작했다.

반면 진보정당들은 이주 노동자들을 끌어안는 보편주의를 택하거나, 적어도 이 문제에 대해 침묵하기를 택했다. 세계화의 물결에 밀려 들어오는 동아시아의 값싼 상품들로 인해 공장 문이 닫히며 해고당하고, 서비스 노동시장에서는 이주 노동자들에게 일자리를 내주며 빈곤과 범죄, 마약에 찌들어가는 공동체(Vance 2016)를 수십 년간 목도해온 선진국의 노동 계층이 의지할 정치 세력은 진보정당들이 아니었다. 이들은 불법 이주자들을 막는 국경 장벽을 세우고, 이미 들어와 있는 이주자들을 몰아내고, 중국과의 무역에 높은 관세를 매기면서 해외로 나간 자본들을 국내로 다시 불러들이는 트럼프와 같은 극우파 정책에 환호하기 시작했다. 그렇게 2016년에 트럼프가 집권했고, 유럽에서 극우정당이 2당, 3당이 되었다.

2024년 미국 대선에서 바이든의 대타로 떠오른 해리스는 이 문제에 답을 하지 않은 채 결국 트럼프에게 패배했다. 미국 중서부와 동부의 러스트 벨트에서 트럼프로 돌아선 중하층 노동자들의 일부를 다시 민주당으로 돌려세우는 데 실패하면서, 2016년 트럼프 대 (힐러리) 클린턴 선거와 동일한 결과를 낳은 것이다. 해리스뿐 아니라, 전 세계 진보 계열 정당들은 이 문제에 대해 답을 마련하지 못하면 앞으로의 선거에서 희망이 없다. 그들은 적절한 답을 찾지 못한 채 낙태권의 정치, 정체성의 정치, 환경정치로 이슈를 바꿔 다른 방식으로 유권자를 조직화하려 시도한다. 이 문제들 모두 노동 정치 못지않게 중요한 어젠다지만, 전통 우파의 신자유주의적 세계화와 신좌파의 문화적 보편주의에 반기를 든 중하층 노동자들은 쉽사리 새로운(새롭지 않은) 이슈들에 마음을 열지 않을 것이다. 클린턴이 일갈했듯이, 결국 문제는 '경제'인 것이다.

그런데 한국 사회는 서구와는 다른 점이 하나 있다. 바로 급격한 인구 축소로 인한 노동력 부족 현상이다. 한국의 건설 현장, 간병, 식당, 호텔, 인구 소멸 지역의 농업과 어업은 외국인 노동자 없이는 굴러가지 않는다. 당장 일할 사람이 없다는 것은, 외국인 노동자들을 대체 투입하더라도 이들을 경쟁자로 인식할 노동자들이 없다는 뜻이다. 이들을 꼭 필요한 노동력으로 인식하는 고용주와 소비자가 더 많은 상황에서, 이들을 체제에 대한 위협으로 간주할 소지도 크게 없다.

오픈 엑시트

이때 극우파 정치인이 등장했다고 쳐보자. 당장 고용주들이 들고일어나 그들을 비난할 것이다. 이주 노동자들의 노동이 투입되지 않아 간병, 식당, 숙박업소의 가격이 올라가면 소비자들 또한 들고일어날 것이다. 조국의 정체성이 위협받고 있다, 조국의 피가 오염되고 있다, 조국의 일자리를 빼앗기고 있다고 선동하던 정치인들은 주위를 둘러보고는, 선동이 표로 연결되지 않음을 깨닫고 뱉은 언어들을 주워 담기 시작할 것이다. 이것이 한국에서 아직 본격적인 반反이민/난민 정치가 시작되지 않은 이유다. 질문은 꼬리를 잇는다. 그렇다면 반이민 정치가 본격화되지도 않았는데, 한국에서는 왜 정치 위기가 시작되었는가?

어쩌면 이주자는 핑계일지 모른다. 그 자리에 소수자, 여성이나 페미니스트, 장애인을 대체시켜도 우파 포퓰리즘은 똑같이 작동할 것이다. 문제는 이들에게 밀려서 탈락했다고 스스로 생각하는 이들이다. 어떤 사람이 직장을 잃거나 얻지 못할 경우, 거기에는 수많은 요인이 존재한다. 먼저 자신이 그 자리에 적격이 아니라서, 수행 능력이 떨어져서, 일자리를 얻으려는 의지가 부족해서, 혹은 그 직장이 (모녀 김밥 가게와 같이) 시장에서 경쟁력을 상실했기 때문에 퇴출되었을 수 있다. 혹은 경제 상황이 악화되어 일자리를 얻지 못했거나 그만두었을 수 있다. 마지막으로, "실제로" 외국인이나 여성이 갑자기 일자리를 너무 많이 차지하는 바람에 내국인이나 남성이 일을 구하는 것이 힘들어졌을 수 있다. 이 모든 상황에 대해, 실직자들/구직자들은 외국인들 때문에, 외국 상품 때문에, 다른 소수자들(여성들) 때문에 자신의 일자리가 사라졌다고 믿기 시작한다.

그들 사이에서 외국인 노동자/여성에 대한 좌절, 질시, 분노가 끓기 시작하고, 특정 장소에서 특정 정치인 주위로 그 질시와 분노가 결집한다. SNS는 그러한 분노를 결집하는 장소 역할을 한다. 예전이면 시간이 지나면서 조용히 사그라들었을 분노가 서로의 댓글을 통해 상승작용을 일으킨다. SNS는 '지역마다 산재해 있지만 권위 있는 책임자에 의해 관리되지 않는' 마을 회관, 게시판, 확성기 그리고 무기고와 같다. 전통 사회에서 몇 달을 거쳐 입에서 입으로 천천히 퍼져 나갔을 분노가 며칠 만에 기름을 끼얹은 것처럼 순식간에 타오른다. 이렇게 마른 장작불같이 타오르는 '순간성'과, 특정 정치적·문화적 성향을 증폭시키는 필터버블 메커니즘이 조성하는 '편향성'이 결합되면 몹mob이라 불리는 성난 군중이 출현한다.

이 연쇄 고리에 경제적 불평등의 확대, SNS의 도래와 함께 발흥한 포퓰리즘이 상승작용을 일으키며 소수자를 공격한다. 그 약한 고리는 미국에서는 이주자였으며, 한국에서는 페미니즘 혹은 페미니스트였다. 결론적으로 자유민주주의의 후퇴는 경제적 양극화와 SNS의 휘발성이 맞물려, 정치적 양극화를 초래하면서 발생한다. 그 휘발성에 불을 지르는 자들은 포퓰리스트 정치인들이다.

그렇다면 이러한 경제 위기와 이민의 물결 속에서 고개를

든 서구의 새로운 우파 포퓰리즘이 한국에서도 출현할까? 당장은 아닐 것이다. 내국인 노동자와 이주 노동자의 일자리 경쟁이 서구처럼 치열하지 않고, 아직은 (건설업을 제외하고는) 내국인 노동의 빈자리를 메꾸는 식으로 진행되고 있기 때문이다. 하지만 장기적으로는, 결국 특정 임계점을 돌파하고 나면, 하층 내국인들은 자신들의 팍팍한 삶의 원인을 이들에게 돌릴 것이다. 또한 그 임계점을 미리 발견하고 그들의 분노가 더 빨리 끓어오르도록 기름을 끼얹는 자들이 출현할 것이다. 계엄령에 이은 트럼프의 관세 정치의 유탄을 맞은 한국 경제가 구조적 침체의 나락으로 미끄러져 들어가고 있는 마당에, 그 시점은 그리 멀지 않아 보인다. 바로 다음 전국 단위 선거에서 그러한 일이 벌어져도, 나는 놀라지 않을 것이다.

누가, 왜 이주자를 혐오하는가

어떤 사회의 세력/계층이 무슨 이유로 이주자를 혐오하는가? 이주자를 혐오하는 자들은 자신들의 주위에 해자를, 진입 장벽을 칠 수 없는 자들이다. 이주자들이, 중국에서 수입되는 값싼 상품이 시장에서 자신들을 내몰 때 아무런 기댈 곳도 갖지 못한 자들이다.

그렇다면 누가 자신들의 주위에 해자를 치고, 이주자들의 물결로부터 스스로를 보호할 수 있는 자들인가? 소위 '부드러운 기술soft skill'이라 불리는, 고급문화 및 의사소통 능력을 필요로 하는 업무를 수행하는 자들이다(Lee & Lee 2015). 변호사를 예로 들어보자. 변호사 업무는 법 지식이 부족한 고객의 요청에 따라 시민사회 안의 각종 민사사건을 대리/보조하거나 형사사건의 피의자를 변호하는 일이다. 검사 혹은 상대 변호인을 상대로 논리에 기반한 법적 공방을 벌여, 판사로 하여금 유리한 판결을 이끌어내는 역할을 한다. 법 지식 외에도 자국의 언어와 문화에 대한 깊은 이해가 필요한 직업이다. 뿐만 아니라 고객의 감정과 정신 상태에 대한 심리적 지지와 비공식적 상담까지 맡아 하기도 한다. 소송 사건은 긴 시간이 소요되는 데다 법원의 판결을 경유하지 않고 당사자 간 합의로 끝나기도 하므로 변호사의 업무는 경찰서, 법원, 구청이나 시청 같은 관공서, 변호사 사무실의 직원과

오픈 엑시트

소송 당사자들 간의 소통을 중개하는 일로까지 확장된다.

이런 일을 어느 날 외국에서 날아온 이주자 출신 변호사가 할 수 있을까? 그가 대학 졸업장을 갖고 있어도, 한국어를 어느 정도 구사해도, 심지어는 다른 나라에서 로스쿨을 나왔어도 한국 사회에서 변호사로 간판 걸고 영업하려면 눈물 콧물깨나 흘려야 할 것이다. 이 이주자 출신 변호사 혹은 지망생이 법률 시장에서 살아남는 길은 단 하나다. 자신과 같은 언어를 쓰는 이주자 집단의 법률문제, 즉 그들의 세금, 노무, 이혼과 같은 법률 과정을 해결해주는 것이다. 이 시장에는 한국인 변호사들이 진입하기 쉽지 않기 때문이다.

반대로, 한국인들의 법률 시장에 이 이주자 출신 변호사가 진입하기도 쉽지 않다. 한국말을 청산유수로 해도 법률 시장에서 살아남기가 쉽지 않은데, 부정확하게 그것도 더듬으며 이어가는 외국인 출신 변호사에게 소송을 맡길 고객은 없다. 결국 이주자들이 쉽게 경쟁하지 못하도록 막는, 눈에 보이지 않는 진입 장벽이 설치된 곳에 이주자들은 진입하지 않는다. 그러고 싶어도 그럴 수 없기 때문이다. 반면 변호사들 입장에서 이주자들은 각종 저임금 장시간 노동을 내국인들보다 낮은 비용으로 수행해주지만(따라서 상품과 음식, 용역의 값을 낮추어주지만) 자신의 일자리는 위협하지 않는 고마운 존재일 수 있다.

이와는 달리, 중국에서 용접 일을 하던 이주자가 한국에서 동일한 일을 구해서 하는 데 어떤 진입 장벽이 있을까? 없다. 그냥 하면 된다. 쓰던 것과 비슷한 장비만 있으면 된다. 한국의 용접 기준과 관행에 대한 교육이 며칠 필요할 수도 있다. 하지만 손짓발짓으로 설명해줘도 되고, 그도 안 되면 주변 조선족을 수소문할 수도 있다(건설이나 조선소 현장에는 보통 양쪽 언어를 구사하는 브로커 위치의 노동자나 사측 담당자가 있다). 바로 '도구에 관련된 기술tool skills'(Lee & Lee 2015; Hwang et al. 2023)에 투자한 노동자일수록, 비슷한 배경을 가진 이주자들과의 경쟁에 더 쉽게 노출된다. 도구에 관련된 기술은 언어와 문화의 장벽을 경유하지 않기 때문에 이주자들이 바로 습득(을 결정)할 수 있고, 이미 기술을 보유한 자들의 경우 해당 산업에 바로 진입할 수 있다. 따라서 산업 현장의 육체노동자들, 특히 어느 정도 숙련을 쌓은 노동자들(따라서 어느 정도 고임금을 받는 노동자들)이 이주자의 유입에 가장 반대할 가능성이 높다(Lee & Lee 2015).

국내 건설 현장에서 잔뼈가 굵은 용접공은 이들 이주자 용접공들에게 어떤 입장을 갖고 있을까? 앞의 변호사와 같은 입장일까? 아닐 것이다. 변호사는 다른 국가의 변호사들과 노동시장이 나뉘어segmented 있지만, 이들은 잠재적으로 같은 노동시장에서 경쟁한다. 만일 이 내국인 용접공이 이주자 반대 시위에 나타난다 해도 그리 놀랄 일은 아니다.

〈그림4-7〉은 외국인 거주자들이 겪은 차별 경험에 대한 설문 조사 결과다. 다행히 2015년에 비해 2018년과 2021년 외국인이 겪은 직접적인 차별 경험은 눈에 띄게 감소하고 있다. 이전

에 비해 소수였던 외국인과의 접촉이 많아지면서, 또한 외국을 방문해본 경험이 늘어나면서 외국인에 대한 혐오나 차별의 표현 또한 많이 줄어든 것으로 해석할 수 있다. 이를 '접촉 가설contact hypothesis'(Allport 1954)이라고 하는데, 타 인종 및 이주자들과 많이 접촉해본 사람들일수록 다양한 문화와 인종에 대해 더 열린 태도를 갖는 경향이 있다는 가설이다. 미국의 경우, (이주자 인구가 많은) 캘리포니아 거주민들이 (이주자를 발견하기 힘든) 캔자스나 오클라호마 거주민들보다 이주자들에 대한 편견이 훨씬 낮다고 보고된다.

〈그림4-7〉은 그러한 경향이 한국에서도 진행되고 있음을 보여준다. 6년의 기간(짧기는 하지만) 동안, 차별을 겪은 외국인의 수가 눈에 띄게 줄었다. 왜 이렇게 줄고 있는지에 대한 해석은 여러 가지로 가능하다. 외국 경험과 외국인에 대한 이해도가 높은 젊은 세대가 그렇지 못한 세대를 대체하고 있어서일 수도 있고, 외국인에 대한 관용도가 연령과 성별을 막론하고 사회 전체적으로 상승하고 있어서일 수도 있다. 나아가 한류의 세계화 속에서 한국에 대한 긍정적 이미지가 외국인들 사이에서 확대되었기 때문일 수도 있다. 어느 경우건 외국인이 직접 겪는 차별의 정도는 급격히 줄고 있고, 트럼프와 같은 선동 정치인이 한국에 등장하지 않는 한 이 추세는 한동안 계속될 것이다.

그럼에도 불구하고 통계적인 차별 경험의 감소가 이주자에 대한 차별이 없음을 의미하는 것은 아니다. 한국인의 인종주의,

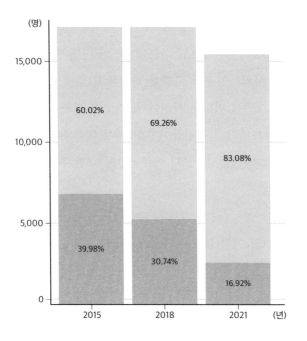

(명)		
15,000		
	60.02%	69.26%
10,000		
		83.08%
5,000		
	39.98%	30.74%
0		16.92%
	2015	2018 2021 (년)

외국인이 느끼는 차별의 경험   없다   있다

자료: 전국다문화가족실태조사(2015, 2018, 2021),
    "사회적 차별 경험"("1년간 차별 경험"(2015)),
    "사회적 차별 경험 유무"("지난 1년간"(2018, 2021)).

그림 4-7 재한 외국인들의 차별 경험, 2015~2021

더 짙은 색을 가진 인종에 대한 차별은 백인들 못지않다. 한 학자는 이를 '백색 가면'을 쓴 '황색인의 인종주의'라 칭하기도 했다(하상복 2012). 백인들의 문명을 동경하며 따라잡으려고 열망한 끝에 그들의 인종주의마저 내면화하여 스스로를 백인들과 동일시하고, 나아가 여타 제3세계의 더 짙은 피부색을 가진 자들을 열등한 인종/민족으로 간주한다는 것이다. 이러한 식민주의의 내면화 주장까지는 가지 않더라도, 어떤 한국인들은 제3세계 국가 출신 이주민들에 대해 멸시와 하대의 태도를 보이는 것은 사실이다. 실제로, 최근 서울 시민 사이에서 외국인에 대한 배타적 태도가 강화되고 있고, 그러한 태도는 자산 불평등이 심한 자치구에서 더욱 심한 경향성을 띤다는 연구(서준우·강우창 2021)는 외국인들이 실제 겪는 차별의 감소가 한국인들이 외국인 혹은 이주자들에 대해 갖는 혐오와는 별개일 수 있음을 시사한다.

외국인에 대한 혐오가 증가하는 메커니즘을 산업별로 살펴볼 필요도 있다. 어떤 산업에서는 외국인과 내국인의 일자리 경쟁이 외국인 혐오의 직접적 원인이 되기도 한다. 건설노조는 최근 현장에서 빠르게 외국인 노동자로 대체되고 있는 내국인 노동자들의 목소리를 대변하는 플래카드를 내걸었다가, 이주민 단체와 민주노총 위원장이 문제 제기를 하자 내린 일이 있다. 플래카드 내용은 "국민 세금으로 짓는 건물은 외국인이 아닌 국민이 일할 수 있게 합시다"였다(『경향신문』 2024년 6월 6일). 정부가 플랜트 건설 현장에 (그동안의 규제를 풀고) 외국인 노동자 고용을 허락하자 강력히 반발한 사례도 있다(『한국일보』 2024년 2월 14일). 민주노총 조합원 대상 설문에서 이주 노동자의 권리 보호는 2퍼센트의 지지만을 받아 최하위로 처지는 바람에 정당에 요구하는 총선 정책에 끼지도 못했다(『서울신문』 2024년 3월 5일).

이러한 일련의 상황 전개는 기존의 최저임금 수준의 단순노동직 일자리에서, 어느 정도 숙련을 요구하는 건설산업 일자리를 빠르게 잠식해 들어오는 외국인 노동자들에 대한 내국인 노동자들의 위기의식을 반영한다. 외국인 노동자 중 상당수는 국내 체류 연수가 3년을 넘어가기 시작했고 이들이 점점 저임금에서 고임금 기술직 일자리로 치고 올라오면서, 중장년층 한국인 노동자들과 노동시장에 새로 진입하려는 청년 노동자들이 한목소리를 내기 시작한 것이다. 외국인 노동자들과의 경쟁에서 소외되어 오히려 열등한 위치에 놓인다고 하소연하기까지 한다. 현장에서 잔뼈가 굵은 조선족 출신 팀장들이 한국인 노동자를 팀에 끼워주지 않는다는 것이다(『한국일보』 2018년 10월 4일).

왜 유독 건설업에서 내국인과 외국인 노동자 간 경쟁이 치열할까? 나아가, 왜 노조로 조직된 내국인 노동자들이 외국인 노동자들에게 밀려나고 있을까? 그것은 강도 높은 육체노동이 요구되는 산업의 특성상 20~30대 젊은 남성 노동자에 대한 수요가 높은 반면, 내국인 노동자의 공급은 40~50대 노동자들이 대부분이기 때문이다(이 경우 고용주들은 인건비가 더 낮고 육체적으로 더 튼튼한 몽골, 중앙아시아나 러시아 출신 20~30대 이주 노동자

오픈 엑시트

를 선호한다). 또한 다른 산업에 비해 노동강도와 위험도가 높은 탓에 임금도 상대적으로 높다. 건설업은 다단계 하청 구조하에서 숙련 노동과 비숙련 노동 인력이 한 작업장 안에 복잡하게 얽혀 있다. 한국어와 중국어에 모두 능통한 브로커 역할을 하는 10년 차 조선족 팀장이 한족과 내몽골인으로 팀을 구성해 더 낮은 인건비를 내세워 아파트 건설 현장에 하청업체의 일원으로 들어올 때, 이를 막을 수 있는 방법은 없다. 따라서 40~50대가 주류인 건설노조 지도부 또한, 급속도로 현장을 장악해가는 외국인 노동자들과 치열한 경쟁—일자리 대체와 낮은 인건비—에 시달리는 조합원들의 요구를 무시할 수 없는 상황인 것이다. 건설 산업은 상대적으로 높은 인건비와 낮은 진입 장벽으로 인해 한국의 청년 및 중장년층 노동자들과 이주 노동자들이 직접적으로 경쟁을 벌이는 분야로, 이주 노동자들에 대한 내국인 노동자들의 혐오가 점증하고 있는 대표적인 산업이다.

결국 유럽과 미국의 사례가 우리에게 알려주는 것은, 이주 노동자들에 대한 혐오가 증대하고 극우파가 대두하는 이유는 두 가지 요인에 의해 매개된다는 것이다. 하나는, 이주 노동력에 대한 그 사회의 필요 수준이다. 다른 하나는, 이주 노동자와 가족들에 대한 그 사회의 통합 수준이다(Podobnik et al. 2017). 이주 노동력에 대한 수요가 클수록, 이주자들이 주류 사회에 더 깊이, 골고루 섞여 살수록 이주자들에 대한 혐오의 정치는 발붙일 곳이 없어진다.

이러한 사회는 이주자에 대한 관대함이 훨씬 강하고, 따라서 이민 혐오의 정치가 대중의 반이민 정서에 불을 붙이는 발화점이 훨씬 높다. 이러한 사회에서는 트럼프와 같은 극우 정치인들이 발붙이기가 훨씬 어렵다. 다만, 이주 노동자가 한국 경제의 수요를 넘는 수준으로 밀려 들어올 때, 이주 노동자들이 내국인들과 섞여 살지 않고 그들만의 게토에 고립될 때 극우 정치가 이들을 쉽게 고립시키고, 혐오를 배양하고, 사회조직으로부터 배제할 수 있는 토양이 마련될 것이다.

경쟁인가 협업인가

　　하층 노동시장이 포화 상태인 사회와 반대로 비어가는 사회
는 다른 사회다. 미국 사회가 전자라면, 한국 사회는 후자다. 미
국과 유럽은 팬데믹으로 실업률이 치솟은 상황에서(미국은 4퍼
센트로 낮아지기는 했다) 하층 노동시장으로 밀려 들어오는 이주
자의 물결을 감당하지 못해 규제책을 내놓는 보수정당에, 이주
자에게 우호적이던 진보정당이 끌려가는 형국이다. 세계화에 우
호적이었고 이주자들을 보듬어 안으려 노력해왔던 민주당은 무
역 정책과 마찬가지로 이민 정책도 더 보수적인 방향으로 전환
해야 하는 압력에 직면해 있다.

　　하지만 한국은 미국과 전혀 다른 상황이다. 출산율 저하와
대학 진학률 상승, 좋은 일자리에 대한 기대치 상승이 맞물리면
서 하층 노동시장에서 점점 한국인을 찾기가 힘들어지고 있다.
하루 10만 원에서 15만 원 벌이의 지방 날품팔이 노동시장에서
는 젊은 한국인 노동자를 찾아보기 힘들다. 중장년층 이상의 노
동자들은 상대적으로 임금이 높은 제조업과 건설업의 기술직에
몰려 있고, 지방 도시의 중소 규모 건설 현장과 인구가 감소하는
시군구의 농산물 재배는 이주 노동자 없이는 굴러가지 않는다.
대도시의 대규모 건설 현장에서도 한국인과 외국인이 섞여 일하
는 모습은 흔하다. 농업, 건설업, 일부 제조업은 이미 외국인 없

이는 굴러가지 않는 것이 현실이다. 따라서 이주 노동자는 한국인들과 경쟁 관계가 아닌 경우가 더 많다.

특히 (이 장 서두에서 이야기한) 농업은 한국인 지주와 거간꾼에 외국인 노동자들이 결합하여 작물을 재배하는 곳이 허다하다. 지방 중소 도시나 읍면 단위의 인력사무소, 미등록 인력 소개업자들('봉고'라 불리는)은 자신들과 적당히 신뢰가 쌓인 열 명에서 스무 명 남짓 외국인 노동자들에게 거주할 공간을 마련해주고, 농민들의 요청이 오면 며칠에서 몇 달 단위 중·단기 노동계약을 맺는다. 작업은 모내기, 김매기에서부터 각종 채소의 파종과 수확에 이르기까지 다양하다. 거미줄처럼 엮여 있는 인력소개업자들끼리의 네트워크를 통해 특정 농가나 마을의 수요가파악되면, 즉각적으로 50명에서 100명에 이르는 노동력이 구성되어 농가/마을과 연결된다. 우리가 먹고 있는 수많은 농작물이이렇게 재배되고 있다. 최근 한 지방자치단체는 한국인 브로커들에 의해 운영되는 인력 소개업을 대신하고자, 직접 필요 노동력을 이민 당국을 통해 수입해 군내 농민들과 연결하는 작업을시작했다. 인력 소개업에 국가기관이 진출한 보기 드문 시도다.

아무튼, 농업에서 이러한 한국 자본(토지 소유자)과 한국인브로커들이 외국인 노동자를 고용해 생산 활동을 영위하는 방식은, 구조상 외국에 투자해 현지 노동력을 (국가나 인력 파견 회사의 도움으로) 구매해 상품을 생산하는 한국 자본들과 다르지 않다. 농업의 경우, 토지를 옮길 수 없으니(자산 이동성이 제로다),

오픈 엑시트

자본이 이동하는 대신 노동을 옮겨와 결합할 뿐이다. 농업은 어떻게 보면 (석유화학단지와 같은) 거대 장치산업과 비슷한 운명인 것이다.

투여된 자본이나 토지를 옮길 수 없으면, 노동을 옮겨오는 것이 더 싸다. 한국의 농촌 토지 소유주들은 영세 자본이다 보니 열 명에서 스무 명 정도의 외국인 노동자들을 소개받아 일시적으로 농번기에만 집중해 특정 작물에 노동을 투여하고, 일당을 지급하는 방식으로 계약을 맺는다는 차이가 있을 뿐이다. 외국의 값싼 농산물이 이들의 경쟁력을 위협할 수도 있다. 그러나 농업의 경우 국가에 의해 어느 정도 보호 장벽이 아직 존재하고 신선 식품의 경우 국내 농산물이 이송 및 보관 비용을 절약할 수 있어, 최저임금 수준의 임금만 일시적으로 지급한다면 아직은 경쟁력이 있다. 이 외국인 노동자들은 지역 농업 종사자들과 광범위한 네트워크를 구성하고 있는 지역 기반 브로커들에 의해 1년 내내 쉬지 않고 작물과 논밭을 바꿔가며 이곳저곳에 투여된다. 이들은 일당 10만 원에서 12만 원 사이의 저임금을 받고 일하지만, 한국인들은 일용 노동자들마저 농업 노동에 발길을 끊은 지 오래다. 노동조합은 제조업과 서비스업을 중심으로 조직되어 있기에 농업 노동에 진출한 이주 노동자들에게는 관심이 없다.

이들은 상당수가 미등록 이주 노동자들이지만 농장주도, 지역 및 중앙의 이민청과 현지 경찰과 같은 관할 규제 당국도 눈감을 수밖에 없다. 이들이 없으면 생산 활동이 이루어질 수 없고, 생산 활동을 규제하는 순간 해당 농산물 가격이 폭등할 것이기 때문이다(이미 많이 올랐다). 규제하는 순간 바로 수입산으로 수요를 충족시켜야 하는데, 그 품질과 가격을 보장할 수가 없다. 잘못하면, 정권이 흔들릴 수도 있는 사안이다. 우리 모두 대파의 추억을 잊지 못하고 있지 않은가.

한국의 많은 영세 제조업과 농업은 이들 없이는 생계를 영위할 수 없고, 상품을 유통할 수도 없다. 이들 없이 살 수 없을 정도로 우리의 인구구조가 바뀐 것이다. 우리는 그들에게 아주 많이, 절대적으로 의지하고 있다.

오픈 엑시트

이민/다문화 사회 시대의 동아시아 소셜 케이지

동아시아 벼농사 체제의 협업 문화의 대전제는 동일한 문화와 언어다. 그 동질화의 압력은 종종 폭력적일 정도다. 신체적 폭력이 동반되지 않아도 암묵적인, 눈에 보이지 않는 폭력을 통해 동질적이지 않은 인자를 배제하고, 훈계하고, 채찍질해서 길들이거나 아니면 외부로 내몬다. 높은 수준의 표준화와 평준화를 달성하려는 팀 단위 압력이 항시적으로 존재하기에, 같은 언어와 문화를 쓰더라도 이 압력을 버텨내는 것이 쉽지 않다. 보다 개인주의 문화를 가진 오늘날 청년 세대 직장인들이 대기업 입사 후 적응에 실패하여 사표를 내는 것 또한 동질화 압력에 적응하지 못해서일 가능성이 크다. 특이하고 이질적인 존재를 깎아서 뭉툭하게 다듬어, 조직의 목표에 일사불란하게 매진하는 존재로 만드는 것이 벼농사 체제 기업의 팀 문화다.

이 동질화의 압력이란, 단순히 생각과 행동을 강제적으로 일치시키는 과정이 아니다. 개개인이 알아서 조직의 목표와 방향을 이해하고, 벼농사 체제하 위계 구조의 규준과 규범을 받아들이며, 다른 팀원들과 보폭과 말씨를 맞추면서 조직의 과업에 스스로 몰입하는 과정이다. 벼농사 체제의 기업 문화는 자기 할 일만 알아서 열심히 잘하면 되는, 그런 단순한 조직이 아닌 것이다.

애초에 다른 생태계에서 다른 방식으로 사회화된 이주자들이 이 강력한 동질화의 압력에 노출될 때 무슨 일이 벌어질까? 우선 이들은 한국인들 간의 소통 구조에 발을 들여놓기가 힘들다. 한국어 의사소통이 어느 수준에 도달하여 불편함이 없을지라도, 왜 이들이 팀 회식 후 2차로 노래방에 가서 고래고래 소리를 질러대는지, 왜 연장자들은 그들끼리, 젊은이들은 그들대로 모여서 커피 마시는지, 왜 납기일을 맞추려 시도 때도 없이 밤샘에 가까운 노동을 하는지, 서로 임금이 얼마고 자녀가 무슨 학교 다니는지 호구조사를 하는지 등등을 이해하려면, 언어를 배우는 데 들인 만큼 더 오랜 시간이 필요하다. 이런 대화와 이해를 바탕으로 팀 조직의 끈끈함이 유지되고, 이러한 긴밀한 팀 조직을 기반으로 더 높은 수준의 성취를 이루어낸다. 이주자들은, 심지어는 한국인들에게 우대받는 미국 백인들조차 이러한 팀 문화를 이해하지 못해 적응에 많은 시간과 노력을 기울인다(에이렌스 2017). 동질화의 벽이 너무 높은 것이다.

이주 노동이 흔한 곳은 아직까지 건설 현장과 공장, 농촌의 논과 밭, 호텔, 음식점과 같은 곳들이다. 대부분 내국인들과 긴밀한 의사소통이 필요 없는 용접, 단순 조립 가공, 농작물 관리, 청소, 식기 정리와 같은 일들이다. 하지만 이주자의 수용을 제조업으로만 국한할 필요는 없다. 한국 의료 업계의 경우 의사가 태부족한 상황에서 전문의와 의대생들의 집단행동으로 2년째 응급의료와 진료, 수술, 교육 모두 마비 상태에 가깝다. 가사도우미를 필리핀과 중국에서, 숙련공을 동남아에서 수입해 교육시켜 제조업의 대를 잇는 마당에 의사나 교수는 왜 안 되는가. 영어 능력이 충분하고 국내 의료 인력 교육 시스템과 큰 차이가 나지 않는 곳에서 숙련을 쌓은 동남아시아의 의사들에게 간단한 자격시험을 치르게 하고 수억 연봉을 보장하면 한국행 비행기를 타는 이들이 없을까? 엘리트들인 의사들끼리 영어로 의사소통하는 데 문제는 없을 것이다. 소비자를 진료할 때 통역 인력(혹은 AI 기반 통역기)이 필요할 테지만, 지금 우리가 지불하는 비용에 비하면 소소한 것이다. 진료나 수술을 못 받아 계속 아프고 결국 사망에 이르는 것보다 외국인 의사에게게라도 의료 서비스를 받는 것이 낫다. 소비자만 마음을 열면 될 일이다. 적어도 응급차에서 분만해야 했던 베트남 부부는 베트남 출신 의사를 환영할 것이다.

서울의 주요 대학과 대학원에는 중국과 동남아 학생들이 매년 수백 수천 명씩 입학하고, 이들 중 다수는 본국에 돌아가기보다 한국에 남아 직장을 구하고 싶어 한다. 우리는 이들을 고용해야 하는가? 나는 가까운 미래에 고용해야 한다고 주장한다. 교육과 노동시장에 중국, 베트남, 여타 동남아 출신 학생들을 보다 적극적으로 수용해야 한다. 물론, 정치권은 청년 실업을 해결하지 못하고 있는 마당에 외국인 청년들의 고용을 촉진한다면, 청년들의 분노를 촉발할 수 있으니 조심스러울 것이다. 하지만 외국인들과 어떻게 협업하고, 그들을 어떻게 벼농사 체제의 조직 문화에 융화시킬 수 있을지 노하우를 쌓으며, 경험과 프로토콜을 공유해야 하는 작업은 더 이상 미룰 수 없는 일이다.

이주 노동자/외국인 학생의 수용과 이용은 결국 인간의 이주 욕망을 어떻게 제도화할 수 있느냐의 문제다. 수많은 야심 찬 동아시아의 재능 있는 학생들이 미국 유학길에 올라, 결국 돌아오지 않고 미국에 남는 길을 택하게 되는 이유는 미국의 제도가 그들의 학문적 욕망과 야망을 적절한 상승 사다리를 통해 '포획 capture'해냈기 때문이다. 우리는 어떻게 (우리가 키워낸) 뛰어난 젊은 재능을 우리의 소셜 케이지에 남도록 만들고, 어떻게 (우리가 키우지 않은) 젊은 재능들이 우리의 소셜 케이지 안으로 들어와 정착하도록 만들 수 있을까. 나는 내가 종사하는 학계를 예로 들었지만, "재능 있는 자"는 사실상 일을 통해 자신의 기술을 향상하고 더 높은 임금을 받고자 하는 모든 노동자를 포괄한다. 높은 학력과 문화 자본을 소지한 자들만 일컫는 것이 아니다.

우리는 이들을 등록금만 뜯어내거나(외국인 유학생), 일만 잔뜩 시킨 후(외국인 노동자) 분리하고 배제하여 추방하고 있지는 않은가. 이들의 욕망을 제도화하기보다, 잠시 이용한 후 버리고 있지는 않은가. 조금 더 이들을 융화시키고, 인정해주고, 그들의 재능을 발견하여 이 사회에 기여하는 방향으로 교육하고 훈련했더라면, 아인슈타인과 제러드 다이아몬드(『총 균 쇠』 저자) 같은 이주자 출신 유명 학자가 한국에서 나올 수도 있었건만 그 기회를 놓치고 있는 것은 아닐까. 이주 노동자들을 받아들이고 그들의 자녀들이 이 사회에서 시민으로 성장하도록 제도를 마련했더라면 세르게이 브린(구글 창업자)과 젠슨 황(엔비디아 창업자)이 한국에서도 나왔을 수 있지 않을까.

혹자가 질문한다. 우리 아이들도 그렇게 키우지 못하는데 어떻게 외국인들을 그렇게 키워요?
내가 너무 멀리 나갔다.

벼농사 체제의 소셜 케이지를 열 때가 되었다. 우리 마을 사람의 정의는 날 때부터 그곳에 있었던 사람, 그곳에서 태어난 사람, 그곳 누구씨 가문의 일원에서 태어나지는 않았지만, 그곳에 오래 정주하며 공동체에 생산과 소비 활동을 통해 정치적 결정 과정에 기꺼이 참여하고자 하는 사람들로 더 넓게 확장될 수밖에 없다. 우리 마을에 와서 함께 모내기하고 김매기 하며 아이 낳아 키우고 살면, 결국 우리 마을 사람이 되는 것이다. '우리 마을 사람'의 정의에 조상 대대로 우리 마을에서 함께 살았다는, "피를 나눈 씨족"이라는 자격 요건이 필요한 것이 아니다(이 자격 요건을 강조하면, 아리안족의 영광을 찬미했던 나치즘과 교통하게 된다).

현대의 기업 조직도 마찬가지다. 우리 사회에 와서 몇 년(3년이라고 해두자) 동안 하루 여덟 시간씩 노동하며 공장과 사무실의 유지와 경영에 참여했으면, 우리 회사 사람이다. 그 정의에 입사부터 지금까지 30년 동안 희로애락을 같이해야 하고, 동일한 언어와 문화를 공유해야 한다는 자격 요건은 필요하지 않다. 이미 글로벌 기업은 다양한 현지인들을 고용하여 기업의 브랜치 조직이 현지에 뿌리내리도록 하고 있다. 삼성은 50만 명을 고용하고 있지만, 그중 25만 명은 다른 나라에서 고용한 외국인들이다. 모두 '삼성 가족'이라고 부른다. 우리 사회에 와서 몇 년을 일하며 생산과 소비 시스템에 기여한 사람들을 나는 '가족'이라고 부르자고 주장하진 않는다. '마을 사람' 대접을 해주자는 것이다.

혹자가 다시 질문한다. 같은 한국인인 비정규직에게도 그렇게 하지 않는데, 어떻게 외국인들을 그렇게 대접해요?
내가 또 너무 멀리 나갔다.*

---

 * 이 책의 1~4장을 읽고 비평해준 혹은 자료 수집에 도움을 준 대학원생들(강의영, 고태경, 김은지, 안성준, 왕정하, 이아문, 임현지, 조혜란, 차송현, 차필립, 최서영, 한나현, 황지영)에게 감사를 표한다. 또한 책의 일부를 읽고 값진 비평을 해준 장지연 선임연구원, 전병유 교수, 정준호 교수, 조석주 교수, 최슬기 교수와 익명을 요구한 오랜 벗들에게 고마움을 전한다. 마지막으로 박지현 편집장을 비롯한 문학과지성사 편집진의 노고에 깊이 감사드린다.

오픈 엑시트

결론

── 새로운 케이지의 룰 만들기

나는 이 책에서 '이탈 혹은 탈출'과 '안착 혹은 속박'의 메커니즘을 통해 한국 사회의 불평등 구조를 다루고자 했다. 케이지나 소셜 케이지를 이야기할 경우, 흔히 국가나 가족을 분석 단위로 다루기 마련이다. 하지만 나는 이 책에서 '기업'을 분석 단위로 삼았다.

기업이라는 소셜 케이지를 분석 대상으로 삼은 것은, '노동하는 인간'이 인간 사회의 본질이라는 오랜 믿음 때문이다. 노동하지 않으면 생존할 수 없는 인간의 기본 조건은 인간에게는 굴레이기도 하다. 일찍이 마르크스가 상품경제의 근본으로 간주했고, 김훈 작가가 '밥벌이의 지겨움'이라 표현했으며, 찰리 채플린이 「모던 타임스」에서 희극적/비극적으로 묘사했던 '단조로운 노동과정'이 우리 삶의 본질이라는 것은 길게 설명할 필요가 없다. 그곳이 공장이건, 사무실이건, 시장이건, 심지어 가정이건 우리는 끊임없이 우리 노동을 팔거나 투입해서 상품과 서비스를 만들어내는 일에 종사한다.

그 과정은 일정 기간의 숙련과 전문성을 필요로 한다. 적정한 기술 수준을 인정받고 승인받기 위해 우리와 우리의 아이들은 오랜 시간 스스로를 연마하고 다그치며 반성하고 옥죄고 갈고닦는 데 보낸다. 우리가 '교육' 혹은 '훈련'이라 부르는 이 과정은 그 자체로 소셜 케이징이다. 그 과정 없이 우리는 타인이 만든 상품의 질을 신뢰하지 않는다. 우리 자신의 노동의 산물이자 보상인 돈을 주고 타인의 것을 구입할 때는, 그에 걸맞은 전문성이 상품과 서비스에 담보되기를 기대하는 것이다.

널린 게 식당인데 맛없는 식당에 두 번 가는 사람 보지 못했다. 그 전문성과 질이 담보되지 않을 때, 사용가치는 교환가치로 전환되지 않고 소멸한다(마르크스에게는 미안한 이야기다). 결국 우리의 선호preference 체계라는 것은 나와 타인의 노동의 결과물이 적절한 질의 '숙련' 과정을 거쳐, 상품에 반영되었는지를 분별하고 판별하는 '구분 짓기' 과정에 다름 아니다.

소셜 케이지는 생산자와 소비자의 가혹한 '구분 짓기'를 통과하기 위해 우리가 서로에게 강제하고 스스로 치러야 하는 '시간'이자 '비용'이다. 우리가 스스로 채취하고 생산한 것을 스스로 소비했던 자급자족 수렵/채취/농업 경제에서, 내가 생산한 것을 남에게 팔고 남이 생산한 것을 내가 사야만 먹고살 수 있는 상품 교환경제로 이행한 데 따른 비용일 수도 있다. 내가 적당히 만들어 적당히 먹고사는 자급자족 시스템이 아니라 서로의 것을 바꿔 먹는 시스템이기에, 나아가 서로의 것 중 더 좋은 것을 골라 먹는 시스템이기에 우리는 서로에게, 스스로에게 가혹해지는 것이다.

오픈 엑시트

소셜 케이지의 위기

우리는, 우리의 부모들은 각자 알아서 혹은 집단적으로 '소셜 케이지'를 만들고 그에 적응했다. 나는 이 책에서 동아시아 벼농사 체제의 소셜 케이지에서 진화해, 오늘날 동아시아 자본주의의 소셜 케이지로 자리 잡은 기업의 제도들을 이야기했다. 특히 동북아시아에서 진화한 '내부 노동시장'이라는 독특한 소셜 케이지의 제도들이 인공지능, 저출생/고령화, 이민의 물결에 맞닥뜨렸을 때 어떤 문제들이 발생하는지에 대해 논의를 집중했다.

동북아시아에서 발견되는 집단주의적이고 위계적인 협업 시스템은 기술 및 도구의 표준화와 평준화를 세대 간, 세대 내 네트워크를 통해 단기간에 달성했을뿐더러(이철승 2021), 더 우수한 외부의 기술을 어깨너머로 '빠르게' 배워 와 동료 집단들에 '역시 빠르게' 확산시켰다(Kim & Kim 1985; Kim 1999; Lee 2025). 이 협업 시스템은 연대와 상호 호혜/협력의 시스템 외에도, 내부 구성원들끼리의 강력한 사회적 비교(Lee et al. 2023)를 통해 상호 질시에 기반한 경쟁심을 불러일으키고, 구성원들은 더 좋은 자리를 얻기 위해 가열한 승진 경쟁에 몰입한다(이철승·안성준 2024).

이 (내부 노동시장이라 불리는) 경쟁 시스템은 용어 그대로 외부 노동시장과는 절연된 채로, 내부자들끼리 장기간에 걸쳐 반복적으로 벌이는 '토너먼트'(Rosen 1986)와 유사한 게임 구조다. 이 소셜 케이지에 한번 들어서면 조직 안에서는 장기간 고용이 보장되지만, 더 높은 자리와 보상이 주어지는 권력과 부를 향해 구성원 전체가 긴밀하게 협력하면서도 치열하게 경쟁할 수밖에 없는 것이다. 물론 세계 시장에서 조직의 생존과 시장 점유율의 확보라는 공통의 목표가 존재하기 때문에 구성원들은 벼농사 마을의 씨족 공동체처럼 '우리는 한 식구'라는 견고한 가족 의식을 새긴 채 이 경주에 몰입한다. 산업화 세대와 오늘의 중장년 세대는 이 협력과 경쟁의 시스템에 젊은 날을 쏟아부었고, 그렇게 한강의 기적을 함께 일구어왔다.

우리가 적응하고 키워왔던 소셜 케이지는 오늘날에도 잘 작동하고 있는가? 나는 그렇지 않다고 판단했으므로 이 책을 썼다. 앞으로는 이 소셜 케이지의 작동이 더욱 삐걱거리며 위기에 처할 것이다.

인공지능의 도전

　인공지능의 도래가 벼농사 체제의 소셜 케이지에 던지는 도전은 두 가지다. 하나는, 인공지능에 기반한 자동화가 '표준화와 평준화를 통한 협업'에 바탕을 둔 생산의 상당 부분을 대체할 가능성이 있다는 것이다. 인공지능 기반 자동화는 인간이 담당하던 모든 노동을 대체하지는 않더라도, 동아시아인들이 도맡아 하던 단조롭고 힘들고 정형화된 노동들은 대부분 대체할 것이다. 결국, 두 종류의 노동만이 남을 것이다. 기계보다 싸서 굳이 기계로 대체할 필요가 없는 노동과 기계보다 뛰어나서 기계로는 감당되지 않는 노동이 그것이다.

　더구나 국제분업에서 동아시아 생산 시스템이 점유해왔던 제조업 분야는 자동화의 물결과 중국의 부상이 동시에 진행되고 있다. 한국(과 대만, 일본)은 후자의, '기계로 감당되지 않는 노동'의 자리를 확보하기 위해 이들 나라들과 생존을 건 투쟁을 하게 될 것이다. 동아시아 국가들은 얼추 비슷한 문화적 자본(벼농사 생산 체제)을 근간으로, 비슷한 노동조직을 꾸려 비슷한 제조업 분야에서 서로 앞서거니 뒤서거니 하며 기술 숙련도를 발전시켜왔기 때문에 하나가 살면 다른 하나가 죽는 제로섬게임을 벌일 수밖에 없는 운명이다(원래 가진 것이 비슷하면 서로 미워하게 된다). 가장 앞선 기술혁신 역량으로 게임의 판을 끊임없이 다시 세팅하는 미국의 기업들은 이러한 동아시아의 기업들끼리 경쟁을 붙여 제조 단가를 더 낮게 만드는 국제분업 구조를 계속 유지하려 할 것이다. 반도체, 핸드폰과 가전, 전력 및 통신 장비, 배터리 및 화학제품, 선박, 철강, 바이오 등 모든 분야에서 이러한 국제분업 구조는 대동소이하다.

아직까지 우리 기업들은 그 경쟁에서 미국 기업들의 '선택'을 받아야 생존할 수 있는 위치에 머물러 있고, 그 위치조차도 중국 기업들에 빼앗기고 있는 상황이다(트럼프의 대중국 강경책이 그나마 이러한 상황에 잠시 숨 쉴 틈을 제공해주고 있을 뿐이다). 확실한 것은, 그들과 동일한 소셜 케이지 시스템으로는 이 게임에서 생존할 수 없다는 점이다. 참 피곤한 게임 구조지만 동아시아에서, 한반도에서 살아가야 하는 이 종족의 운명이다.

다른 하나는, 인공지능에 기반한 '의사 결정 과정decision-making'을 벼농사 체제 특유의 협업 네트워크와 어떻게 조화시킬 것이냐의 문제다. 이 문제는 가장 중요하지만, 가장 연구되지 않은 분야다. 인간과 기계가 협업하는 과정을 어떻게 세팅해야, 생산성은 올리되 윤리적 문제는 최소화할 수 있을 것인가? 서로 다르게 튜닝된 인공지능과 인공지능이 협업할 경우, 인간은 어떻게 개입할 것인가? 인공지능이 제시한 솔루션들을 인간은 어떻게 판단하고 선택하여 의사 결정을 내릴 것인가? 이 경우, 인간은 인공지능의 대행자인가 조종자인가? 수많은 질문이 우리 앞에서 대답을 기다리고 있다.

재생산 위기

벼농사 체제의 두번째 도전 과제는 재생산 위기다. 벼농사 체제의 협업 시스템이 현대 여성들의 일-가정 양립 요구와 들어맞지 않기 때문에 (경제적 자립을 우선으로 여기는) 여성들에게 후자의 구성을 포기하도록 은연중에 강제하는 것이다.

먼저, 이 집단주의적이고 위계적인 협업 시스템은 특정 역사 시점부터 남성 중심적으로 진화했다. 그 작동 체계의 대전제는 아이를 집에서 맡아 키우는 전업주부 아내가 있는, 가부장 남성이었다. 그들끼리 일하고, 밥 먹고, 술 마시고, 노래방 가고, 밤새우고, 주말 특근하고, 축구하고, 골프 치고, 해외시장 개척하고, 돌아와 다시 자리 경쟁하고, 사내 정치하고, 동문끼리 밀어주고 끌어주고 하며 30년을 같이 뒹구는 시스템이었다.

이 협업 시스템은 최근에 와서야 여성들을 받아들이기 시작했지만, 여성들이 이 시스템에 적응하며 남성들과 경쟁하면서 애를 낳아 키운다는 것은 사실상 불가능한 일이었다. 그래서 내 또래와 윗세대 여성들 중 절반 이상은 애초에 직장을 갖지 않거나 애를 낳으면 직장을 포기했다. 아이와 가정을 위해 자신의 커리어를 포기하는 것이 사회적 규준이었다. 하지만 이들이 키운 청년 여성들은, 1982년생 김지영을 기점으로 직장을 갖지 않는 여성이 당하는 사회적 불이익과 가정 내 협상력bargaining power의 부재를 뼈저리게 느끼기 시작했다. 베커의 '교육-저출생' 공식에 더해, '여성의 노동시장 진출-저출생'이라는 또 다른 강력한 저출생 기제가 한국과 동아시아 국가들의 출산율을 바닥으로 끌어 내린다.

나는 '여성의 노동시장 진출과 직장 유지'라는 새로운 관행이 동아시아 벼농사 체제의 협업 네트워크 안에서 어떻게 여성들(그리고 남성들)로 하여금 스스로 출산/육아를 포기하게 만드는지에 주목했다. 출산/육아를 위한 제도적 뒷받침이 갖추어지지 않은 직장이 허다하지만, 있어도 제대로 못 쓰는 경우가 부지기수다. 정부가 각종 위원회를 꾸리고 저출생 대책이라 이름 붙여 예산을 쏟아부어도 출산율이 계속 떨어지는 이유는, 돈으로 해결되지 않는 다른 메커니즘이 존재한다는 이야기다. 짝이 있고 출산 의사가 있어도 직장의 협업 시스템이 출산을 허락하지 않는데, 개인들에게 무슨 뾰족한 수가 있겠는가.

아울러, 청년들이 어떻게 SNS를 통해 서로를 끊임없이 비교하고 연애, 결혼, 출산/육아에 관한 표준화된 모델과 등급을 매겨 그 규준에 맞춰 메이팅의 범위를 제한하면서 가족 구성을 연기/포기하는지 또한 논의했다. 스펙에 맞추어 메이팅하는 세대의 출현은 비극이지만, 이 또한 배후에는 내 세대 부모들이 자리하고 있다. 학벌과 직장과 연봉으로 서로를 줄 세우던 게임을 아이들에게 반복해 더 가혹하게 강제한 결과, 오늘의 연애/결혼/출산 확률이 전 세계에서 가장 낮은 세대가 탄생한 것이다. 의도

하지 않은 결과지만, 이 또한 자업자득이다.

첫번째 문제에 관한 해결책으로는 (교수 사회의 안식년 제도를 모방한) 안식/육아 휴직제를 제안했지만, 이렇게 관대한 휴가제를 도입할 유인incentive이 없는 고용주들이 얼마나 호응할지는 솔직히 자신이 서지 않는다. 결국 국가와 공공 부문이 나서야 하는데, 이 또한 비용 부담을 우려할 것이다. 그래서 안식/육아 휴직제의 사회보험화를 제안했다. 다 같이 안식과 출산·육아의 시간을 갖기 위해 보험 제도를 만들고, 국가에 운영을 맡기자는 것이다. 문제는, 상사가 일벌레일 경우 동아시아의 소셜 케이지에서는 답이 없다는 점이다. 윗사람과 팀원들이 주말에 나와 일하는데 혼자 당당히 휴가 갈 수 있는 이가 얼마나 있을까.

두번째 문제—메이팅의 서열화와 결혼/출산/육아 조건의 비교 및 자학의 문화—에 대해서는 답이 없다. SNS를 없앨 수도, 금지할 수도 없는 노릇이다. 한국 부모와 자식들의 대를 이은 학력, 직장의 신분화와 물신화 게임을 멈출 방도도 없다. 명문대 '과잠'과 대기업 사원증을 위해 젊음을 갈아 넣겠다는데 어찌 말릴 수 있겠는가. 가혹한 학력 및 직장 경쟁 사회에서, 끊임없이 진화하는 새로운 규준과 사회적 비교, 구별 짓기의 쟁투 과정에서, 각자 알아서 건강하게 생존하기를 바랄 뿐이다. 그런 학벌과 스펙 없어도 먹고사는 데 큰 지장 없는 노동시장을 확인하면, 자연스럽게 인간들은 학벌로 계급 경쟁을 하지 않는 쪽을 선택할 것이다.

나는 학벌과 착종되어 있는 내부 노동시장과 연공제를 해체할 것을—거듭—제안하였다. 그러려면 엑시트 옵션이 더 많이 존재해야 하고, 직무평가와 평판 조회 시스템이 더 일반화되어야 한다. 굳이 사족을 달면, SNS 없이 살면 좀 심심하긴 해도 상당 수준의 평안을 되찾을 수 있을 것이다. 항상 연결되어 있지 않은 자아가 자유롭고 독립적인 자아다.

사회적 장벽

세번째 도전 과제인 이주 노동자의 증가는 동아시아 소셜 케이지가 만들어낸 '사회적 장벽'의 문제를 제기한다. 소셜 케이지의 외벽인 이 사회적 장벽은 외부인을, 특히 언어와 문화가 다른 외국인들을 협업 네트워크 안으로 받아들이지 않는 법적·제도적·문화적 기제들이다.

외국과의 학문 교류가 필수인 한국의 대학들조차 몇몇 대학 외에 외국인 교수들에게 문호를 개방한 과와 대학은 아직 많지 않다. 각종 대학 평가 지표에서 손해를 보면서도 외국 학자들을 잘 받아들이지 않는다. 고액을 들여 영미권이나 유럽의 석학급 교수들을 모셔오는 경우도 있지만, 6개월이나 1년을 버티지 못하고 떠난다. 떠나는 이유는 뻔하다(내가 떠나보았기에 그 이유를 안다).

첫째는 잘 섞이지 못하기(끼워주지 않기) 때문이다. 둘째는 한국의 학계 풍토에 실망했기 때문이다. 둘째 문제는 하루아침에 고칠 수 없지만, 첫째 문제는 그냥 하면 된다. 학교 본부가 (과에서) 외국인 교수 안 뽑으면 지원 끊는다고 강제하면 된다. 혹은 외국인 교수 안 뽑으면 결원 안 채워준다고 해도 된다. 마침, 국제화 지수가 대학 평가의 가장 중요한 항목으로 떠오르고 있다. 어떻게 외국인 동료들과 회의하고, 밥술 먹고, 콘퍼런스 할지 고민들 해보시라.

　기업에서는 어떻게 협업을 하고 있을까? 외국인 직원이나 이사를 뽑아놓아도 얼마 버티지 못하고 본국으로 돌아간다. 간혹 버티는 경우는 배우자가 한국인이어서, 적응하며 사는 경우들이다(내 경우이기도 하다). 한국의 기업 조직은, 적어도 사무직의 경우, 한국어 구사 능력뿐만 아니라 한국 문화와 관행에 대한 깊은 이해와 적응이 동반되지 않으면 생존할 수 없는 곳이다. 한국 문화와 관행은, 팀과 상사의 '분위기' 읽는 능력(눈칫밥), '평판 조회를 통과할 인간성,' 승진 경쟁을 버텨낼 '배포와 끈기,' '행간 이해력,' 팀이 어려운 상황에 처했을 때 보여줄 '희생정신,' 타인에 대한 '배려심' 등을 포함한다. 직장인들이 '일머리'라고 부르는 그 무엇이다.

　이것은 '공부 머리'와 겹치기도 하고 그렇지 않기도 하다. 빨리빨리 바이어 오더 처리하고 집에 가서 발 뻗고 유튜브 봐야 하는데, 이 모든 것을 알아서 하지 못하고 버벅대는 외국인을 챙겨줄 한국 직장인을 발견하기는 쉽지 않다. 다들 내 코가 석 자라서, 너무 피곤해서 그렇다. 한국의, 동아시아의 협업 조직에 서구인들이 명함 들이밀고 진입해서 생존하기는 반대의 경우에 비해 훨씬 힘들다. 배우자가 한국인이 아니라면(사랑이 아니라면), 굳이 그 힘든 적응 과정을 버텨낼 이유도 없다. 임금도 상대적으로 높아졌고, 한국이 글로벌 문화 허브로 떠올랐어도 기업에는 외국인들이 드문 이유가 있는 것이다.

이주 노동자들과 관련된 또 다른 이슈는, 이들이 3D 업종과 농업 및 어업 분야를 중심으로 주요 생산 영역을 책임지고 있으며, 조만간 주요 제조업의 핵심 기능 인력으로 떠오를 것이라는 점이다. 이러한 경향은, 다수가 고학력인 내국인 청년들이 수도권 사무직과 서비스직을 중심으로 구직 활동을 벌이면서 점점 생산직을 기피하는 현상과 맞물려 있다. 한국의 대표적인 대규모 제조업 사업장은 그동안 현장을 책임져왔던 50대 베이비부머의 은퇴가 시작되면서, 숙련공들의 대가 끊어질 위기에 직면해 있다.

내 프레임으로 이야기하면, '벼농사 체제 특유의 기술 전수 및 확산 메커니즘의 붕괴'가 코앞에 닥친 것이다. 따라서 한국의 제조업은 향후 20년, 외국인 노동자 없이는 생존이 불가능한 상황에 직면해 있다. 가장 커다란 도전은, 한국어를 모르거나 그 능력이 부족한 외국인 노동자들에게 50대 베이비부머의 숙련을 '이전'시키는 과제다. 한쪽에서는 이들에게 한국어를 가르치는 시스템을 구비해야 하고, 다른 한쪽에서는 이들을 숙련공으로 만드는 교육 시스템을 마련해야 한다. 무엇보다 한국어도 할 줄 알고 숙련도 습득한 외국인 노동자들을 동료이자 시민으로 받아들이는 정착 시스템이 뒷받침되어야 한다. 앞의 두 과제도 중요하지만, 나는 향후 한국 자본주의의 지속과 성장을 위해 이 세번째 이슈를 가장 중요한 과제로 선택할 것이다(인간은 자신의 자식을 보듬어 성장시켜주는 공동체를 위해 목숨을 바친다. 이민자를 진정한 동료 시민으로 받아들인다는 것은 그들의 자녀들에게 시민권을 주는 것이다).

오픈 엑시트

고령화로 인한 조직의 위기

(이 책에서 따로 장을 할애하지 않은) 마지막 도전은, 고령화가 벼농사 체제의(정부, 기업, 정당, 시민단체의) 조직 구조에 던지는 문제다.

첫번째 이슈는, 조직의 고령화가 가져오는 인구구조와 조직의 의사 결정 체계가 불일치하는 문제다. 50, 60대 팀원과 리더들이 점점 많아지면서, 나이와 연공에 맞춰 설계된 동북아시아의 조직 문화와 의사 결정 체계상의 상명하복 시스템이 어긋나기 시작한 것이다. 전작에서(이철승 2019, 2021) '네트워크 위계'(2019) 혹은 '벼농사 체제에서 유래한 한국형 위계 구조'(2021)라는 개념을 통해 분석하고 예견했던 인구구조와 조직의 구조 문제가 5년의 세월이 경과하며 한층 악화되고 있다.

위계에 기반한 협업 시스템이란, 상층에 가장 나이 많은 유능한 자가 결정을 내리고 나머지는 일사불란하게 그 결정을 밀고 나가는 시스템이다(삼성전자를 떠올리면 된다). '웃픈' 상황은, 이 상층에 있는 가장 나이 많은 자들이 오늘날 대두하는 인공지능을 가장 쓸 줄 모르는 존재들이라는 점이다. 벼농사 체제의 위계 구조는 빠르게 변화하는 기술 변화의 조류를 쫓아가기에는 굼뜨다. 바로 나이에 기반한 위계 때문이다. 가장 젊은 자들이 기술 변화에 가장 빠르게 적응하건만, 벼농사 체제의 위계는 이 변화하는 현장의 목소리를 위계 구조의 '관료제'가 걸러서 위로 올려보내고, 위에서 내려오는 명령을 수동적으로 기다린다. 기술 변화에 빠르게 적응하면서 새로운 기회에 눈을 뜬 젊은 세대는 이 굼뜬(무능한) 위계 구조에 좌절해 가장 유능한 순으로 직장을 그만둔다.

두번째 이슈는, 조직의 최상층에 장기 집권하는 50, 60대가 많아지면서, 이들끼리의 견고한 네트워크가 그 아랫세대 중 뛰어난 엘리트의 성장을 가로막는 현상이다(전작 『불평등의 세대』에서 지적했던 문제다). 이러한 현상은 오늘날 한국의 정당에서도 공천 독식과 나눠 먹기를 통해 진행되고 있지만, 기업에서도 마찬가지다. (이름을 밝힐 수 없는) 한 대기업 인사팀 이사는 이렇게 이야기했다. "똑똑한 젊은 애들 뽑아서 위로 올려 보내면 다 죽여서 내보내요." 한국의 대표적인 두 정당에서 젊은이들, 새로운 세대의 리더들을 찾아보라. 좌우를 막론하고, 60대 정치인들에 의해 모두 제거되었거나 제거 중에 있다. 남아 있는 자들은 그들에게 맹목적으로 충성하는, 가장 능력이 떨어지는 자들일 가능성이 높다.

세번째 이슈는, 50대가 조직의 상층과 다수를 점유하면서 새로운 혁신을 두려워하고(귀찮아하고), 어려운 일을 피하며, '이전에 하던 대로' 일을 하는 경향이 증대되는 것이다. 이렇게 해서 성공했으니 계속 이대로 가면 돼,라는 논리는 강력한 경로 의존성을 갖는다. 복잡하고 급변하는 시장에서 새로이 떠오르는 기회들은 이전 시대를 살았던 나이 든 세대의 눈에는 잘 포착되지 않는다. 그런 것들이 존재하기 시작했다고 귓가에 대고 소리를 쳐도 잘 들으려고 하지 않는다. 예전의 성공 방정식으로 돌파할 수 있다고 스스로에게 되뇌면서 하급자들을 윽박지른다. 새로운 일을 해보려는 하급자들은 관료제의 쓸데없는 혹은 아주 약간 쓸 데 있는 절차들과 규율들을 지키느라, 그 디테일을 담당자들과 실랑이하느라 진이 빠지고, 종국에는 소주잔 기울이며 통음하다 프로젝트는 좌초된다.

이러한 조직들일수록 재무통들이 득세하여 어떻게 하면 돈 드는 새로운 일 벌이지 않고 돈 버는 법 있는지 고민한다. 이러한 조직들은 수없이 떠오르는 새로운 시장을 개척하는 모험을 하기보다, 기존의 관행 속에서 서서히 시장에서 밀려나기를 택한다. 나이 든 자들이 지배하는 조직의 숙명이다. 모든 나이 든 자들이 그러한 길을 택하는 것은 아니지만, 나이 든 자들끼리만 상층을 장악한 조직들은 대개 그러한 길을 가기 마련이다.

그들은 게임의 결과를 비교하고 분배하고 정산하는 데 관심이 있지, 누가 어디에서 새로운 게임을 벌이는지에는 관심이 없다. 한국에서 그런 질문은 젊은이들과 함께 있어야 들을 수 있고 할 수도 있다. 우리 시대 (사회)과학의 가장 중요한, 가장 새로운 질문은 청년 학자에게서 나온다. 기업도 마찬가지다. 가장 중요하고 혁신적인 아이디어는, 단언컨대 50대나 60대 고위급 이사진들에게서 나오지 않는다. 그들의 역할은 닦달하거나 아이디어를 편취(갈취)하거나, 둘 중 하나 혹은 둘 다이다.

아무튼 나이 든 자들이 지배하는 세상, 그러한 조직에서 벌어지는 문제와 도전에 대해 내가 제시하는 해법은—'전복'이 아니라, 실망스럽게도—바로 1장에서 논의한 '엑시트 옵션의 증대'다. 이 해법은 지극히 개인적 차원의 전략이다. 하지만 '엑시트'는 발전한 자본주의사회에서 가장 강력하고 치명적인 해법일 수도 있다. 이 게임에서 아쉬운 자는 자본이며, 나이 든 자이며, 상급자이며, 남성이다. 노동자는, 젊은이는, 하급자는, 여성은 그 조직이 아니라, 다른 조직을 택하면 된다('국가'라고 이야기하지는 않았지만, 잠재적으로 다른 국가의 다른 조직도 포함한다).

적어도, 다른 옵션을 상상하며 기회를 엿보면 된다. 내가 나이 든 자들이 지배하는 이 조직을 등지면, 그들은 다른 젊은이를 찾을 것이다. 그 젊은이도 조직을 등지면, 그들은 조금 더 나이 든 자를 찾을 것이다. 그렇게 계속 자신들은 변하지 않은 채로, 조금 더 나이 든 새로운 자들로 조직을 채우고 돌리다 보면, 결국은 자기들끼리 남을 것이다. 앞서 이야기한 인공지능과 중국의 물결은 이러한 조직들부터 대체할 것이다. 나이 든, "우리"의 생각과 노하우와 문화와 앎은, 쉽게 대체될 수 있는 것들이다. 바로 오랫동안 존재해왔기 때문에. 오랫동안 '그들'에게 노출되었기 때문에.

그런데 엑시트 옵션이 증대될수록, 노동시장에서 선택지가 늘어나 일자리 간 이동/순환이 증가할수록, 이탈하고자 하는 직

　　　　　　　　오픈 엑시트

원을 붙잡으려는 자본의 노력 또한 증대될 것이다. 나아가 자본은 이들이 다른 곳으로 옮길 필요가 없을 정도의 임금과 복지를 제안함으로써, 기업 특수 기술/기업 고유 숙련firm-specific skills을 배양하는 데 더욱 매진할 것이다. 따라서 엑시트 옵션의 증대는 두 가지 반대 방향의 결과를 동시에 초래할 수 있다.

그 두 가지 방향은, 보다 유연한 노동시장의 도래와 더 높은 수준의 기업 특수 기술의 증진(그를 위한 내부 노동시장의 강화)이다. 엑시트 옵션이 늘어나면 내부 노동시장이 해체되는 것이 아니라, (소수의 선도 기업에 한해) 오히려 강화될 수도 있다. 우울하지만, 그 결과는 대기업 정규직 중심의 1차 노동시장의 강화 및 나머지 2차 노동시장(중소기업 종사자와 비정규직, 프리케리아트)과의 격차 확대다. 따라서 엑시트 옵션의 증대는 개인과 조직 수준에서는 가장 혁명적인 해결책이 될 수 있지만(구체제의 전복이 아니라 자연사를 촉진한다는 점에서), 사회 전체적으로는 불평등을 확대할 수도 있다.

그렇다면 벼농사 체제의 소셜 케이지를 어떻게 바꿀 것인가? 먼저 위로부터 강제되는 협업 시스템의 업무 프로세스를 민주화해야 한다. 민주화가 무엇인가? 하층계급의 시민들도 정치적 의사 표현을 할 수 있게 되는 것이다. 그런데 정치적 민주화만 민주화가 아니다. 기업 조직의 말단에 있는 젊은 직원들의 목소리가 기업의 주요 의사 결정 과정에 반영되어야 한다. 그들의 아이디어와 의견이 더 많이 반영되도록 관료제의 층을 없애고,

리더와 하급자 사이의 소통 기회와 창구를 늘려야 한다. 물론, 젊은 직원 중에서 뛰어난 이를 리더로 세우면 가장 빠르고 효율적이다. 인공지능과 새로운 시장을 가장 잘 이해하는 이가 그들이기 때문이다. 이에 더해 노동시간을 단축하고, 개인과 가족의 자율적 공간과 시간을 보장하는 것은 기본이다. 안식/육아 휴직제의 사회보험화는 이러한 직원(회사 인간)의 '개인화'를 보장하는 주요한 복지제도로 기능할 것이다.

다음으로는 내부 노동시장과 외부 노동시장을 통합해야 한다. 내부 노동시장을 강화하는 동시에 외부 노동시장과 인사 교류가 가능하도록 열린 네트워크를 추진해야 한다. 왜? 그러한 사회에서 개인들은 더 많은 엑시트 옵션을 누릴 수 있다. 더 많은 엑시트 옵션은, 개인에게는 '커리어 안전망'의 기능을 한다. 커리어 안전망이 잘 갖추어진 사회에서 개인들은 다양한 엑시트 옵션을 이용해 더 많은 가능성을 타진할 것이고, '옮기거나' '창업하거나' '남아서 조직을 발전시키거나'와 같은 옵션들을 저울질하게 될 것이다. 기업의 고위직과 인사 담당자가 할 일은 '남도록 하는 유인'을 충분히 제공하는 것이다. 이러한 저울질이 개인과 개인을 잇는 다양한 네트워크와 정보 속에서 이루어질 때, 새로운 혁신의 가능성이 싹튼다.

'나는 어떻게 하면 이 조직에 ─ 안정적으로 ─ 더 오래 남아 있을 수 있을까?'라는 산업화 세대의 질문은, '내가 이 아이디어를 구현할 수 있는 가장 좋은 환경은 어디일까?'로 바뀌게 될

오픈 엑시트

것이다. 나아가 '저 조직에 들어가는 데 필요한 스펙은 무엇일까?'(답: 좋은 대학 간판)라는 질문은, '이 아이디어를 구현하기 위해 필요한 스킬은 무엇일까?'(답: 훈련을 위한 수업과 현장 직무 경험 혹은 실행 경험)로 바뀌게 된다. 물론, 욕심 많은 한국인들은 둘 다 추구할 것이다. 하지만 전자 없이 후자가 가능한 사회에서 굳이 전자를 즐비하게, 번쩍거리게 구비하는 데 시간과 노력을 쏟을 이유는 없다. 그냥 후자에 투자하면 된다.

사회적 자유주의 2 —'오픈 엑시트' 프로젝트:
사회 중하층을 위한 이직 기회 확대

　개인 수준에서 엑시트 옵션을 극대화하는 모델은 시장과 국가라는 제도적 틀 안에서 작동될 수밖에 없다. 개인의 엑시트 옵션을 증대시키는 데 어떻게 국가가 기여할 수 있을까? 국가가 할 일은 세 가지다.

　첫째는 동아시아의 유사한 수준의 다른 국가들(대만, 일본)과 노동의 이동이 자유롭게 이루어질 수 있도록 법적 절차를 간소화해야 한다. 노동의 이동이 자유롭게 이루어지려면, 앞서 이야기한 '소셜 케이지'의 각종 제도적·문화적 장벽들이 낮아져야 한다. 이미 한류의 영향으로, 스스로 한국어를 배우고 한국 문화를 이해함으로써 한국으로의 엑시트 옵션을 추구하는 동아시아인들이 폭증하고 있다. 우리가 할 일은 이들이 한국의 노동시장에 정착할 수 있는 틀을 마련해주는 것이다. 물론, 한류가 우리의 엑시트 옵션을 늘려줄 수도 있다. 한류와 연관된 산업에서는. 하지만 다른 동아시아 국가들의 언어와 문화를 이해하려는 우리의 노력은 한류와 상관없는 부분이다. 민주주의를 공유하는 국가들끼리 제도적·문화적 장벽이 낮아질 때 노동시장의 통합 또한 용이하게 진행될 것이다.

　둘째는 직업이나 직장의 이동 과정에서 발생하는 '마찰적 실업'의 비용을 사회보험 형태로 지원할 필요가 있다. 현재의 고용보험 제도는 '자발적 퇴사'의 경우 보험료를 지급하지 않고, 가입자가 일정 기간(6개월) 근무 후 '불가피한 실업'(보통은 해고)을 당해야 하며 이를 입증해야만 한다. 하지만 '엑시트 옵션'을 극대화하려면 자발적 퇴사에 대한 안전망 또한 마련해야 한다. 물론, 어느 기업이 그만두고 나가려는 직원의 '자발적 실업'을 보장하는 보험료를 내주겠는가. 회사의 아까운 인적 자본의 유출을 부추기는 자해에 다름 아니다.

그렇다면 엑시트 옵션을 위한 사회적 안전망은 불가능한가? 당장은 시행이 어렵더라도, 기업에게 미래에 고용하고 싶은 직원을 위해 선제적으로 보험에 가입하라고 권유하는 방안이 있을 수 있다. 그 직원이 당장 누구인지는 모르지만, 다른 경쟁 기업이나 유관 기업을 그만두고 잠시 직장을 알아보거나 쉬는 동안, 그 잠재적 직원이 최소한의 삶을 영위할 수 있도록 돕기 위해 국가가 보장하고 운영하는 기금에 미리 보험료를 내는 방안이다. 내년에 n명의 경력직 직원을 뽑을 계획이 있다면, 공고를 내기 전부터 보험료를 내고 차후에 n-k명의 직원을 뽑았을 경우, 나머지 (k명분의) 보험료는 되돌려받을 수도 있다. 물론 더 뽑으면, 더 내면 된다.

이럴 경우, 개인이 엑시트 옵션을 행사하려는 비용 중 가장 중요한 이직 비용이 극적으로 절감된다. 국가는 개인이 내는 소득세의 일정 부분을 보험료로 징수해 기금에 적립하면 된다. 개인이 2분의 1, 기업이 2분의 1을 부담하되, 중소기업 종사자들과 중하층 노동자들의 보험료는 상대적으로 저렴하게 책정하고, 대기업과 상층 노동자들의 보험료는 조금 높게 책정해서 약간의 재분배 기능이 작동하도록 할 수도 있다. 이는 국민연금, 건강보험, 고용보험과 마찬가지 논리다. 기업이 현재 고용 직원이 아닌 미래의 직원을 위해 미리 지불하고, 국가가 중간에서 시차를 메워주는 역할을 한다는 점만 다르다.

국가가 상층을 위한 기회 확대 정책을 고민할 필요는 없다. 상층 개인은 내버려 둬도 알아서 기회의 유지와 확장을 위한 전략을 짠다. 대치동은 국가가 개입해서 만들어진 것이 아니다. 문제는 중하층이 상층을 지향하며, 상층의 계급 재생산 전략을 모방하면서 발생한다. 능력이 안되는데 상층을 따라 하다가 가랑이 찢어지는 상황이 발생하는 것이다. 사회보험을 통해 중하층 노동자들의 마찰적 실업(자발적 실업을 포함하는) 비용을 국가가 지원하고 정보격차를 해소해준다면, 노동시장은 더욱 효율적으로 작동하면서 노동시장에서 개인의 협상력과 선택지 모두 확장될 것이다.

극단의 정치로부터의 엑시트 옵션

정치에도 엑시트 옵션이 있을까? 권위주의 정치체제에서 엑시트 옵션은 이민밖에 없다. 맞서 싸워 정권을 전복시키거나 조용히 순응하며 살거나, 아니면 그 정권에서 살기를 포기하고 탈출하거나. 물론 맞서 싸울 경우, '조직'이 필요하다. 한국에서는 386세대(혹은 세대 네트워크)가 이 '저항voice' 전략의 가장 극단 버전을 '조직을 통해' 성공시킨 세대다.

그런데 이것도 중국 같은 초거대 권위주의 국가에서는 가능해 보이지 않는다. 홍콩의 좌절과 눈물을 보라. 북한 같은 더 극단적인 권위주의 체제에서는 여기저기 동원되어 깃발도 흔들어야 한다. 이러한 정치체제를 전복하기란 난망한 일이다. 사회는 조직되어 있지 않고, 개인들은 원자화되어 있으며, 사회 전체는 유기체처럼 국가에 의해 위로부터 통합되어 있다. 이런 권위주의 체제에서는 탈출만이 대안이다. 아니면 체념하고 살밖에.

하지만 민주주의 체제에서는 그 자체에 엑시트 옵션이 있다. 기존에 지지하던 정당을 떠나 다른 정당을 지지하면 된다. 자유민주주의 정당 체제에서 엑시트 옵션을 가능케 하는 기제는 바로 다당제다. 서로 경쟁하는 정당들이 다양한 스펙트럼의 정책을 통해 대중의 투표 의사를 조직화한다. 오늘 내가 정당 A를 지지하고 있더라도, 내일 나는 이 정당과 지지자들에게 안녕을 고할 수 있다. 페이스북에 선언하고 엑시트해도 되고, 조용히 입 꾹 닫고 엑시트해도 된다. 그것도 내 선택이다. 민주주의 정치체제의 힘은 엑시트 옵션이 항상 존재한다는 점이다. 여기서 엑시트 옵션과 '자유'는 동의어다. 엑시트 옵션 없는 민주주의는 민주주의를 가장한 권위주의 혹은 전체주의일 수 있다.

엑시트 옵션이 특정한 방향으로 집결될 때, 그것 또한 거대한 운동이 될 수 있다. 특정 정치 지도자의 정책이나 전횡이 마음에 들지 않으면, 투표장에 가서 번호만 바꿔 찍으면 된다. 그 비용은 거의 제로에 가깝다. 친지와 다른 정치적 의사를 가졌더라도 말 따로, 투표 따로 하면 그만이다(당신이 거품을 물고 특정 지도자를 지지했는데 상대방이 별말이 없다면 당신과 정치적 선호가 정반대인 사람이다). 자신의 정치적 준거점과 공동체가 좌건 우건 이 논리는 동일하게 작동된다. 자유민주주의는 엑시트 옵션이 제도화된 정치체제다.

따라서 권위주의 정치체제로 돌아가고 싶지 않다면, 엑시트 옵션을 확보해야 한다. 이때 나의 이해를 대표하는 세력을 지지하는 정치적 옵션과 그로부터 엑시트하고 싶을 때 그렇게 할 수 있는 정치적 옵션을 견지하고 싶다면, 두 가지를 계속해서 확보해야 한다. 하나는 자유로운 언론과 단체 활동을 통해 저항을 조직화할 수 있는 권리고, 다른 하나는 대표자를 선출하는 과정에 참여할 권리(Dahl 1971)다. 저항권과 참여권이 확보되지 못하면 엑시트하고 싶어도 못 한다. 앞에서 이야기한 국외 이주/망명밖에 답이 없게 된다. 따라서 저항권과 참여권이 손에 있을 때 잘 지켜야 한다. 2024년 12월 3일 계엄령에서 계엄사가 무엇부터 막으려 했는지 돌이켜보면 쉽게 답이 나온다.

그런데 이 두 가지가 확보되어 있는데도 최근 민주주의가 후퇴하는 조짐이 지구촌 곳곳에서, 한국에서도 발생하고 있다. 한국의 경우, 계엄령 이전부터 그 조짐은 무르익고 있었다. 무엇이 잘못된 것일까?

내가 이해하는 자유민주주의 체제의 원리는 두 가지다. 하나는, 시장 경쟁을 통해 생산되고 분배된 부의 최종적 소유 구조를 유지하여 부의 축적과 재생산, 확대가 가능하도록 하는 것이다. 다른 하나는, 등가로 계산된 정치적 평등(표)의 원리에 기초한 다원주의 정치체제를 통해 시장 경쟁에서 생성될 수밖에 없는 불평등을 조정하고, 공동체의 목표에 대한 다수의 합의 체제를 유지하는 것이다. 이 과정에서 다수에 의해 소수자가 억압받고 차별받지 않도록 보호하는 사회적 합의 또한 자유민주주의 체제를 유지하는 대전제 중 하나다(후자—소수자 보호—가 결여된 자유민주주의는 전체주의의 도구로 전락하게 된다. 이 기준에서 볼 때, 한국의 정당민주주의는 수년 전부터 이미 퇴행하고 있었다). 이 원리는 서구와 동아시아에서 모두 여러 번의 시민혁명과 전쟁을 치르며 확립되었다. 그 피로 점철된 역사 위에 우리는 이 제도를 구축했고, 이 제도 위에서 번영과 갈등을 관리해왔다.

그런데 이 시스템이 전 세계 각국에서 위기에 처해 있다. 왜 이렇게 되었을까? 위기의 원인으로 흔히 '불평등'을 이야기한다. 1980년대 이후 가속화된 세계화와 맞물려 불평등이 악화되면서 선진국 노동계급의 체제에 대한 반발을 불러일으켰고, 이에 편승한 좌·우파 포퓰리즘 정치인들이 노동계급의 분노에 불을 붙이며 포퓰리즘에 유리한 환경이 조성되었다는 것이다(Broz et al. 2021; Acemoglu & Johnson 2023).

그런데 빠진 설명이, 이름이 있다. 2016년 브렉시트와 트럼피즘이 서구 정치판을 뒤엎기 시작할 때, 이제는 잊힌 이름인 샌더스 또한 그 포퓰리즘의 파도와 함께 솟구치고 있었다. 왜 선진국의 정치판에서 좌파 포퓰리즘은 그 이후 사라졌는가? 왜 선진국의 노동계급은 극우 정치인들의 손을 들어주게 되었는가? 바로 앞서 이야기한 이민/난민 이슈 때문이다.

좌파는 그 이념 구조상 보편주의에 호소할 수밖에 없다. 이주자나 난민들은 사회적 약자이자 소수자이기 때문에 그들을 보호하는 쪽으로, 그들을 핍박받는 노동계급의 일원으로 간주하는 방향으로 전략 전술을 짤 수밖에 없다. 그것이 그들의 존재 이유이기 때문이다. 불행히도, (앞서 이야기했듯이) 노동계급은 이주자/난민을 그렇게 인식하지 않는다. 그 수가 전체 노동시장에 충격을 주지 않을 때까지만, 그들에 대해 호의/무관심을 유지한다. 일단 이주자/난민의 수가 특정 임계점을 돌파하고 나면, 노동자들과 중산층 시민들은 그들을 ① 체제에 대한 위협, ② 노동시장에서의 경쟁자로 인식하기 시작한다. 인간은 자신의 이익이 심각하게 침해받지 않을 때까지만 관대하다.

또 다른 위기의 원인으로 정치 양극화를 이야기한다. 그런데 정치 양극화는 위기의 결과이지 원인은 아니다. 불평등이 정치 양극화를 촉발시킨다는 것은 잘 알려진 인과관계다. 앞서 이야기한 이주자의 증대는 이러한 선동을 가능케 하는 사회적 조건이기도 하다. 물론 시민들이 이주자에게 분노를 느끼기 시작하는 배경에는, 점점 열악해지는 고용조건과 물가에 비해 오르지 않는 임금 문제가 자리하고 있다. 미국의 트럼프 재집권은 이 두 가지, 이주자의 증대와 경제적 불평등의 증대가 맞물린 결과다. 진보 진영은 이 약한 고리를 공격하는 트럼프를 극복할 수 없었다. 정체성의 정치가 새겨야 할 지점이다.

어떻게 이 문제를 치유할까? 미안하지만, 치유책은 민주주의 제도 내에 있지 않다(따라서 제도를 개혁해서 이 문제를 풀려는 이들은 연목구어를 하고 있는 셈이다). 민주주의의 위기와 권위주의적 포퓰리즘의 발흥은 대통령제와 내각제, 단순다수대표 소선거구제와 비례대표제 모두에서 일어나고 있는 현상이다. 이는 경제적 세계화와 SNS라는 기술의 진보가 민주주의 제도를 우회해서 민주주의의 기반인 대중의 선호와 행위 양태, 사고방식을 바꾸고 있기 때문이다. 전통적인 레거시 미디어와 정당정치의 상호작용을 통해 합의된 조율과 의식, 범위, 의제 속에서 합리적으로 관리되던(Habermas 1987) 대중의 선호와 의사가 이제는 SNS에 의해 잘게 파편화되고 극단적으로 의식화된 데다 야비하게 선동된 팬덤의 함성으로 바뀐 것이다. 이렇게 새로운 기술에 의해 야만화된 대중의 정치 의사를 어떻게 다시 합의제 민주주의의 틀 안으로 되돌릴 수 있을까.

좌와 우 양극단의 정치로부터 엑시트할 옵션이 우리에게 있는가? 나는 있다고 본다. 특정 지역, 특정 인물, 특정 이념을 놓으면 된다. 그것들로부터 떠나면 된다. 그렇게 살지 않아도 되고, 그렇게 생각하지 않아도 되고, 그렇게 열광하지 않아도 된다. 주권자는 항상 징벌punish할 수 있고, 언제건 이탈exit할 수 있는 존재다. 그 정당과 정책과 지도자와 잠시 함께 머물 수는 있지만, 영원히 같이 갈 필요는 없다. 그것이 왼쪽이건 오른쪽이건.

에필로그

    나는 이 책에서 지난 수년간 한국 사회를 지배해온 진영 대립에 묻혀 거의 논의되지 않고 있는 구조 개혁의 문제를 '한 개인 수준의 엑시트 옵션'으로 분석의 수준을 낮춰서 논의했다. 구조 개혁의 문제를 개인 수준으로 낮춘 이유는──자기계발서 대열에 합류하기 위해서가 아니라──엑시트 옵션의 궁극적 행사 주체가 개인이기 때문이다. 하지만 이 개인 수준의 엑시트 옵션은 구조적 문제이기도 하다. 어떤 사회에서는 그 엑시트가 자유롭고 선택의 여지가 많지만, 다른 사회에서는 그렇지 못하기 때문이다. 한국 사회가 이렇게 서로 머리끄덩이를 움켜쥐고 욕지거리하며 오도 가도 못 하게 서로의 발목을 잡고 밀어내기 싸움에 목매는 이유는 바로 구조적으로, 엑시트할 수 있는 선택의 여지가 적기 때문이다.

    어떻게 하면 개인들이 쉽게 엑시트할 수 있는 사회를 만들 수 있을까? 어떤 정책이 전체 인구의 엑시트 옵션을, 특히 중하층의 엑시트 옵션을 확대할 수 있을까? 다 같이 한 조직에, 현 조직에 서로의 다리에 족쇄를 채우고 그 쇠사슬을 묶은 닻을 심해에 드리운 채 자본과 노동, 남성과 여성, 기성세대와 청년 세대, 명문대와 비명문대, 영남과 호남으로 나뉘어 제로섬게임을 하고 있는 이 아귀다툼을 어떻게 자유인들의 잠정적 협업 시스템으로 바꿀 수 있을까? 계엄령, 법원 습격, 탄핵을 거치며 갈가리 찢겨 쟁투하는 한국의 정치판에서 이러한 엑시트 옵션에 대해 이야기하는 것은 한가로운 자유주의자의 풍월로 들릴지도 모르겠다.

민주주의를 지키고 회복하는 과제, 이보다 더 중요한 것은 없다. 그런데 일자리를 찾고 스킬(숙련)을 쌓고, 그 스킬을 다른 곳으로 옮겨 재활용하거나 다른 스킬로 전환해서 새로운 먹거리를 창출하는 데 기여하고, 동시에 그에 합당한 보상을 받는 문제를 논의하는 것이 나와 내 동료들, 그들의 아들딸의 삶에 훨씬 도움되리라 생각하며 이 책을 썼다. 사실은, 회복된 민주주의 체제의 대리인들은 자신들의 진영의 이익을 위해 아스팔트 위를 메뚜기처럼 뛰어다니기보다, 이러한 일자리와 스킬의 문제를 어떻게 정책으로 뒷받침할지에 대해 논의할 것이다. 그리고 현명한 대중은, 그러한 리더를 선택할 것이다.

또 하나의 예기치 않은 선거를 눈앞에 두고 이 책의 마지막 단락을 쓰고 있다. 노동시장의 구조 개혁에 대해 조금이라도 고민하는, 그 정책을 두고 씨름하는 자가 권력을 잡기를 고대하며 글을 맺는다. 새로운 정치체제에서 우리가 다른 세상을 꿈꿀 수 있기를 희망하며.

오픈 엑시트

- 여성들은 앞으로 일과 육아를 병행할 수 있는 시스템 속에서—원한다면—다시 아이를 낳아 기를 것이다.
- 고령의 1, 2차 베이비부머들은 젊은이들의 미래를 옥죄지 않을 것이다(지금과 같은, 베이비부머들이 덜 내고 더 받는 연금개혁은 하지 않을 것이다).
- 연금은 젊은이들에게도 지급될 (그들이 낸 것만큼) 것이다.
- 우리의 노동은 기계에 의해 대체되지 않고, 기계와 협업하며 더 많은 일자리를 만들어낼 것이다.
- 우리의 일자리는 이주자들에 의해 점유되지 않을 것이다. 오히려 그들이 우리의 빈자리를 메우고, 새로운 아이디어와 문화를 소개하며, 새로운 혁신 경제를 만드는 데 일조할 것이다.
- 노인들이 자신들의 부동산을 자식에게 증여하지 않고 스스로의 노후를 위해 사용하면서, 건강보험과 연금은 노인들에 대한 과잉 지출에서 자유로워질 것이다.
- 고용보험은 일자리와 일자리, 고용 노동과 창업 시도를 이어주는 안전판이자 마중물 역할을 함으로써 유연한 노동시장의 버팀목이 되어줄 것이다.
- 유연한 노동시장은 중소기업에서 대기업으로 가는 상향 이동과 대기업에서 중소기업으로 가는 하향 이동을 모두 촉진할 것이다.
- 대학은 평생 교육기관으로서 모든 국민이 일생 동안 여러

개의 일자리를 갖고, 직업 간 이동에 낮은 비용이 들도록 돕는 기관으로 다시 자리매김할 것이다.

- 대기업과 중소기업의 임금 및 처우 차이는 수많은 혁신적이고 강한 중소기업의 출현과 함께 줄어들 것이다.
- 한국의 노동시장은 한·중·일 출신과 동남아 및 구미 출신이 어우러진 다국적 노동시장으로 바뀔 것이다. 한국어와 함께 영어, 일어, 중국어가 일상에서 사용될 것이다.
- 청년들은 수많은 일자리 중에서 자신들의 꿈과 적성에 맞는 일자리를 찾아 경험을 쌓으며, 수많은 창업 시도를 통해 혁신 경제의 새로운 주체가 될 것이다. 그러한 사회에서 아이들은 이미 존재하는 것들(명문 대학과 대기업 입사증, 특정 자격증)을 따내기 위해 유년/청년기를 갈아 넣기보다는 아직 존재하지 않는 것들을 꿈꾸는 데 보낼 것이다.

굿럭. 사랑하는 딸, 사랑하는 아들.

참고문헌

계봉오·고원태·김영미(2021). 「여성의 고학력화와 결혼시장 미스매치 가설에 대한 비판적 검토, 1990~2015.」 『조사연구』 22(1): 61~89.

고영란·이영(2016). 『우린 잘 있어요, 마석: 마석가구공단 이주노동자 마을의 세밀한 관찰기』. 클.

권경선(2024). 「근대 동북아시아 역내 이주의 양상과 실태: 1920~1930년대 조선과 일본을 중심으로」. 『해항도시문화교섭학』 32: 109~134.

권오현. 「차세대 재외동포 교육의 현황과 문제의식」. 웹진 『교육연구와 실천』 제3호. https://eduresearch.snu.ac.kr/Vol_03/PDF/pdf/01-kwon.pdf

김동춘(2024). 「북세션 4: 시험 능력주의」. Inequality & Social Policy in South Korea. The Korea Ineuqality Research Lab 2024 International Conference. Yonsei University, Seoul.

김은지·송효진·배호중·선보영·최진희·황정미(2020). 「저출산 대응정책 패러다임 전환 연구(Ⅰ): 청년층의 젠더화된 생애 전망과 정책정합도 분석」. 『한국여성정책연구원 연구보고서』 53: 1~414.

김현미·김철효·이규용·주수인(2020). 「이주노동자가 만든 한국 배: 조선 블록업체에 고용된 숙련 이주노동자의 노동경험」. 『한국문화인류학』 53(3): 147~190.

나카무라 사토루(2007). 「서장: 동북아시아 경제의 근세와 근대, 1600~1900: 그 공통점과 차이점」. 나카무라 사토루·박섭 엮고 지음. 『근대 동아시아 경제의 역사적 구조』. 일조각.

남수연(2023). 「제조업 분야 이주노동자의 Housing Pathways 연구: 충북○○ 산업단지 사례를 중심으로」. 『농촌사회』 33(2): 45~80.

노용진·원인성(2003).「내부 노동시장의 성격과 비정규직 고용의 비율」.
　　『노동정책연구』3(2): 47~67.

도선자(2019).「남해 지역 길쌈 두레 운영의 특징과 현재적 의미」.
　　『동아시아고대학』56: 315~348.

리브스, 리처드(2019).『20 vs 80의 사회: 상위 20퍼센트는 어떻게 불평등을
　　유지하는가』. 김승진 옮김. 민음사.

박가열·손양수·천영민·홍성민(2016).『기술변화에 따른 일자리 영향 연구』.
　　음성군: 한국고용정보원.

박경숙·박희진·정일균·박준상(2023).「『선원속보璿源續譜』자료에 기초한
　　조선후기 출산율의 추이와 특성연구」.『한국인구학』46(4): 1~33.

박준엽(2010).「1950년대 숙련노동의 형성」. 이종구 외.『1950년대 한국 노동자의
　　생활세계』. 한울아카데미. 75~118쪽.

박희진(2014).「역사인구학 관점으로 해석하는 조선후기」.『역사와현실』93:
　　505~528.

브로델, 페르낭(1995〔1967〕).『물질문명과 자본주의 I-1: 일상생활의 구조上』.
　　주경철 옮김. 까치글방. (Civilisation Matérielle, Economie et Capitalisme
　　Tome 1. Les structures du quotidien. Armand Colin.)

서준우·강우창(2021).「이주민 증가에 따른 이민자에 대한 인식 변화: 경제적
　　불평등과의 상호작용을 중심으로」.『한국정치학회보』55(2): 33~55.

손인서(2024).『다민족 사회 대한민국: 이주민, 차별, 인종주의』. 돌베개.

송길영(2024).『시대예보: 호명사회』. 교보문고.

송제숙(2016).『혼자 살아가기』. 황성원 옮김. 동녘.

신윤정(2020).「사회계층별 합계출산율의 격차와 시사점」.『보건복지 Issue &
　　Focus』389호. 한국보건사회연구원. 1~10쪽.

아제모을루, 대런·사이먼 존슨(2023).『권력과 진보: 기술과 번영을 둘러싼 천년의
　　쟁투』. 김승진 옮김. 생각의 힘. (Power and Progress: Our Thousand-Year
　　Struggle Over Technology and Prosperity. PublicAffairs. 2023.)

양승훈(2024).『울산 디스토피아, 제조업 강국의 불안한 미래: 쇠락하는 산업도시와
　　한국 경제에 켜진 경고등』. 부키.

에이렌스, 프랭크(2017).『현대자동차 푸상무 이야기: 미국인 임원이 본 현대차와

대한민국 그리고 현대맨들의 웃기고 뜨겁고 아픈 이야기들』. 이기동 옮김.
프리뷰.

외교부(2021).「2021 재외동포 현황」.

우먼타임스(2023). https://www.womentimes.co.kr/news/
articleView.html?idxno=61708 * 원조사는 민간 인구구조 연구기관인
한반도미래인구연구원이 2023년 엠브레인에 의뢰해 조사한 설문 결과.

유진성(2022a).「소득분위별 출산율 변화 분석과 정책적 함의」.『한국경제 연구원
정책제언』22(4). https://www.keri.org/keri-insights/1234.

───(2022b).「종사자 특성에 따른 혼인율 및 출산율 비교분석」.『KERI
정책제언』22(12). https://www.keri.org/keri-insights/1242.

육주원(2023).「다문화사회에서의 국경 만들기와 갈등의 극단화: 대구 북구
이슬람사원 건립 갈등을 중심으로」.『경제와사회』139: 52~91.

이근(2013).「경제발전론의 최근 동향」.『경제논집』52(2): 251~259.

이동규(2023).「조선 후기 호적 속 降倭 가족의 장기시계열적 추적과 분석:
『慶尙道蔚山府戶籍大帳』을 통하여」.『조선시대사학보』107: 365~404.

이바른(2021).「충렬왕비 제국대장공주의 고려 이주와 외국인의 삶」.『한국이민학』
8(2): 119~137.

이철승(2017).「결합노동시장지위와 임금불평등의 확대(2004~2015년)」.
『경제와사회』115: 103~144.

───(2019).『불평등의 세대: 누가 한국 사회를 불평등하게 만들었는가』.
문학과지성사.

───(2021).『쌀 재난 국가: 한국인은 어떻게 불평등해졌는가』. 문학과지성사.

───·정준호·전병유(2020).「세대·계급·위계 II: 기업 내 베이비부머/386세대의
높은 점유율은 비정규직 확대, 청년 고용 축소를 초래하는가?」.
『한국사회학』54(2): 1~58.

───·안성준(2024).「AI 압력과 기업 내부노동시장의 구조변동: 인공지능과
자동화 노출도로 인한 이중화 경제의 심화 가능성 탐색연구」. 장지연 외.
『인공지능 발전의 고용효과』. 한국 노동연구원 보고서.

이춘양·조지형(2019).「고대한국사회에서의 다문화 사례 및 유형:
『삼국사기』·『삼국유사』를 중심으로」.『학습자중심교과교육연구』19(5):

739~761.

장지연·전병유(2024).「노출도와 도입률로 본 인공지능 발전의 고용 영향」. 『노동리뷰』12월호. 한국노동연구원. 9~20쪽.

재외동포청(2023).「재외동포현황 2023」. https://www.oka.go.kr/static/images/ component/file/okastatus_2023.pdf

전병유·정준호·장지연(2022).「인공지능(AI)의 고용과 임금 효과」.『경제연구』 40(1): 133~156.

정승국(2021).「한국 내부 노동시장의 성격과 비정규직 활용」.『노동정책연구』 21(4): 63~87.

─── (2024).「Sequence Analysis를 이용한 비정규직의 이행경로 분석」. 한국불평등랩(KIRL) 주관 국제학술대회 발표문.

정이환·김영미·권현지(2012).「동아시아 신흥 선진국의 여성고용: 한국과 대만 비교」.『한국여성학』28(1): 147~181.

정일교(2019).「송인宋人의 고려高麗 귀화歸化 원인과 유형」.『인문논총』49: 47~67.

정재훈(2024).『0.6의 공포, 사라지는 한국』. 21세기북스.

조영준(2012).「조선후기 旅客主人 및 旅客主人權 재론: 경기·충청 莊土文績의 재구성을 통하여」.『한국문화』57: 3~24.

조혜란(2025).「이주 노동자의 계층이동과 불평등의 재생산」. 서강대학교 사회학과 석사학위 논문.

직업능력평가연구원(2024).「경제협력개발기구OECD 국제성인역량조사PIAAC 2주기 주요 결과 발표」자료. https://www.moel.go.kr/news/enews/report/ enewsView.do?news_seq=17338

최새은·정은희·최슬기(2019a).「육아휴직제를 사용한 남성의 가정 및 직장에서의 경험 연구」.『한국보건사회연구』39(4): 280~319.

─── (2019b).「남성육아휴직의무제를 통한 아빠노동자 탄생에 관한 사례연구」. 『가족과문화』31(4): 1~29.

최서영(2023).「한국인 실업정책 선호 형성의 제도적 맥락: 기업규모와 실업위험 반응성 격차를 중심으로」.『한국복지패널 학술대회 논문집』16: 297~321.

최선혜(2007).「조선 사회의 문화적 소수자, 향화인」.『인간연구』12: 93~123.

최슬기(2023).「저출산 문제와 인구정책 방향」. KDI 국제정책대학원과
　　세종시립도서관 공동주관 수요열린강좌 특강 발표문.
통계청(2021).「장래인구추계: 2020~2070년」보고서. https://kostat.go.kr/board.
　　es?mid=a10301010000&bid=207&tag=&act=view&list_no=415453&ref_b
　　id=203,204,205,206,207,210,211
하상복(2012).「황색 피부, 백색 가면: 한국의 내면화된 인종주의의 역사적 고찰과
　　다문화주의」.『인문과학연구』33: 525~-556.
한국산업인력공단HRDK(2024).「월별 해외 취업자 국가 통계」. https://
　　www.data.go.kr/data/15120750/openapi.do
한국여성정책연구원 연구보고서(2023).「2022년 기준 일·가정 양립
　　실태조사」(고용노동부). https://www.moel.go.kr/info/publicdata/
　　majorpublish/majorPublishView.do?bbs_seq=20231202195
한국은행(2023a).「초저출산 및 초고령사회: 극단적 인구구조의 원인, 영향, 대책」.
　　https://dl.bok.or.kr/pyxis-api/1/digital-files/9fdfc136-82f9-4afe-8e0f-
　　c2a49575fbda.
──(2023b).「AI와 노동시장 변화」.『BOK 이슈노트』제2023-30호. https://
　　www.bok.or.kr/portal/bbs/P0002353/view.do?menuNo=200433&ntt
　　Id=10080538.
한나현·황지영·차필립·이철승(2025).「연결, 분리 그리고 신뢰: 비합법 이주
　　노동시장과 노동 중개 브로커」. 미출간 논문.

Acemoglu, Daron(2025). "The simple macroeconomics of AI." *Economic Policy*
　　40(121): 13~58.
──── & Simon Johnson(2023), *Power and progress: Our thousand-year struggle over
　　technology and prosperity*. Hachette UK.
Alchian, Armen A. & Harold Demsetz(1972). "Production, Information Costs, and
　　Economic Organization." *The American Economic Review* 62(5): 777~795.
Alderucci, Dean, Lee Branstetter, Eduard Hovy, Andrew Runge & Nikolas
　　Zolas(2020). "Quantifying the Impact of AI on Productivity and Labor

Demand: Evidence from U.S. Census Microdata." Allied social science associations—ASSA 2020 annual meeting.

Allport, Gordon W.(1954). *The Nature of Prejudice*. Addison-Wesley.

Althauser, Robert P. & Arne L. Kalleberg(1981). "Firms, occupations, and the structure of labor markets: A conceptual analysis." *Sociological perspectives on labor markets* 8: 119~149.

Amsden, Alice H.(1990). "Third World Industrialization: 'Global Fordism' or a New Model?" *New Left Review* 182(1): 5~32.

Babecký, Jan, Philip Du Caju, Theodora Kosma, Martina Lawless, Julián Messina, & Tairi Rõõm(2009). "Downward nominal and real wage rigidity: Survey evidence from European firms." *National Bank of Belgium Working Paper*. WPS5159. https://hdl.handle.net/10986/4853

Baker, George & Bengt Holmstrom(1995). "Internal labor markets: Too many theories, too few facts." *The American Economic Review* 85(2): 255~259.

Baumol, William J.(1967). "Macroeconomics of Unbalanced Growth: the Anatomy of Urban Crisis." *The American Economic Review* 57(3): 415~426.

Becker, Gary S.(1960). "An Economic Analysis of Fertility." Universities-National Bureau Committee for Economic Research(ed.). *Demographic and Economic Change in Developed Countries*. Columbia University Press.

———(1964). *Human Capital: A Theoretical and Empirical Analysis, with Special Reference to Education*. Chicago: University of Chicago Press.

———(1985). "Human Capital, Effort, and the Sexual Division of Labor." *Journal of Labor Economics* 3(1) Part 2: S33~S58.

Becker, Sascha O. & Ludger Woessmann(2009). "Was Weber Wrong? A Human Capital Theory of Protestant Economic History." *The Quarterly Journal of Economics* 124(2): 531~596.

Bernhardt, Dan(1995). "Strategic Promotion and Compensation." *The Review of Economic Studies* 62(2): 315~339.

Borjas, George J., Richard B. Freeman & Lawrence F. Katz(1992). "On the Labor Market Effects of Immigration and Trade." George J. Borjas & Richard B.

오픈 엑시트

Freeman(eds.). *Immigration and the Workforce: Economic Consequences for the United States and Source Areas.* University of Chicago Press.

────(1997). "How Much Do Immigration and Trade Affect Labor Market Outcomes." *Brookings Papers on Economic Activity* 1: 1~90.

Bourdieu, Pierre(1984). *Distinction: A Social Critique of the Judgement of Taste.* Richard Nice(trans.). Harvard University Press. (Original work published 1979.)

Broz, J. Lawrence, Jeffry Frieden & Stephen Weymouth(2021). "Populism in place: the economic geography of the globalization backlash." *International Organization* 75(2): 464~494.

Burchell, Graham, Colin Gordon & Peter Miller(eds.)(1991). *The Foucault Effect: Studies in Governmentality.* Chicago: University of Chicago Press.

Burrell, Jenna & Marion Fourcade(2021). "The society of algorithms." *Annual Review of Sociology* 47(1): 213~237.

Burt, Ronald S.(1992). *Structural Holes.* Cambridge, MA: Harvard University Press.

Cumings, Bruce(2005). *Korea's Place in the Sun: A Modern History.* Updated edition. New York: W. W. Norton & Company.

Dahl, Robert A.(1971). *Polyarchy: Participation and opposition.* Yale University Press.

Damioli, Giacomo, Vincent Van Roy & Daniel Vertesy(2021). "The impact of artificial intelligence on labor productivity." *Eurasian Business Review* 11: 1~25.

────& Macro Vivarelli(2023). "AI technologies and employment: micro evidence from the supply side." *Applied Economics Letters* 30(6): 816~821.

Daugherty, Paul R. & H. James Wilson(2024). *Human + Machine, Updated and Expanded: Reimagining Work in the Age of AI.* Harvard Business Review Press.

DeVaro, Jed(2006). "Strategic promotion tournaments and worker performance." *Strategic Management Journal* 27(8): 721~740.

Doeringer, Peter B. & Michael J. Piore(1971). *Internal Labor Markets and Manpower Analysis.* Armonk, New York: M.E. Sharpe, Inc..

Durkheim, Émile(1982). *The Rules of Sociological Method.* W. D. Halls(trans.) &

Steven Lukes(ed.). New York: The Free Press. (Original work published 1895.)

Dworkin, Ronald(2000). *Sovereign Virtue: The Theory and Practice of Equality.* Harvard University Press.

Esping-Andersen, Gosta(1990). *The Three Worlds of Welfare Capitalism.* Princeton University Press.

──(2009). *Incomplete Revolution: Adapting Welfare States to Women's New Roles.* Polity.

Felten, Edward W., Manav Raj & Robert Seamans(2019). "The Occupational Impact of Artificial Intelligence: Labor, Skills, and Polarization." *NYU Stern School of Business.* http://dx.doi.org/10.2139/ssrn.3368605.

──(2021). "Occupational, industry, and geographic exposure to artificial intelligence: A novel dataset and its potential uses." *Strategic Management Journal* 42(12): 2195~2217. https://doi.org/10.1002/smj.3286

Fouka, Vasiliki & Marco Tabellini(2022). "Changing in-group boundaries: The effect of immigration on race relations in the United States." *American Political Science Review* 116(3): 968~984.

Gelfand, Michele J., Jana L. Raver, Lisa Nishii, Lisa M. Leslie, Janetta Lun, Beng Chong Lim, Lili Duan, Assaf Almaliach, Soon Ang... & Susumu Yamaguchi(2011). "Differences Between Tight and Loose Cultures: A 33-Nation Study." *Science* 332(6033): 1100~1104.

Gibbons, Robert & Michael Waldman(2006). "Enriching a theory of wage and promotion dynamics inside firms." *Journal of Labor Economics* 24(1): 59~107.

Gordon, Andrew(1985). *The Evolution of Labor Relations in Japan: Heavy Industry, 1853~1955.* Harvard University Asia Center.

Gorz, André(1980). *Ecology as Politics.* Black Rose Books.

──(1997). *Farewell to the working class: an essay on post-industrial socialism.* Pluto Press.

Gould, Roger V. & Roberto M. Fernandez(1989). "Structures of mediation: A formal approach to brokerage in transaction networks." *Sociological Methodology* 19: 89~126.

오픈 엑시트

Granovetter, Mark S.(1973). "The Strength of Weak Ties." *American journal of sociology* 78(6): 1360~1380.

Habermas, Jürgen(1984). *The Theory of Communicative Action I: Reason and the Rationalization of Society.* Boston: Beacon Press.

───(1987). *The Theory of Communicative Action II: Lifeworld and System: A Critique of Functionalist Reason.* Boston: Beacon Press.

Halaby, Charles N.(2004). "Panel Models in Sociological Research: Theory into Practice." *Annual Review of Sociology* 30(1): 507~544.

Hall, Peter A. & David Soskice(2001). "An Introduction to Varieties of Capitalism." Peter A. Hall & David Soskice(eds.). *Varieties of Capitalism: The Institutional Foundations of Comparative Advantage.* Oxford: Oxford University Press. pp. 1~68. https://doi.org/10.1093/0199247757.003.0001.

Han, Kyung-Koo(1994). *Firms as Communities(Kongdongchaeroseoui Hoisa).* Seoul: Seoul National University Press.

Harari, Yuval Noah(2015). *Sapiens: A Brief History of Humankind.* Random House.

Harding, David J.(2003). "Counterfactual models of neighborhood effects: The effect of neighborhood poverty on dropping out and teenage pregnancy." *American journal of Sociology* 109(3): 676~719.

───(2009). "Violence, older peers, and the socialization of adolescent boys in disadvantaged neighborhoods." *American sociological review* 74(3): 445~464.

Harris, Milton & Bengt Holmstrom(1982). "A Theory of Wage Dynamics." *Review of Economic Studies* 49(3): 315~333.

Hirschman, Albert O.(1971). *A bias for hope.* vol. 2. New Haven: Yale University Press. p. 228.

Huber, Peter J.(1967). "The behavior of maximum likelihood estimates under nonstandard conditions." *Proceedings of the Fifth Berkeley Symposium on Mathematical Statistics and Probability* 1(1): 221~233.

Hunt, D. Bradford(2009). *Blueprint for disaster: The unraveling of Chicago public housing.* University of Chicago Press.

Hwang, In Hyee, Hyunji Lim & Cheol-Sung Lee(2023). "Exploring the gender gap in welfare attitudes: relational skills and perceptions of pay equity." *Socio-Economic Review* 21(3): 1291~1342.

Inglehart, Ronald F. & Pippa Norris(2016). "Trump, Brexit, and the rise of populism: Economic have-nots and cultural backlash." *HKS Working Paper* No. RWP16-026.

Jo, Hyung Je, Jun Ho Jeong & Chulsik Kim(2023). *Agile Against Lean: An Inquiry into the Production System of Hyundai Motor.* Palgrave Macmillan.

Kim, Linsu(1999). "Building technological capability for industrialization: Analytical frameworks and Korea's experience." *Industrial and Corporate Change* 8(1): 111~136.

──── & Youngbae Kim(1985). "Innovation in a Newly Industrializing Country: A Multiple Discriminant Analysis." *Management Science* 31: 312~322.

Lazear, Edward P.(1998). *Personnel Economics for Managers.* New York: Wiley.

──── & Sherwin Rosen(1981). "Rank-order Tournaments as Optimum Labor Contracts." *Journal of political Economy* 89(5): 841~864.

Lee, Cheol-Sung(2005). "International Migration, Deindustrialization, and Union Decline in 16 Affluent OECD Countries, 1962~1997." *Social Forces* 84(1): 71~88.

──── , Thomas Talhelm & Xiawei Dong(2023). "People in historically rice-farming areas are less happy and socially compare more than people in wheat-farming areas." *Journal of Personality and Social Psychology* 124(5): 935~957.

──── (2025). *Sticky Capitalism: How Rice Shaped East Asian Societies.* Unpublished Manuscript.

Lee, Keun(2013). *Schumpeterian Analysis of Economic Catch-up: Knowledge, Path-creation, and the Middle-Income Trap.* Cambridge University Press.

Lee, Naeyun & Cheol-Sung Lee(2015). "Relational skill assets and anti-immigrant sentiments." *Social science research* 52: 270~289.

Lipset, Seymour Martin & Gary Wolfe Marks(2000). *It Didn't Happen Here: Why Socialism Failed in the United States.* W.W. Norton & Company.

Mahoney, James & Kathleen Thelen(eds.)(2009). *Explaining Institutional Change:*

Ambiguity, Agency, and Power. Cambridge University Press.

Marshall, T.H. & Tom Bottomore(1950). *Citizenship and Social Class.* New York: Cambridge University Press.

Medoff, James L. & Katharine G. Abraham(1981). "Are Those Paid More Really More Productive? The Case of Experience." *Journal of Human resources* 16(2): 186~216.

Milgrom, Paul & John Roberts(1992). *Economics, Organization, and Management.* NJ: Prentice Hall.

Milkman, Ruth(2000). "Immigrant Organizing and the New Labor Movement in Los Angeles." *Critical Sociology* 26(1-2): 59~81.

Noy, Shakked & Whitney Zhang(2023). "Experimental evidence on the productivity effects of generative artificial intelligence." *Science* 381(6654): 187~192.

OECD(2023). "Indicators of Immigrant Integration 2023." https://doi.org/10.1787/67899674-en.

Orloff, Ann Shola(1993). "Gender and the Social Rights of Citizenship: The Comparative Analysis of Gender Relations and Welfare Wtates." *American Sociological Review* 58(3): 303~328.

Osterman, Paul(1984). "Internal Labor Markets: Theory and Change." Paul Osterman(ed.). *Internal Labor Markets.* Cambridge, MA: MIT Press. pp. 3~39.

Pateman, Carole(1988). "The patriarchal welfare state." Amy Gutmann(ed.), *The Disorder of Women: Democracy, Feminism, and Political Theory.* Princeton University Press.

Peng, Sida, Eirini Kalliamvakou, Peter Cihon & Mert Demirer(2023). "The Impact of AI on Developer Productivity: Evidence from GitHub Copilot." *arXiv*: 2302.06590.

Podobnik, Boris, Marko Jusup, Dejan Kovac & Harry Eugene Stanley(2017). "Predicting the Rise of EU Right-Wing Populism in Response to Unbalanced Immigration." *Complexity.* https://doi.org/10.1155/2017/1580526

Pomeranz, Kenneth(2000). *The Great Divergence: China, Europe, and the Making of the Modern World Economy*. Princeton University Press.

Portes, Alejandro(1998). "Social Capital: Its Origins and Applications in Modern Sociology." *Annual Review of Sociology* 24: 1~24.

Primo David M., Matthew L. Jacobsmeier & Jeffrey Milyo(2007). "Estimating the Impact of State Policies and Institutions with Mixed-Level Data." *State Politics & Policy Quarterly* 7(4): 446~459.

Putnam, Robert D. & David E. Campbell(2012). *American Grace: How Religion Divides and Unites US*. Simon and Schuster.

Raudenbush, Stephen W. & Anthony S. Bryk(2002). *Hierarchical linear models: Applications and data analysis methods*. CA: Sage Publications

Rawls, John(1971). *A Theory of Justice*. Harvard University Press.

Rosen, Sherwin(1986). "Prizes and Incentives in Elimination Tournaments." *The American Economic Review* 76(4): 701~715.

Rosenbaum, James E.(1984). *Career Mobility in a Corporate Hierarchy*. New York: Academic Press.

Rosenfeld, Rachel A.(1992). "Job mobility and career processes." *Annual review of sociology* 18(1): 39~61.

Sainsbury, Diane(1994). "Women's and Men's Social Rights: Gendering Dimensions of Welfare States." Diane Sainsbury(ed.). *Gendering welfare states*. SAGE Publications Ltd..

Schelling, Thomas C.(1971). "Dynamic models of segregation." *Journal of mathematical sociology* 1(2): 143~186.

Statistics Bureau of Japan(2023). "Current Population Estimates as of October 1, 2023." Tokyo: Statistics Bureau, 2023. https://www.stat.go.jp/english/data/jinsui/2023np/index.html.

Steenbergen, Marco R. & Bradford S. Jones(2002). "Modeling multilevel data structures." *American Journal of Political Science* 46(1): 218~237.

Stephens, John D. & Michael Wallerstein(1991). "Industrial Concentration, Country Size, and Trade Union Membership." *American Political Science Review* 85(3): 941~953.

오픈 엑시트

Tabellini, Guido(2008). "Institutions and Culture." *Journal of the European Economic Association* 6(2-3): 255~294.

Taira, Koji(1970). *Economic development & the labor market in Japan*. Columbia University Press.

The International Social Survey Programme(2005, 2015). "Work Orientation Modules." Downloaded from https://issp.org.

Thomson, Robert, Masaki Yuki, Thomas Talhelm, Joanna Schug, Mie Kito... & Mariko L. Visserman(2018). "Relational mobility predicts social behaviors in 39 countries and is tied to historical farming and threat." *Proceedings of the National Academy of Sciences* 115(29): 7521~7526.

United Nations, Department of Economic and Social Affairs, Population Division(2018). "World population prospects: The 2017 revision." https://desapublications.un.org/publications/world-population-prospects-2017-revision.

Vance, J.D.(2016). *Hillbilly Elegy: A Memoir of a Family and Culture in Crisis*. Haper Press.

Waldman, Michael(1984). "Job assignments, signalling, and efficiency." *The RAND Journal of Economics* 15(2): 255~267.

Webb, Michael(2020). "The Impact of Artificial Intelligence on the Labor Market." *SSRN*.

Weber, Max(1992〔1905〕). *The Protestant ethic and the spirit of capitalism*. Routledge.

White, Halbert(1980). "A heteroskedasticity-consistent covariance matrix estimator and a direct test for heteroskedasticity." *Econometrica* 48(4): 817~838.

Whitford, Josh & Jonathan Zeitlin(2004). "Governing Decentralized Production: Institutions, Public Policy, and the Prospects for Inter-firm Collaboration in US Manufacturing." *Industry and Innovation* 11(1-2): 11~44.

Williamson, Oliver E.(1985). *The Economic Institutions of Capitalism*. New York: Free Press.

Wilson, H. James & Daugherty, Paul R.(2024). "Embracing gen AI at work." *Harvard Business Review*: 151~155.

World Economic Forum(2024). "Global Gender Gap Report." https://
  www.weforum.org/publications/global-gender-gap-report-2024/
World Values Survey Association(2023). "World Values Survey Wave 7(2017~2022)."
  https://www.worldvaluessurvey.org/WVSDocumentationWV7.jsp
Wu, Jeanne(2024). "The Global Chinese Diaspora Today." ChinaSource(2024. 3. 11).
  https://www.chinasource.org/resource-library/articles/the-global-chinese-
  diaspora-today/.
Zabojnik, Jan & Dan Bernhardt(2001). "Corporate tournaments, human capital
  acquisition, and the firm Size—Wage relation." *The Review of Economic
  Studies* 68(3): 693~716.

오픈 엑시트